司法権の国際化と憲法解釈

「参照」を支える理論とその限界

手塚崇聡 Tezuka Takatoshi

法律文化社

まえがき

　「国際法は、憲法の構造全体に関係のあるいろいろの法的解決を左右することが出来る」として「憲法の国際化」[1]が唱えられてからおよそ80年が経つ。しかしながら、国際法規範がどのように憲法構造に影響を与えているかという点をめぐっては、未だに議論が分かれている。特に人権分野にかかわっては、「国内人権が国際化した」のか、「国際人権が国内化した」のかといった議論もなされており[2]、歴史的な事象を踏まえて、こうした国際人権と国内人権の「対話」はいまなお議論の対象となっている。

　憲法と国際法規範の「対話」の場面において司法権、とりわけ日本の最高裁判所は（憲法学の対応においても）、冷淡な姿勢を示してきたと指摘されている。その背景には、憲法上の保障水準で十分であり、民主的正統性が担保されていないような国際法規範を用いることに意義を見出せないとする指摘がある。ただし、司法権による「国際化」や「グローバル化」は今に始まったことでもなく、日本の最高裁判所も、憲法制定初期から外国法や国際法規範に言及するなど、様々な方法で、国際法規範との「対話」を図ろうとしてきたようにも思われる。また近年では、時代状況の変化を判断する際に国際法規範に言及するなど、「国際人権」状況との「対話」を試みる動きもある。

　しかし司法権における「国際化」や「グローバル化」について消極的であるとの指摘がなされてきた背景には、（憲法上の人権保障をより充実したものとして解釈することを前提としつつ）①「参照」という手法は必ずしも消極的ではないにもかかわらず、国際法規範の取入れに対する消極性が強調されてきたこと、そのため②「参照」という手法の詳細（意義、類型、対象、素材）が憲法学にお

1）　ミルキヌ・ゲツェヴィチ（小田滋・樋口陽一訳）『憲法の国際化』（有信堂、1964年）29頁。
2）　戸塚悦朗「『人権の国際化』と『人権の国内化』──参議員憲法調査会への提言」国際協力論集10巻3号（2003年）74頁。

いて深く検討されていないこと、そして、③そうした詳細を踏まえた「参照」の正当性が憲法理論的に検証されてこなかったことにあるのではないかと考えている。そこで本書では、こうした「参照」という場面に焦点を当てて、司法権における「国内人権」と「国際人権」の新たな「対話」の可能性を探る一方で、日本国憲法の進歩的解釈の可能性を探ることとしたい。

　本書は本論を2部で構成している。第1部では、国際法規範の「参照」の方法と実態について、1982年の権利及び自由に関するカナダ憲章制定以降のカナダ最高裁判所における実践を踏まえつつ、その「参照」手法を明らかにする。またその過程で、その「参照」が近年にかけて変化してきていることを明らかにする。それを踏まえて第2部では、憲法解釈における「参照」を支える制度的要因や憲法解釈理論などを紹介した上で、国際的義務のない国際法規範を憲法解釈において「参照」することの正当性を検討する。

　まず本論に至る序章では、日本の判例を分析し、前述したように、①最高裁判所は国際法規範の「適用」には消極的ではあるが、「参照」には必ずしも消極的ではないこと、②「適用」が論じられて「参照」の詳細（意義、類型、対象、素材）が検討されていないこと、③そうした詳細を踏まえた「参照」の正当性が憲法理論的に検証されていないことについて、問題提起を行う。また「参照」の正当化によって、従来の憲法解釈において多くの「選択肢」を提供するものになりうること、そして訴訟当事者が、こうした「選択肢」を自らの主張において「参照」することができ、さらに具体的な裁判の場面において、裁判官の思考プロセスの「多層化」を図ることができることを指摘する。その上で、日本における国際法規範の「参照」について、憲法解釈上の正当化議論のためには、カナダの議論を踏まえながら、「参照」の詳細を前提とした検討が必要である点を指摘する。

　序章を踏まえて第1部第1章では、カナダにおける国際法規範の憲法上の地位について、最高裁判所が二元論を採用しつつ、憲法を国際法規範に適合的に解釈していること（ディクソン・ドクトリン）の検討を行う。さらに、カナダ最高裁判所が国際的義務のない国際法規範の「参照」をも憲法解釈において行っている実態を踏まえ、その意義と内容を判例の展開から明らかにする。

まえがき

　第1部第2章では、カナダ最高裁判所における国際的義務のない国際法規範の「参照」について、憲法が改正された1982年以降、特に1980年代とは異なる「参照」（結論の補強としての「参照」）が頻繁になされている状況から、1990年のキーグストラ事件以降の「参照」の意義を明確化する。ただし2001年にカナダ最高裁判所は、初めて国際法規範の「参照」を否定しており、その影響と変化について検討し、2000年代以降の「参照」の意義をさらに明確化する。最後に1990年代から近年にかけて最高裁において行われてきた国際的義務のない国際法規範の「参照」について、それらを事件ごとに類型化した上で分析を行う。

　第2部第1章では、カナダ最高裁判所において国際法規範が「参照」される制度的背景や要因として、違憲審査制度の歴史や特徴を明らかにし、その背景にある司法積極主義の伝統とその意義を明らかにする。また司法積極主義を支える伝統的な「生ける樹」理論について、その意義と具体的な解釈手法を明らかにする。そして、この「生ける樹」理論と国際法規範の「参照」が判例上接合することを明らかにした上で、「生ける樹」理論には限界があることを指摘しつつ、その限界が「起草者の意図」に求められることを明らかにする。

　第2部第2章では、カナダにおける「参照」についての正当化議論として、二元論を前提とした議論の対立があること、さらに近年においては、ディクソン・ドクトリンが提起した「一致の推定」と「関連性および説得性」に着目する議論があることを紹介する。そして「参照」の意義や対象（憲法、法律など）、その素材（国際法規範の種類）などの違いを前提とした上で、「参照」の正当化議論それ自体に関する検討と、正当化議論の有用性の検討を行う。

　最後に終章では、こうしたカナダにおける議論をもとに、日本における問題提起に対して、①「参照」の詳細（意義、類型、対象、素材）を明確にしうること、②またそうした詳細の分類を前提として、国際的義務のない国際法規範についても、憲法解釈上の正当化理論がありうることを指摘する。また一方で、それらの国際法規範の「参照」について、日本国憲法第98条2項の再検討を行う。

　日本国憲法第98条2項に基づく解釈は、国際的な影響を受けたものとして、憲法起草時の原意を踏まえるべきであるのか、それとも「国際化」「グローバ

iii

ル化」といった現代的な影響を加味した上で解釈を行うべきであるのかという点を検討することによって、本書では「参照」という手法の可能性とその限界点を探る。

　なお、補論として、カナダが伝統的に国際法規範だけではなく、外国法や外国判例の「参照」を行ってきた歴史を踏まえ、1982年以降のそれらの展開を明らかにする。ただし国際法規範と外国法や外国判例はその成り立ちもそうであるが、妥当根拠や範囲が異なることから、これらを分けて検討する。

目　　次

まえがき

序　章 ─────────────────────────── 1

1　「参照」をめぐる前提問題　1
2　日本における「参照」事例の意義　6
3　これまでの憲法学説の対応　17
4　本書の問題意識　22
5　本書の対象　29

第1部　憲法解釈における国際法規範の「参照」

第1章　カナダにおける国際法規範の地位と「参照」── 33

1　カナダにおける国際法規範の地位とディクソン・ドクトリン　33
2　国際的義務のない国際法規範の「参照」とディクソン・ドクトリン　44

第2章　憲法解釈における国際的義務のない国際法規範の「参照」の展開 ──────────── 56

1　キーグストラ事件以降の国際的義務のない国際法規範の「参照」　56

2　国際法規範の「参照」に対する懸念とその後の展開　79
3　カナダ最高裁判決における国際的義務のない国際法規範の「参照」傾向と類型　97

第2部　国際法規範の「参照」の正当性とその限界

第1章　「参照」を支える憲法解釈理論とその限界 ── 117
1　「参照」を支える要因 ── カナダ最高裁における司法積極主義　117
2　憲法解釈における「生ける樹」理論と国際法規範の「参照」　142
3　裁判官による国際法規範の「参照」の限界　166

第2章　憲法解釈における「参照」の正当性とその限界 ── 191
1　憲法解釈における「参照」の正当化議論　191
2　国際法規範の「参照」の正当性とその限界　211

補　論　外国法および外国判例の「参照」 ── 230
1　カナダにおける外国法および外国判例の「参照」　230
2　外国法および外国判例の「参照」状況とその意義　231
3　外国法・外国判例の「参照」の背景と根拠　235
4　補論のまとめ　240

終　章 ── 241
1　国際法規範の「参照」の正当性　241
2　国際法規範の「参照」と憲法の関係　245
3　国際法規範の「参照」と憲法第98条2項の規範的意義　247

4　国際的義務のない国際法規範の「参照」と憲法第98条2項　249
5　裁判所による国際的義務のない国際法規範の「参照」の正当化可能性とその限界　255

あとがき
初出一覧

序　章

1　「参照」をめぐる前提問題

1　近年の裁判所における国際法規範の「参照」をめぐる問題

「国際化」または「グローバル化」といった現象の中で、国際法規範の国内的活用が迫られる場面も、近年ますます増加してきている。こうした流れの一つの兆候ともいえる現象が、近年の裁判所による国内法の解釈における国際法規範の「参照」事例に見られる[2][3]。もっとも後述するように、特に最高裁判所（以下、本書では「最高裁」とする）による傾向は、なお消極的であるとの指摘があるところではあるが、国際法規範の「参照」という作業は、少なくとも国際法規範との「対話」[4]を示すひとつの徴証であるように思われる[5]。ただし、こうした「参照」については、「単なる参照にすぎない」ものではないのか、そもそも考慮義務があるのか、また民主的正統性があるのかなどといった問題点が指摘されている[6]。こうした指摘を踏まえて、序章ではまず、「参照」という文

---

1) 本書で「国際法規範」といった場合、主に国際法のことを指すが、特に断りがない限り、具体的には「条約」「慣習国際法」および「条約機関による決定や判決」のことを指す。またこの場合、主に人権分野にかかわるそれを対象としている。
2) 国籍法違憲判決（最大判平成20年6月4日民集62巻6号1367頁）や非嫡出子相続分違憲決定（最大決平成25年9月4日民集67巻6号1320頁）などを参照。
3) こうした理解をもとに「裁判における比較憲法（外国法）参照の意義」を検討し、かつ「広い意味における外来法を参照するにあたっての日本国内に生じる諸問題」を検討したものとして、新井誠「日本の国内裁判における国際人権法・比較憲法の参照」公法研究78号（2016年）212-223頁を参照。

言の意味や類型を明らかにした上で、日本の裁判所で行われる「参照」が「単なる参照」や「事実レベル」の「参照」にすぎないものなのかという点を確認し、裁判所が行う「参照」が有する憲法上の問題点を整理したい。

2 「参照」分析の前提——「参照」の憲法学および国際法学上の位置
（1）国内法と国際法の問題

　もっとも本書が対象とする「参照」の議論は、そもそも憲法学や国際法学において、どのような位置付けになりうるのであろうか。

　国際法と国内法の関係については、「国際法と国内法の理論的・一般的関係に関する議論」[7]と「国内法秩序における国際法の位置付け」[8]という議論に分けることができるとされており、前者については、二元論、一元論、調整理論な

---

4) この点で、近年「裁判官対話」に関する議論がある。伊藤洋一「国際人権保障をめぐる裁判官の対話——司法的ネットワークの現状と課題」国際人権25号（2014年）34-38頁、寺谷広司「国際法における『裁判官対話』——その理論的背景」法律時報89巻2号（2017年）63-69頁などを参照。また「裁判官対話」とは、「裁判所間で相互に相手の存在を意識し、他の裁判所の判例を参照しながら、自己の判断を形成することにより、その結論は単独で判断した場合と異なる内容となり、その結果、類似した法的争点に対する判断が次第に収斂する可能性が生じる」ことであるとされる。須網隆夫「『裁判官対話』とは何か——概念の概括的検討」法律時報89巻2号（2017年）60頁。

5) こうした『対話』に参加しない裁判所が、グローバル化の中で規範形成における影響力を失うことが確実だとすれば、『裁判官対話』を特殊西欧的現象と見て『ガラパゴス化』の途を歩むことが賢明な選択と言えるか再考を要するであろう」と指摘される。伊藤洋一「企画趣旨」法律時報89巻2号（2017年）56頁。

6) これらの問題に関しては、宍戸常寿他編『憲法学のゆくえ——諸法との対話で切り拓く新たな地平』（日本評論社、2016年）339-396頁を参照。もっとも、「裁判官対話」の観点から、「各裁判所は、強制されて対話するわけではなく、自己の選択により主体的に対話に参加する以上、今日、その正統性を議論する必要は乏しいように思われる」との指摘もある。須網・前掲注4）62頁。

7) この問題については、特に小寺彰他編『講義国際法〔第2版〕』（有斐閣、2010年）105-132頁〔岩沢雄司執筆〕、酒井啓亘他『国際法』（有斐閣、2014年）382-411頁〔濱本正太郎執筆〕、宍戸他・前掲注6）349-354頁などを参照。

8) なお、「国際法と国内法の関係」について、国際法学が理論分析に取り込むことの意義を検討したものとして、小林友彦「『国際法と国内法の関係』を論じる意義——日本の学説の展開過程に照らして」社會科學研究54巻5号（2003年）81-106頁を参照。

どの議論[9]がなされているところである。この点については、条約の国内的効力やその国内的影響を考察する場合、「国際法学上の一元論と二元論のいずれを採るかを決定する必要は」[10]ないことや、「条約の国内的効力あるいはその実効性確保の問題を検討する場合、憲法学において、国際法学上の一元論と二元論のいずれを採るかを決定することは必須ではない」[11]などの指摘がある。また、「国際法秩序と国内法秩序との間の抽象的・一般的な関係について『一元論』と『二元論』のいずれの見解を指示すべきかという問題と、ある国の国内実定法秩序の中で条約が国内法的効力を持つと捉えるべきか否かという問題とは、2つの異なる次元の問題として理解する必要がある」[12]とされている。

また一方で後者（「国内法秩序における国際法の位置付け」）については、さらに国際法の「国内的効力」の問題[13]、そしてそれを踏まえた「国内的序列」の問

---

9) それぞれについては、「国際法と国内法を別個独立の法秩序ととらえる二元論（dualism）」と、「両者は1つの統一的な法秩序をなすととらえる一元論（monism）」、国際法と国内法はそれぞれ最高であり抵触は生じないが、義務の抵触が生じ、「国家責任という形で国際法上の『調整』が行われる」とする調整理論（等位理論）があるとされる。小寺他・前掲注7）105-107頁。なお、調整理論は「実質的には二元論に近い」とされる。同、108頁。

10) 齊藤正彰『国法体系における憲法と条約』（信山社、2002年）13頁。なお、一元論における「国際法優位説」と「国内法優位説」との対立が「条約と憲法との効力関係の問題」と同視されることや、「一元論と二元論という問題が、条約に国内的効力が認められるか否かの問題として扱われることが多い」ことなどが指摘されている。

11) 齊藤正彰『憲法と国際規律』（信山社、2012年）41頁。

12) 植木俊哉「憲法と条約」ジュリスト1378号（2009年）87頁。また、いずれの体制も一元論や二元論などの理論と「矛盾なく説明できるので、憲法体制を一元論または二元論で区分けするのは適当とはいえない」とし、「国際法と国内法の理論的・一般的関係に関する議論」と「国内法秩序における国際法の位置づけ」の議論は異なることを指摘する。小寺他・前掲注7）112頁。

13) この効力については、国内法によって決めるものであるとされ、「受容（reception）」「編入（incorporation）」「採用（adoption）」「変型（transformation）」などがあるとされる。小寺他・前掲注7）110頁。また慣習国際法については、「ほとんどの国で、国際慣習法が国内的効力をもつことが承認されている」とされるが、条約の国内的効力については、「自動的受容」（「批准・公布されれば自動的に国内的効力を得る」方式）、「承認法受容」（「議会による条約の承認は法律の形式によって与えられる」方式）、「個別的受容」（「条約は批准されても当然には国内的効力を得ず、個々に立法により受容されなければならない」方式）があるとされる。同、111-112頁。

題、最後に国際法の「国内適用可能性」という問題[15]がある。特に本書において問題となるのは、一部「国内的効力」と「国内的序列」も対象となるが、主に最後の問題である国際法の「国内適用可能性」である。国際法の「国内適用可能性」にかかわる問題は「直接適用と国際法適合的解釈（しばしば間接適用と呼ばれる）とに分けられるのが一般的である」とされているが[16]、本書の対象である「参照」はさらに、「国際法適合的解釈」といった議論とかかわる問題となる。なお、ここで「間接適用」[17]とは、「国内で裁判所や行政庁が国際法を国内法の解釈基準として参照し、国内法を国際法に適合するように解釈すること」などと定義付けられている[18]。ただし本書は、後述するように、「参照」という用語の定義について、こうした「国際法適合的解釈」や「間接適用」よりもその対象を広く捉えている[19]。

（2）国際人権法の「国内適用可能性」にかかわる問題

「国内適用可能性」にかかわる問題については、これまで①消極的適用・冷淡な姿勢に対する批判[20]や、②国際法規範の国内的な「受容」の不明確性に対する批判[21]、③適合的解釈を行わないことに対する批判、④考慮義務や「参照」の

---

14) 特に日本における国内的序列の問題に関しては、高橋和之「国際人権の論理と国内人権の論理」ジュリスト1244号（2003年）81頁、小寺他・前掲注7）120-127頁、植木・前掲注12）88-89頁、岩沢雄司「憲法と国際法」法学教室370号（2011年）32-33頁、江島晶子「憲法と条約（7条1号・73条3号・98条2項）」法学教室405号（2014年）46-47頁、申惠丰『国際人権法──国際基準のダイナミズムと国内法との協調』（信山社、2016年）55-82頁などを参照。

15) 小寺他・前掲注7）114-116頁。

16) 宍戸他・前掲注6）350頁。

17) 「間接適用」については、特に岩沢雄司「アメリカ裁判所における国際人権訴訟の展開（1）・（2・完）」国際法外交雑誌87巻2号（1988年）160-196頁・5号（1988年）461-502頁、齊藤・前掲注10）275-291頁、寺谷広司「『間接適用』論再考──日本における国際人権法「適用」の一断面」坂元茂樹編『国際立法の最前線　藤田久一先生古稀記念』（有信堂高文社、2009年）165-207頁、岩沢・前掲注14）31-32頁を参照。

18) 小寺他・前掲注7）116頁。

19) 本書が主に対象とする「参照」は、後述するように、憲法解釈における国際的義務のない国際法規範の解釈指針や結論の補強、さらにそれらが否定的に用いられる区別としての「参照」である。

程度等で分類が必要であるとの指摘[23]などがなされているところである。こうした指摘を踏まえると、「参照」という手法を検討するに際しては、様々な国際法規範を裁判所が用いるための手法を明確化し、さらにそうした手法について、考慮義務があるのか、またそこにはどういった理論的裏付けがあるのかという点を明らかにする必要がある。なぜなら、こうした国内における国際法規範の「参照」、特に人権保障の積極的な「国際標準化」は、必ずしも正当ではない場合も考えられるからである。そもそも国内における人権保障は、憲法上の保障を行うことが民主的にも正統性があるためであり、「国際標準化」を自明のものとして、そのまま憲法解釈において国際法規範を制限なく用いることには慎重になるべきであると考えられるためである。たとえば、後述するように、国際法規範が否定的に「参照」される場合や、「保障が薄くなる側面が存在する」場面[24]もありうるわけであり、「参照」手法の分類を行った上での検討

---

20) 岩沢雄司「日本における国際人権法」杉原高嶺編『紛争解決の国際法』（三省堂、1997年）251頁、伊藤正己「国際人権法と裁判所」国際人権1号（1990年）7頁、齊藤正彰「国際人権訴訟における国内裁判所の役割――憲法学の視点から」国際人権11号（2000年）34頁、園部逸夫「日本の最高裁判所における国際人権法の最近の適用状況」芹田健太郎他編『（講座国際人権法1）国際人権法と憲法』（信山社、2006年）23頁、宍戸他・前掲注6）342頁、などを参照。

21) 松田浩道「日本の裁判所における国際人権法――国内適用論の再構成」東京大学法科大学院ローレビュー5号（2010年）148頁。松田によれば、「国際的な法規範を国内において『受容』する場合、これまでの学説には不明確な点があり、特に上記のような国際的な法規範を実際に国内裁判所で用いることについては、不明確な点が少なくない。たとえば、国内的効力論や国内適用の議論は、学説上の議論が展開されたとしても、実際にそうした議論が裁判所においてどのように用いられるべきかが判然としないといった点が挙げられる」とする。またこうした解釈や適用についての問題として、裁判所の消極的な姿勢の理由として裁判所が新たな分野に明るくない点や、多くの理論的問題が未解決のままであることを指摘する。

22) 横田耕一「『国際人権』と日本国憲法」国際人権5号（1994年）10頁。横田は「個別人権規定の解釈においては『国際人権』がまったくと言っていいほど無視されており、うまく練り込んでいるとは言えない」と指摘する。

23) 宍戸他・前掲注6）343、377-383頁。

24) 江島晶子「憲法を『人権法』にする触媒としての国際人権法――憲法解釈を行う国家機関の設計・作法における『国際標準化』」国際人権22号（2011年）70頁。

が必要となる。

2　日本における「参照」事例の意義

1　「参照」の意義と類型化

　日本の裁判所における「参照」事例を検討する前に、ここまでたびたび用いてきた「参照」という言葉について明らかにする必要がある。「参照」という用語は、様々な意味において用いられている[25]が、本書においては、「参照」に関する類型化論[26]と、第1部で検討するカナダ最高裁の判断手法を踏まえ、裁判所が国際法規範に言及する方法として、次の表のような類型化を試みたい[27]。

　まず「解釈指針」とは、憲法解釈の基準や指針として、国際法規範を「参

---

25) 外国法の「参照」を含めれば、「参照」を対象とする論考は多数ある。例えば自国を拘束する国際法規範の「間接適用」や「国際法適合的解釈」と、自国を拘束しないような国際機関や外国法の「参照」を区別するものとして、山田哲史『グローバル化と憲法——超国家的法秩序との緊張と調整』(弘文堂、2017年) 245、460-473頁、両者を区別せずに「間接適用」に含める議論として、寺谷・前掲注17) 172-177頁、法使用類型論に依拠した「適用」「援用」「参照」という三類型論を用いるものとして、齋藤民徒「国際法の援用と参照——『国内適用』の再検討を通して」社会科学論集92巻 (2007年) 150-154頁などを参照。なお、アメリカにおける「参照」や「間接適用」の議論については、特に柊山茂樹「国内裁判所における人権条約の適用 (四)」早稲田大学大学院法研論集107巻 (2003年) 204頁以下、松田浩道「憲法秩序における国際規範——実施権限の比較法的考察 (二)」国家学会雑誌129巻7・8号 (2016年) 78頁以下なども参照。

26) Christopher McCrudden, "A Common Law of Human Rights ? Transnational Judicial Conversations on Constitutional Rights" in Katherine O'Donovan & Gerry R. Rubin, eds., *Human Rights and Legal History* (Oxford: Oxford University Press, 2000) 29 at 30, Bijon Roy, "An Empirical Survey of Foreign Jurisprudence and International Instruments in Charter Litigation", (2004) 62 U. Toronto Fac. L. Rev. 99.

27) なお、ベイヤフスキーは、最高裁における解釈について、「Support」「Irrelevant」「Not Followed」「In Dissenting Opinions」という分類で分析を行っている。Anne F. Bayefsky, *International human rights law : use in Canadian Charter of Rights and Freedoms litigation* (Toronto: Butterworths, 1992) at 74-100. 本書では、ベイヤフスキーの分析を参考にしつつ、より細分化され、また筆者の分類と近いロイの分類方法に依拠した。

序　章

表　「参照」の類型

	意義	内容
広義の「参照」	解釈指針：Guidance	解釈基準・指針としての「参照」
	区別を前提とした追従：Follow	国内法と外国法及び国際法規範とを区別しつつもそれらを遵守し、忠実に従うような「参照」
	結論の補強：Support	裁判官の結論を補強するための「参照」
	単なる言及：Survey	わずかな関連性について単に言及するような「参照」
	区別：Distinguish	外国法・外国判例・国際法規範などと区別するための「参照」
	黙示の「参照」	国際機関又は外国裁判所における判例法理の黙示の「参照」

照」することをいい、たとえば憲法上の保障範囲を国際法規範に適合的に確定するように、複数の憲法解釈が可能である場合に、国際法規範に適合的に憲法解釈を行うような「参照」がこれに当たる。なお、こうした解釈指針としての「参照」と類似するものとして、ロイは「Guidance」という用語ではなく、「Follow」という用語を用いて、外国法や条約を遵守し、忠実にこれらに従うような「参照」を提示している[28]。この点で、後者は外国法や国際法規範と国内法を明確に区別しつつも、それらに「追従」するような「参照」を意味するとされる[29]。ここで、前述した議論における「条約適合的解釈」や「間接適用」は、解釈指針としての「参照」を意味するものであると考えられる。

次に「結論の補強」とは、裁判官がその結論を導く補強として国際法規範を「参照」することをいう[30]。後述するように、この「参照」が最も裁判所におい

---

28) Roy, *supra* note 26 at 122.
29) Roy, *ibid*. この点について、ロイも述べているように、「追従」といった「参照」にあてはまるのは「徹底的に踏襲した場合」であり、そもそもこの意味での「参照」は、すでに「解釈指針」を超えるものであり、「適用」に近いものであるように思われる。そのため、本書においては、カナダ最高裁が用いてきた「Guidance」とロイが提示する「Follow」を明確に分けた上で、前者は「解釈指針」とし、後者は「追従」との訳語をあてることとした。
30) Roy, *ibid*. at 121.

て多用されているが、結論の補強であるとしても、たとえば憲法解釈において重要な補強となれば、国内的な効力の有無が問題となるであろう。この点で、ただ単に「参照にすぎないといった言葉を用いることで、実際には、国際法規範が、国内裁判所限りの判断によって、無制約に国内法秩序へと流入することを許してしまうことになれば、大きな問題となろう」と指摘される[31]。

また、国際法規範とのわずかな関連性について単に概説（Survey）するような「参照」もあり[32]、この「参照」は単に判決文中で言及するのみのものであるとされる。「単なる言及」は、程度の違いが多少はあるものの、国内法解釈や「法的問題」に実質的に影響を与えない限りにおいて[33]、「事実問題」としての「参照」であると考えられる。

さらに国際法規範を明示的かつ堅固に拒絶し、それらと国内法を区別するように、国際法規範を批判的または否定的に「参照」する場合もある[34]。たとえば憲法解釈にあたって、裁判所による判断が妥当であり、国際法規範がそれとは異なっていることなどを「参照」する場合がこれに当たる。この場合には、その否定の程度により「参照」の程度も異なることから、国際法規範と区別するために、それを解釈指針や結論の補強として「参照」する場合も考えられる。

最後に、判決文中には国際法規範への明示的な言及はないものの、外国判例や国際機関による見解、判例法理などを黙示的に利用する黙示の「参照」といった手法があると考えられる[35]。黙示の「参照」については、特に「外国法」の「参照」の場面で行われることが多いが、肯定・否定の両面において用いられる「参照」手法である[36]。

このように「参照」という用語はその意義自体、非常に多義的であるという

---

31) 山田哲史「国内法の国際法適合的解釈と権力分立——米国における Charming Betsy Canon の紹介を中心に」岡山大学法学会雑誌65巻3・4号（2016年）401頁。
32) Roy, *supra* note 26 at 120. ロイはこうした「参照」の例として、カナダでヨーロッパ人権条約が「参照」される場合を挙げているが、第1部で言及するように、カナダではそれ以外の「参照」も行われている。
33) 蟻川恒正「婚外子法定相続分最高裁違憲決定を書く（2）」法学教室400号（2014年）133頁。
34) Roy, *supra* note 26 at 122.

ことがわかる。この点で「参照」とは、「法的効力が生じるか否かにかかわらず、事実上言及する状態」と定義されることもあるが[37]、様々な類型を前提とすれば、こうした定義でもなお、包摂しきれない「参照」がありうると考えられる。それだけ裁判所の国際法規範への言及は多義的であり、方法の分類をした上で正当化の議論を行う必要があるように思われる。

2　日本における主要な「参照」事例

それでは、こうした「参照」の類型化を前提とした場合、日本の裁判所の判断はどういった分類が可能であり、どういった傾向や特徴が見出せるのだろうか。ここでは特に主要な判決について、「参照」の類型化を前提としながら、整理をしてみたい。

(1) 解釈基準・指針としての「参照」

まず批准または公布した条約など、日本が国際的に義務を負っている国際法規範について、解釈基準または指針として「参照」された事例は、特に下級審判決にいくつか見られる。在日韓国人の原告が、老齢年金の請求につき、国民年金法の国籍要件を理由とする支給拒否処分の取消しを求めたキム・ヒョンジョ事件[38]で、東京高裁は信義衡平の原則に依拠して裁判を行い、「控訴人の右信頼に反してまで国政要件を維持・貫徹する必要性が公益上存するものではない」と判断した際、社会権規約第9条により日本が外国人に対する社会保障施策の推進を行う責任があることを考慮した[39]。

またその他にも、接見制限事件と二風谷ダム事件があるが、いずれも行政裁

---

35) たとえば、北方ジャーナル事件（最大判昭和61年6月11日民集40巻4号872頁）における谷口正孝意見と伊藤正己補足意見に見られる「現実の悪意」への言及や、前科照会事件（最三小判昭和56年4月14日民集35巻3号620頁）における同補足意見における「プライバシー」への言及、吉祥寺駅構内ビラ配布事件（最三小判昭和59年12月18日刑集38巻12号3026頁）における同補足意見における「パブリック・フォーラム」への言及である。
36) ただし本書では、この「参照」類型を指摘するにとどまり、正当化の可能性を探る対象とはしない。
37) 新井・前掲注3）221頁の脚注10を参照。
38) 東京高判昭和58年10月20日判時1092号31頁。

量の統制の場面で、条約適合的な解釈を行うべきことを裁判所が述べている。まず接見制限事件の第一審では[40]、監獄法および同法施行規則は自由権規約の趣旨に則って解釈されるべきとし、その判断にあたっては自由裁量であるわけではなく、本件のような接見制限は、裁量権の範囲を逸脱し違法であるとした。また控訴審では[41]、ヨーロッパ人権条約は自由権規約第14条1項の解釈指針であり、同規約は監獄法および同法施行規則の条項の解釈指針、さらにその自由は憲法第13条の保障する権利ないし自由に含まれると指摘されている。なお同事件については、「高松高裁は、13条に『受刑者が自己の民事事件の訴訟代理人である弁護士と接見する権利ないし自由』を読み込んでいる[42]」との指摘がなされている。一方で、二風谷ダム事件では[43]、ダム建設に至る事業認定が土地収用法第20条3号の要件(「事業計画が土地の適正且つ合理的な利用に寄与するものであること」)を満たすか否かは、公共の利益と失われる利益の比較考量により判断されるとし、本件において失われる利益とは、自由権規約第27条等により保障される少数民族たるアイヌ民族の文化享有権であり、その制限は必要最低限度においてのみ許されるとし、国は先住少数民族の文化享有権を無視し事業認定をしたため、裁量権を逸脱した違法があるとした。この点について、「札幌地裁は、『国際連合はじめその他の国際社会の潮流に合致するもの』として、13条がアイヌ民族の文化享有権を保障していると解している[44]」とされる。また、いずれも裁量判断に対して国際法規範を解釈指針としている点に特徴があるが、この点について「行政裁量統制型の条約適合的解釈」であるとの指摘がなされている一方で[45]、「直接適用」か「間接適用」かが判別しないとの指摘もな

---

39)「東京高裁は、信義衡平の原則を当該状況において適用する際の指針として社会権規約を用いた」とされる。阿部浩己他『テキストブック 国際人権法〔第3版〕』(日本評論社、2009年)45-46頁。
40) 徳島地判平成8年3月15日判時1597号115頁。
41) 高松高判平成9年11月25日判時1653号117頁。
42) 阿部他・前掲注39)47頁。
43) 札幌地判平成9年3月27日判時1598号33頁。
44) 阿部他・前掲注39)47頁。
45) 山田・前掲注25)406頁。

されているところである。[46]また、中国残留日本人と婚姻した中国人配偶者の連れ子家族に対する退去強制処分が法務大臣の裁量権の逸脱、濫用に当たるとして同処分を取り消した在留特別許可事件[47]において、福岡高裁は自由権規約（家族生活の保護）および児童の権利に関する条約（子供の最善の利益）の諸規定に照らして、在留特別許可の申請に理由がないとした裁決を、社会通念上著しく妥当性を欠くものであるとしている。

また私人間の問題に対して、国際法規範を解釈指針として用いたものとして、外国人入店拒否事件[48]、小樽入浴拒否事件[49]がある。前者は、人種差別撤廃条約が国内法としての効力を持つことを前提としつつ、同条約第6条に従い、人種差別行為に対して、国または団体に採るべき措置が採られていない場合には、その不作為を理由として少なくとも損害賠償その他の救済措置を採りうるとした。そして、本件のような個人に対する不法行為に基づく損害賠償請求の場合には、同条約の実体規定が不法行為の要件の解釈基準として作用するとしている。また後者は、憲法第14条1項、自由権規約、人種差別撤廃条約等は私人間に直接適用はできないが、それらは私法の諸規定の解釈基準のひとつとなるとした。両事件ではともに、「不法行為」や「私法」の諸規定の解釈にあたって、自由権規約や人種差別撤廃条約が解釈指針となることを明確にしている。さらに近年の京都朝鮮学校襲撃事件では、第一審[50]において、人種差別撤廃条約が直接的に締約国の裁判所に義務を負わせていることを前提として、「わが国の裁判所は、人種差別撤廃条約上、法律を同条約の定めに適合するように解釈する責務を負うものというべきである」とし、ただし同条約から直接に損害賠償請求は認められないが、賠償額は「効果的な保護及び救済措置となるような額を定めなければならない」としている。また控訴審[51]は人種差別撤廃条約

---

46) 寺谷・前掲注17) 170頁。
47) 福岡高判平成17年3月7日判タ1234号73頁。
48) 静岡地浜松支判平成11年10月12日判時1718号92頁。
49) 札幌地判平成14年11月11日判時1806号84頁。
50) 京都地判平成25年10月7日判時2208号74頁。
51) 大阪高判平成26年7月8日判時2232号34頁。

を私人間において直接適用（規律）することはできないとしつつも、その趣旨を解釈適用の際に尊重するべきであり、当該不法行為の違法性、非難可能性の程度を評価するにあたって十分に考慮しなければならないとしている。

（２）結論の補強などとしての「参照」

このような国際法規範を解釈指針とする判決の一方で、「結論の補強」などで国際人権条約に言及する事例もある。たとえば外国人登録例違反事件[52]では、憲法第22条の入国の自由について、国家に入国を許可する義務がない旨を慣習国際法と同様であると判断している。またマクリーン事件[53]でも同様に、慣習国際法上の保障範囲が憲法上のそれと同義であることを確認するために、国際法規範を「参照」している。結論を補強するために主に自由権規約を「参照」した事例としては、全農林警職法事件[54]、レペタ事件[55]、第三次家永訴訟[56]、寺西判事補事件[57]などが挙げられる。また近年の国籍法違憲判決については、「立法事実の適示」を行ったにすぎないとする指摘がなされる一方で[58]、この判決を「人権保護の国際標準化」をしたものであると評価する指摘もなされている[59]。また、非嫡出子相続分違憲決定は条約機関の意見・見解を「参照」したものであるが、それは「立法事実の適示」としての「参照」であるとの指摘や[60]、「条約の遵守を義務付ける憲法98条2項を意識しているのかもしれないが、明示的言及はない」との指摘[61]、さらに『事実問題（question facti）』であり、『事実問題』である限り、憲法判断という『法的問題（question juris）』の論拠とすることは

---

52) 最大判昭和32年6月19日刑集11巻6号1663頁。
53) 最大判昭和53年10月4日民集32巻7号1223頁。
54) 最大判昭和48年4月25日刑集27巻4号547頁。
55) 最大判平成元年3月8日民集43巻2号89頁。
56) 最三小判平成9年8月29日民集51巻7号2921頁。
57) 最大判平成10年12月1日民集52巻9号1761頁。
58) 山田・前掲注25）418頁。
59) 泉徳治「婚外子相続分差別規定の違憲決定と『個人の尊厳』」世界849号（2013年）229頁。
60) 山田・前掲注25）420頁。
61) 山崎友也「判例研究民法が定める非嫡出子相続分区別制を違憲とした最大判平成25年9月4日について」金沢法学56巻2号（2014年）181頁。

できない」との指摘(62)がなされている。ただし本件については、より踏み込んで「参照」の意義を見出そうとする指摘もなされており、特に「事実問題」と捉える指摘に対しては、「人権問題をドメスティックな憲法問題へと純化させ、純化作業の結果落ちこぼれる事象から『法的問題』としての資格を完全に剥奪して、それをひとしなみに『事実問題』へと還元させる思考法に立脚」したものであり、こうした「『憲法的思惟』の方に、二元論的指向という問題性が含まれている」との批判がなされている(63)。

　ここでたとえば政府が未批准の条約のように、国家が国際的義務を負っていない国際法規範（以下、本書では「国際的義務のない国際法規範(64)」とする）を「参照」する場合もある。たとえば行政協定合憲事件では、世界人権宣言が解釈指針として用いられるべきことが確認されている(65)。そもそも世界人権宣言については法規範性についての争いがあるが、いずれにしても本件では、国際的義務のない宣言を踏まえた解釈を行ったことが重要となるであろう。また前述の接見制限事件でも、ヨーロッパ人権条約が「参照」の対象とされている。ただし本件では、自由権規約の解釈指針とされているのであり、憲法解釈の指針などとはされていない点に注意が必要である。また一方で、非嫡出子相続分差別訴訟について、平成5年の東京高裁決定では(66)、自由権規約や当時未批准であった

---

62) 蟻川・前掲注33) 133頁。
63) 山元一「『憲法的思惟』vs.『トランスナショナル人権法源論』」法律時報87巻4号（2015年) 76頁。さらに、「条約が創設した機関が規範形成を行った法的要請……を『事実問題』に押しやるのではなく、『義務的性格を有する』『影響的権威』の一つとして処遇しなければならない」とする。
64) 本書では「国際的義務のない国際法規範」という場合、たとえば、国際的義務が当該国において発生していない国際法規範や、当該国に拘束力がない国際法規範、当該国が締約国となっていない国際法規範などを指すものとし、本来的には裁判官の解釈を拘束しえない（またはそれが国際的に義務付けられていない）国際法規範のことを指す。ただし本書で検討するように、こうした国際法規範が国内的効力を持つかということと、それを踏まえた「参照」の可能性が問題となる。そのため、「国内的効力のない国際法規範」を意味しない。またこの中に「慣習国際法」は含まない。
65) 最大判昭和39年11月18日刑集18巻9号579頁。
66) 東京高決平成5年6月23日判時1465号55頁。

児童の権利に関する条約の「精神」が結論の補強として「参照」されている。
　一方で、補足意見や反対意見などでは多様な「参照」がなされている[67]。例えば、徳島市公安条例事件における岸盛一補足意見は、①論点を明確にするための「参照」がなされており、堀越事件における千葉勝美補足意見、第三者所有物没収事件における垂水克己補足意見では、②多数意見の問題を明確にするための「参照」が、全農林警職法事件における田中二郎・大隅健一郎・関根小郷・小川信雄・坂本吉勝の意見、岸盛一・天野武一の追加補足意見、色川幸太郎の反対意見、また東京都教組事件における藤田八郎反対意見、垂水克己の反

---

67) 補足意見や反対意見などで、国際法規範だけではなく外国法をも「参照」した事例は複数ある。その例として、人身保護法による釈放請求事件（最大判昭和29年4月26日民集8巻4号848頁）、森林法違反公務執行妨害傷害被告事件（最大判昭和30年12月14日刑集9巻13号2760頁）、謝罪広告事件（最大判昭和31年7月4日民集10巻7号785頁）、チャタレイ事件（最大判昭和32年3月13日刑集11巻3号997頁）、外国人登録令違反事件（最大判昭和32年6月19日刑集11巻6号1663頁）、砂川事件（最大判昭和34年12月16日刑集13巻13号3225頁）、東京都公安条例事件（最大判昭和35年7月20日刑集14巻9号1243頁）、地方自治法に基く警察予算支出禁止事件（最大判昭和37年3月7日民集16巻3号445頁）、第三者所有物没収事件、悪徳の栄事件（最大判昭和44年10月15日刑集23巻10号1239頁）、八幡製鉄政治献金事件（最大判昭和45年6月24日民集24巻6号625頁）、尊属殺人被告事件（最大判昭和48年4月4日刑集27巻3号265頁）、全農林警職法事件、津地鎮祭訴訟（最大判昭和52年7月13日民集31巻4号533頁）、北方ジャーナル事件、自衛官合祀拒否事件（最大判昭和63年6月1日民集42巻5号277頁）、レペタ事件、岐阜県青少年育成条例事件（最三小判平成元年9月19日刑集43巻8号785頁）、成田新法事件（最大判平成4年7月1日民集46巻5号437頁）、非嫡出子合憲決定（最大決平成7年7月5日民集49巻7号1789頁）、愛媛玉ぐし料事件（最大判平成9年4月2日民集51巻4号1673頁）、非嫡出子合憲判決（最一小判平成12年1月27日集民196号251頁）、非嫡出子合憲判決（最二小判平成15年3月28日集民209号347頁）、非嫡出子合憲判決（最一小判平成15年3月31日集民209号397頁）、東京都外国人管理職選考受験拒否事件（最大判平成17年1月26日民集59巻1号128頁）、在外国民選挙権制限違憲判決（最大判平成17年9月14日民集59巻7号2087頁）、国籍法違憲判決、非嫡出子合憲判決（最二小判平成21年9月30日集民231号753頁）、衆議院議員定数訴訟（最大判平成27年11月25日民集69巻7号2035頁）、再婚禁止期間訴訟（最大判平成27年12月16日民集69巻8号2427頁）などがある。
68) 最大判昭和50年9月10日刑集29巻8号489頁。
69) 最二小判平成24年12月7日刑集66巻12号1337頁。
70) 最大判昭和37年11月28日刑集16巻11号1593頁。
71) 最大判昭和44年4月2日刑集23巻5号305頁。

対意見、さらに昭和51年の衆議院中選挙区制違憲判決[72]における岡原昌男、下田武三、江里口清雄、大塚喜一郎、吉田豊の反対意見、岸盛一の反対意見や、参議員選挙区合憲判決[73]（平成10年）における尾崎行信、福田博の追加反対意見や衆議院小選挙区合憲判決[74]（平成11年）における福田博反対意見などでは、③「参照」対象国の制度の詳細な「参照」がなされている。

3　日本の裁判所における国際法規範の「参照」の特徴

こうした裁判所の判断の特徴をまとめると、次のようになる。まず下級審における「参照」を見ると、「事実レベル」での「参照」にとどまらず、憲法の解釈指針としての「参照」も行われていることがわかる。この点については、「法令違憲の判断の場面では社会の変化を確認する一要素として、また法適用の場面では国内法規の解釈基準としての役割を国際人権法に負わせてきた」との指摘[75]があるように、解釈指針としての「参照」が、一定の役割を演じてきたことがわかる。また「参照」の対象については、それが法律以下の規定にとどまらず、憲法の規定や裁量統制、私法関係、さらには国際法規範自体にも及んでいることがわかる。また、どのような国際法規範が解釈指針などとして「参照」されてきたかという点については、主に自由権規約や人種差別撤廃条約、そしてヨーロッパ人権条約、さらには各条約機関による見解や意見などが「参照」されてきたということがわかる。

一方で、最高裁における「参照」について見ると、①国際法規範の「参照」は多くの事例においてなされており、「適用」に対する消極的姿勢とは異なり、（区別や否定なども含めて）「参照」を行うことについては必ずしも消極的ではない、ということが明らかになる[76]。もっとも最高裁は、上告理由や原告からの主張などに対する応答として、国際法規範を「参照」する場合もあれば、控訴審がそれを「参照」したにもかかわらず、「参照」しなかった事例[77]もある。なお、

72）　最大判昭和51年4月14日民集30巻3号223頁。
73）　最大判平成10年9月2日民集52巻6号1373頁。
74）　最大判平成11年11月10日民集53巻8号1704頁。
75）　新井・前掲注3）214頁。

最高裁による国際法規範の「参照」の内実としては、②解釈指針とまではいえず、憲法上の保障と同視する傾向があり、憲法の保障範囲と同趣旨である等の理由で、結論を補強するための「参照」がなされている、といった実態があるように思われる。ただし近年では、「社会的環境等の変化」や「事柄の変遷」の一要素として条約や条約機関の判断などが「参照」されている。

　また他方で、上告理由や上告人などによる条約違反の主張への応答として、国際法規範が「参照」されているという実態もあるように思われる。たとえば、東京都教組事件、第三次家永訴訟、レペタ事件、寺西判事補事件、国籍法違憲判決、非嫡出子相続分違憲決定などのように、主張に対する応答として最高裁が国際法規範を「参照」したと考えられるものもある。ただし最高裁の判断については、およそ国際法規範を国内的に取り入れている（「適用」している）とまではいえない。こうした点については消極的であるとの批判もあり、また「大法廷で違憲裁判をする場合は別として、それ以外の裁判において外国判例等を参照することはあまり多くない」ことや、「最高裁が法廷意見（全員一致の意見）及び多数意見の中で明示的に外国判例や国際人権規約等を積極的に援用（判断の根拠として援用）したものは、……5つにすぎない」ことなどが指摘されている。もっとも、国際法規範と国内法を明確に区別しつつ「参照」しているかどうかは定かではないが、いずれも国内法の解釈のためになされるものであり、また一方で国際的義務のない国際法規範の「参照」もなされていることを踏まえれば、裁判所は国内法と国際法規範を二元的に捉えている可能性もあ

---

76)　ただし従来の指摘のように、「適用」については消極的である。たとえば東京都教組事件で最高裁は、「論旨は、前示地公法の各規定がILO87号条約、ILO105号条約、教員の地位に関する勧告、国際慣習法に違反し、したがつてまた、憲法98条2項に違反するものと主張するが、ILO87号条約は、争議権の保障を目的とするものではなく、ILO105号条約および教員の地位に関する勧告は、未だ国内法規としての効力を有するものではなく、また、公務員の争議行為禁止措置を否定する国際慣習法が現存するものとは認められないから、所論は、すべて採用することができない」としている。

77)　最大判平成27年12月16日民集69巻8号2586頁。

78)　阿部他・前掲注39）49頁。

79)　泉徳治「グローバル社会の中の日本の最高裁判所とその課題」国際人権25号（2014年）14頁。

る[81]。それでは、こうした裁判所による「参照」という手法については、憲法上いかなる問題があるのであろうか。

3 これまでの憲法学説の対応

1 国際法規範を用いることに対する視線

　国内裁判において国際法規範を用いることについては、まず憲法学の傾向として、「冷静な視線」があることが指摘されている。つまり「現状の具体的法制度ではただちには取り込むことが困難であるにもかかわらず、希望的に権利の拡大を語ることや、あるいは制度自体に対する外在的批判を行って新しい権利を獲得するためにエネルギーを投入することへの限界や違和感を抱く傾向が、近年の憲法学の一部で顕著になっている」とされる[82]。こうした指摘と同様に、「国際人権規約の国内適用を活性化させるためには、規約を憲法と同じようなレベルにまで引き上げなければならない、という理屈は成立しない、というべきである」[83]との指摘や、批判の多くは「裁判規範性脆弱論」「憲法国際人権合一論」「憲法積極的抵触論」「憲法消極的抵触論」などに分類され、「国際人権条約の特殊性もまた、国際人権の国内裁判での活用に水を差している」[84]と

---

80) 同上、14頁。最高裁の憲法判断の問題点としては、次の5点が挙げられるという。つまり、①「66年間で法令違憲判断が9件、処分違憲判断が10件（内8件は訴訟手続に関するもの）と少ない」こと、②「最高裁は、裁判規範となるような違憲審査基準を構築していないといわざるを得ない」こと、③「憲法の人権保障規定について文面限定解釈を行い、人権保障規定の実効性の確保についての考察が不十分である」こと、④「憲法訴訟について、大法廷の先例の趣旨を拡大解釈し、その趣旨に従って小法廷で『合憲』の判断をする傾向が強い」こと、⑤「人権判断の国際水準化についての関心が薄い」こととである。同、15-16頁。

81) あくまでも「参照」にとどまっていることからすれば、我が国の裁判所は「国際人権の論理と国内人権の論理」を使い分けている可能性もありうる。高橋・前掲注14）69頁以下を参照。

82) 新井・前掲注3）214頁。

83) 内野正幸「国際法と国内法（とくに憲法）の関係についての単なるメモ書き」国際人権11号（2000年）8頁。

84) 棟居快行『憲法学の可能性』（信山社、2012年）187-188頁。

する指摘がなされている。さらに、教科書レベルでの「条約適合的解釈」「間接適用」「参照」に対する記述が少ないとの指摘もある。[85]

2　国際法規範を用いることの正当性──なぜ国際法規範を用いるべきなのか

　こうした憲法学の視線に対して問題となるのは、まず、なぜ国際法規範を国内裁判において用いる必要があるのか、という「参照」の前提となる問題であろう。[86] もちろん憲法上の保障が十分であれば、そもそもこうした立論は必要とならないが、仮に憲法優位説に立った場合、多くの学説は次のように指摘している。まず、憲法の保障範囲よりも国際人権条約の保障範囲が広い場合には、より人権保障を充実化するために用いるべきであるとする。[87] つまり、「国際人権の保障範囲が日本国憲法の明示的な保障範囲よりも広い場合には、憲法の趣旨と矛盾しない限り、国際人権を援用し、憲法の保障する人権の内容を豊富化するべき」[88] とされる。この点については、他にも様々な見解がある。「実際問題として憲法との矛盾が疑われている人権条約は存在しないようであるから、現実に生じうる論点としては、憲法の保障を超える保障をした条約の効力をどう考えるかが中心とな」[89] るとの指摘、さらには「条約による保障が憲法による保障を上回ると解される場合には、国内法が憲法の人権条項に違反しないとしても、条約に違反し、そのことはひいては憲法98条2項を介して憲法上許されない事態と判断されなければならない」[90] との指摘がなされているところであ

---

85)　山田・前掲注25) 226頁、脚注140を参照。なお、貴重な例外として、新井誠他著『憲法Ⅱ人権』(日本評論社、2016年) 5頁〔曽我部執筆〕では、解釈指針として用いることを「間接適用」としている。

86)　もっとも、憲法第98条2項の「誠実に遵守する」という文言を国内的効力の根拠として説明するのが一般的であるとされる。齊藤・前掲注10) 427-434頁。

87)　齊藤・前掲注11) 85-86頁。

88)　横田耕一「人権の国際的保障と国際人権の国内的保障」ジュリスト1022号 (1993年) 26-27頁。この例として、「知る権利」について自由権規約第19条2項、「品位を傷つける取扱いからの自由」については自由権規約第7条、「性別役割分担否定」については女子差別撤廃条約を挙げている。

89)　高橋和之「国際人権論の基本構造──憲法学の視点から」国際人権17号 (2006年) 53-54頁。

る。またより具体的に、「(a)国内法的見地からの人権保障法理に基づいたチェックと、(b)国際人権法的・比較憲法的見地からなされるグローバルスタンダード・チェックが競演する形で、この国の法実務に恒常的な反省的考察を促し、そのことを通じて人権保障水準の漸進的向上を達成していくことが現在の日本の人権問題にとって重要」であるとする見解も、こうした理解と同様の立場にあるように思われる。

　ただし、前述したように、裁判当事者の一方の権利を国際法規範によって拡大することによって、もう一方の権利が縮小する可能性などが考えられる。すなわち、従来の人権保障をより重層化・充実化するために国際法規範を利用することは、具体的な権利保障の場面においては、ある当事者の人権の制限にもつながる可能性がある。こうした懸念を踏まえ、なぜ国際法規範を国内裁判において用いる必要があるのか、という「参照」の前提を検討することは非常に困難ではある。この点で、こうした「参照」を行う理由として、トランスナショナルな法展開を踏まえた人権保障、判断の質向上、透明性の確保といった点からの指摘がある。さらに、人権の「普遍性」を根拠としつつ、単一の絶対的回答が存在しないからこそ、「国内システムと国際システムとの『対話』を通じた検証の中で試行錯誤を重ねながら人権実施を促進するという多層的モデ

---

90)　佐藤幸治「憲法秩序と国際人権」芹田健太郎他編『(講座国際人権法1)国際人権法と憲法』(信山社、2006年)39頁。

91)　山元一「トランスナショナルとドメスティックの間で揺れる最高裁」法律時報88巻3号(2016年)1頁。

92)　それ以外の問題については、芹沢斉他編『新基本法コンメンタール憲法』(日本評論社、2011年)515頁〔江島晶子執筆〕。

93)　特にアメリカの議論について、この3点をまとめたものとして、濱本正太郎「裁判所は誰に語るのか――日本の裁判所における国際法・外国法の(不)参照」法律時報89巻2号(2017年)77頁。なお、ひとつ目の議論については、山元一「グローバル化世界と人権法源論の展開」小谷順子ほか編『現代アメリカの司法と憲法』(尚学社、2013年)344頁、2つ目の議論は、Satoshi Yamada, "International 'Dialogue' among Courts in Light of Democracy" (2015) 45 Kangwon Law Review 211が、3つ目の議論については、平地秀哉「憲法裁判における外国法の参照」法学新報119巻9・10号(2013年)537頁が参照されている。

ル」を推進する必要を求める見解がある。最後に憲法と同じように、当事者にとっての切り札として国際法規範を重視する見解も見られるように、より人権保障を重層化・充実化する必要性を述べる見解も見られる。

　こうした議論を踏まえながら、本書の立場ではさしあたり、次のように考えている。まず、国際法規範の「参照」を正当化する努力を行うことによって、従来の憲法解釈における人権保障について、多くの「選択肢」を提供するものになりうると考えられる。そして訴訟当事者は、こうした「選択肢」を自らの主張において「参照」することが正当化されれば、さらに具体的な裁判の場面において、裁判官の思考プロセスの「多層化」を図ることができると考えられる。つまり、結論として一方当事者の人権を保障するために国際法規範の利用（「適用」や「参照」を含む）を正当化するのではなく、人権保障を主張する場面やその検討場面において、（「参照」の種類や程度にもよるが）より多くの実践や議論を「参照」できる機会が正当化されることによって、たとえばこれまで保障されなかったような権利について、その否定をも含めて、実質的かつ対等な「参照」を行うことができる。こうした「選択肢」の多層化・多様化といった利点が、国際法規範の「参照」の正当化によってより充実化するように思われる。

---

94)　芹沢他・前掲注92）515-516頁。
95)　小山剛「基本権保護義務論と国際人権規範」国際人権22号（2011年）45-46頁。
96)　この点で、多層的モデルを提唱する見解（江島晶子「憲法の未来像における国際人権条約のポジション」法律時報81巻10号（2009年）109頁）とは親和性がある。
97)　この点で濱本は日本の最高裁の姿勢について、「反論するでもなく、逃げた」と評価する。濱本・前掲注93）80頁。本書もこうした区別を含めた「参照」を正当化すること自体、「参照」の議論においては必要であり、それを行うことによって実質的かつ対等な「参照」となると考えている。ただし、「参照」そのものが「積極的ではない」との理解については、本書は逆の評価をしている。同、81頁。
98)　一方当事者の権利救済のためだけに国際法規範の「参照」が正当化されたとしても、たとえば、もう一方当事者の人権の制約が問題となる場面において、その制約が正当化される根拠が導かれない。そのため、国際法規範を否定するための「参照」自体をも正当化しない限り、当事者にとっての実質的かつ対等な「参照」とはならないであろう。

序 章

3 国際法規範の受け入れ方法

こうした理解を前提とした上で、さらに国際法規範をどのように国内的に受け容れるべきであるかといった点についても、様々な議論がある。

まず、憲法第98条2項に基づく条約適合的解釈の正当性を主張する見解があるが[99]、それ以外の方法として、国際人権と国内人権を二元的に理解しつつ[100]、「国際人権については、さらに、①国際法レベルの国際人権と②国内法化された国際人権の二つの議論レベルを区別する必要がある[101]」とする見解がある[102]。また、「統治機関を動態的にとらえ、各機関が各々の役割・権限・機能に即して人権問題にアプローチし、できうる最大限の対処をとったのちに他の機関の判断にゆだねる仕組み（開放型解決構造）をモデルとして設定する」ことで、「国際人権規範の普遍性ないし正当性（そこから引き出される共通化・国際標準化）についても異なる観点から考えることができる[103]」とする見解がある。さらに、「『国際法の世界と国内法の世界とを通貫して、締約国（わが国の場合には日本国）政府を義務付ける』国際法的にも国内法的にも同一の規範内容を有する法として、確実に受け止めることのできる法的構成を示すことが重要である」とする見解[104]、「解釈論上の主張として、条約の国内法的効力の具体的な『規範内容』として、『憲法レベルには及ばないが法律には優位する、ただし主観的な権利性をもたらすものではない単なる客観法』であると考えるべき[105]」とする見解などがある。

ただこうした見解の中には、二元的な理解を除いて、国際法規範の日本国憲法上の規範的意義をどのように導いているのかが不透明なものもあり、若干の

---

99) なお、この見解は、憲法第98条2項が規定する「日本国が締結した条約」を対象とする。齊藤・前掲注10）402頁。
100) 髙橋・前掲注14）69頁。
101) 髙橋・前掲注89）51頁。
102) この点については、国内と国際を峻別する二元理解はできないとする猛烈な批判がある。大沼保昭「人権の国内的保障と国際的保障――より普遍的な認識を求めて」国際人権17号（2006年）57頁。
103) 江島晶子「権利の多元的・多層的実現プロセス」公法研究78号（2016年）62-63頁。
104) 山元一「グローバル化世界における公法学の再構築――国際人権法が憲法学に提起する問いかけ」法律時報84巻5号（2012年）9頁。
105) 棟居・前掲注84）187頁以下。

疑問が残る。そもそも、憲法上の正当性を論じること自体を不要とする見解もあるように思われるが、やはり、なぜ国際法規範を解釈基準または指針として「参照」できるのか、そもそも国際的義務のない国際法規範の「参照」は正当化されるかなど、多くの疑問点について検討を行う必要がある。いずれにしても、本書で対象とする「参照」についても、なぜそれが正当化されうるかという問題が残されている。

4　本書の問題意識

　以上の点を簡単にまとめると、次のようになる。①まず最高裁は国際法規範の「適用」には消極的ではあるが、必ずしも「参照」には消極的ではないこと、②そのため、「適用」が論じられて「参照」の詳細（意義、類型、対象、素材）が十分に検討されてこなかったこと、③そうした詳細を前提とした「参照」の正当性を理論的に検証していないことである。そこで、本書の問題意識を明らかにするために、これらの点について、若干の検討を行いたい。

1　「参照」に対する最高裁の姿勢

　実際のところ最高裁は、国際法規範の積極的な「適用」を行ってはいないものの、国際法規範の「参照」については、消極的であるとまではいえないように思われる。こうした最高裁による姿勢の背景には、国際法規範と憲法の関係について、二元的理解が前提とされている可能性もあるが、仮に人権保障の機会を多層化し、その「選択肢」を広げることを目的として国際法規範を用いる可能性を探るのであれば、むしろ「参照」という手法を詳細に検討し、その正

---

106)　もっとも、「条約が国内的効力をもたないとき」も、国内法の解釈基準となりうる場合があるとの指摘がある。岩沢雄司『条約の国内適用可能性』（有斐閣、1985年）333、337頁。

107)　この点で、「間接適用の問題点」として、「すでに締結され、国内的効力が認められている条約と、未批准の条約、およびその他の法的拘束力を有しない国際文書とが、国法体系におけるその実際上の効果において相対化される恐れがないかという疑問が生じる」との指摘がある。齊藤・前掲注10）278-279頁。

当性を議論した方がその目的に適うようにも思われる。つまり、最高裁による「適用」に対する消極的姿勢や、それに対する憲法学の冷静な視線を前提としつつも、最高裁における「参照」自体に対する前向きな姿勢が垣間見られるとすれば、むしろそうした最高裁による姿勢を正当化しつつ、より国際法規範の「参照」の「選択肢」を広げることで、「人権保障の多層化」が図れるように思われる。また、もし最高裁が二元的理解を前提としていた場合であっても、国際的義務のない国際法規範をも対象とする「参照」の正当化の検討は、そうした理解を前提としない。

2 「参照」の意義・対象・素材

(1)「参照」の意義：「参照」≒「国際法適合的解釈」≠「適用」

「参照」の意義をめぐっては、前述した類型化が可能であり、「国際法適合的解釈」をも含む概念であると考えられるが、「適用」とは異なるものであると理解するべきである。ここで「間接適用」との関係性が問題となるが、この意味については前述したように、「国内で裁判所や行政庁が国際法を国内法の解釈基準として参照し、国内法を国際法に適合するように解釈すること」とされている。またそれ以外にも、「国際人権条約の内容は、条約適合的に解釈可能な憲法規定を通じて憲法に引き上げられ取り込まれることとなり、いわば間接的な憲法的地位を獲得する[108]」とされる。この点で、そもそも「直接適用」と「間接適用」の二分論を再検討する議論も示されている[109]が、国際法適合的解釈を「適用」とすることに対する疑問や、「間接適用」は、「語の厳密な意味における『適用』ではない[110]」[111]とされているように、「間接適用」と「参照」については、その内容においては関連するものの、用語の意味においては異なる。いずれにしても、国際法規範の「適用」と本書が対象とするその「参照」は厳密

---

108) 齊藤・前掲注11) 80頁。
109) 松田浩道「憲法秩序における国際規範——実施権限の比較法的考察（一）」国家学会雑誌129巻5・6号（2016年）112頁以下。
110) 山田・前掲注25) 249-250頁。
111) 酒井他・前掲注7) 403頁。

な意義では同義ではない。[112]

（２）「参照」の対象——何に対する「参照」なのか

　国際法規範について何を媒介として「参照」するのかという点でも、議論が分かれる。前述したように、裁判所による国際法規範の「参照」は、憲法解釈や行政裁量統制、私人間の問題、法律解釈等の場面で行われているほか、「事実レベル」でなされる場面もある。本書は、このうち憲法解釈における国際法規範の「参照」を対象とするが、ここで特に問題となるのは、次のような点である。つまり、「憲法優位説に立つ限り、条約を憲法に充塡するということは許されない」との指摘や[113]、「なぜ上位規範たる憲法が下位規範たる条約によって解釈指針とされるのか、疑問が生じうる」との指摘[114]、さらには「日本国憲法は、その内容や解釈が国際人権条約の動向によって左右されるようなものではない」とする指摘があるように[115]、そもそも憲法解釈に国際法規範を「参照」することはできるのか、という問題である。こうした問題については[116]、憲法第98条２項が憲法を条約適合的に解釈するよう求めているという理解から、そのことと「単に関連する条約規定を任意ないし適宜に参照することとは、法的意味において大きく異なる」という理解や[117]、「98条２項が国際法の誠実遵守義務一

---

[112] 山田・前掲注25）226頁、酒井他・前掲注７）403-404頁。なお、私人間関係に関する間接適用説との関係については、「参照」の議論が国際的義務のない国際法規範の「参照」をも含んでいる点で、異なるように思われる。

[113] 髙橋・前掲注89）54頁。

[114] 寺谷・前掲注17）181頁。

[115] 内野正幸『人権のオモテとウラ』（明石書店、1992年）38頁。

[116] その他、「なぜ、国法秩序の段階構造における地位において優位する憲法に対して、条約を解釈基準とすることが要請されうるのかが、必ずしも明らかにされていない」と指摘される。齊藤・前掲注10）279頁。

[117] 齊藤・前掲注11）80頁。なお、この点については、「司法機関の条約適合解釈の義務および権限の存否の問題」と「間接適用として参照できる範囲の問題」が指摘され、「98条２項の存在を強調して条約適合的解釈義務を肯定する学説は多くを引き出しすぎていないかに留意する必要がある」とされている。一方で「憲法学が憲法典を対象として行われることに伴うもっとも無自覚な問題点である。このことは98条２項に過度に頼らざるをえないことで生じる、条約適合解釈義務の肯定論の困難にもつながっている」とされる。寺谷・前掲注17）185-188頁。

般を導く際の重要な根拠となりうることは確かだが、この条項はあくまで国際規範が国内に及ぶ際のいわば通路、あるいは入れ物であり、具体的に何が義務となるかは関係する条約義務自体を見てはじめて確定できる」とする理解、さらには「『国際人権』との関係でいえば、『確立された国際法規』とみられるようなものは憲法に優位するといえようが、『国際人権』にも様々なものがあることを考えれば、およそ『国際人権』にかかわるから憲法に優位するというべきではない」とする理解などがある。

　このように憲法解釈において国際法規範を「参照」することについては、事実レベルでの「参照」と区別しつつ、その正当性を論じるべき必要性がある。もっとも、いずれの対象についても、その「参照」にあたっては、それぞれ正当化議論が異なるように思われるが、本書においては、特にこうした憲法解釈における国際法規範の「参照」を検討対象とする。

（３）「参照」の素材──何を「参照」するのか？

　「参照」をめぐる最後の問題としては、何を「参照」するのかという問題が考えられる。「参照される国際文書の性格の違いによって国内法の解釈基準としての権威はおのずと異なる」と指摘されるように、「参照」の対象となる素材は何かという点が問題となり得る。こうした素材については、例えば①発効している条約だけではなく、②国際的には発効しているが国内的に発効していない条約、③国際的には発効していないが、日本が積極的に関与している条約、④国際的にも発効しておらず、日本も署名しておらず、その動きもない条約などが挙げられている。またそれに加えて、条約機関の意見や見解などのように、そもそも国際的義務のないものもある。ただし、こうした機関の意見や

---

118) 寺谷・前掲注17) 188頁。
119) 佐藤・前掲注90) 36頁。さらに同氏は、「国際人権B規約の中には、20条（戦争宣伝および差別等の扇動禁止）のように憲法21条に照らしてきわめて問題と思われる規定もあり、特定の条約を類型的に『憲法なみ、ないしそれ以上の効力』をもつものとみることは慎重でなければならないと思う」と指摘しているが、本書でも国際法規範の性質に応じた正当化の検討が必要であると考えている。
120) 小寺他・前掲注7) 117頁。
121) 寺谷・前掲注17) 171-177頁。

見解については、それら「を可能な限り顧慮することが、『日本国が締結した条約……を誠実に遵守すること』に適うと考えられる[122]」との指摘がなされている。このように、「参照」の対象となる素材の違いに応じて、「参照」の正当性は当然異なるのであり、こうした「参照」の素材を分類した上での検討が必要であるように思われる。そこで本書では、こうした理解を踏まえつつ、主に政府が締結したような国際的義務のある国際法規範と、その義務がない国際法規範に分けながら、その憲法解釈における「参照」の正当性に関する検討を行う。

3 「参照」に関する正当化議論

以上のように、「参照」の意義や類型、さらにその対象や素材を明確に区別した上で「参照」の正当性を検討することが必要となるが、それを論じる意義について、ここで改めて整理したい。その意義については、4つ考えられる。まず、裁判所が国際的義務のない国際法規範を「参照」する場合であり、そもそもそれが法源ではないということにも関係するが、解釈指針や結論の補強として「参照」を行うとき、それは裁判所があたかも国際的効力をそうした国際法規範に与えているようにも見られることから、その「参照」自体の正当性と、国際的義務のない国際法規範を用いることの民主的正統性が問題となる。また、国際的義務のある国際法規範を「参照」する場合であっても、どの程度まで国際法規範を「参照」できるのか、またどの程度までなら正当化できるかが問題となる。さらにそれとも関連して、国際的義務のない国際法規範の実施機関による判断などのように、どのような国際法規範を「参照」できるかも問題となる。そして最後に、裁判官による恣意的「参照」（cherry-picking（さくらんぼ狩り））などが問題となる[123]。つまり国際法規範について、その国際的義務の有無にかかわらず、裁判官の裁量や選り好みによって、その垣根なく「参照」

---

[122] 齊藤正彰「6　人権の国際的保障」小山剛・駒村圭吾編『論点探究〔第2版〕』64頁。
[123] その他の問題については、たとえば、会沢恒「憲法裁判におけるトランスナショナルなソースの参照をめぐって――現代アメリカ法思考の開放性と閉鎖性」北大法学論集58巻4号（2007年）82頁以下を参照。

できることについて問題となる。

　これらの問題については、アメリカやドイツをはじめとして、様々な議論がなされているところであり、日本においても紹介されている。アメリカに関しては「Charming Betsy Canon」に関する議論や、②憲法解釈を通じた「説得的根拠」としての理解がなされているところである。また外国法の「参照」をめぐっては、アメリカにおける議論を中心に紹介がなされている。一方でドイツに関しては、「国際法親和性原則」について、ヨーロッパ人権条約に適合的な解釈について、間接的な憲法的地位を認める議論がなされているところである。いずれの議論も日本との関係において重要な視点を示しているものであるが、国際的義務を有しない国際法規範の「参照」に関する議論を提供するものではない。もっとも外国法の「参照」に関しては、同様の問題を提起するものではあるが、国際的義務のない国際法規範や条約機関の見解などの「参照」とは性格が異なる。この点でカナダは、「締約国ではないにもかかわらず、人権委員会・裁判所の先例も積極的に参考にしている」とされている。

―――――――――――――

124）　連邦法について他に可能な解釈のある場合には、国際法に反するような解釈をしてはならないとされるが、これは連邦法に対してのみであるとされる。栁山・前掲注25）203頁。一方で、non-self-executing treaty には用いることができないとされる。松田・前掲注25）79頁。

125）　「共通の趣旨を持つ外国法について展開されている理由づけを分析し、法的・歴史的・文化的背景の差を考慮しつつ必要な峻別（distinguish）の作業を行った上で参考にするならば、そのような憲法解釈は許容される」とされる。松田・前掲注25）67-78頁。

126）　会沢恒「外国法・国際法の参照の広がりとこれをめぐる論争」比較法研究71号（2009年）119-125頁、勝田卓也「死刑をめぐる憲法判断における外国法参照の意義――Roper v. Simmons 事件判決（2005）を手掛かりとして」比較法研究71号（2009年）112-118頁、村上正直「国際人権法と合衆国の国内裁判所――Roper 判決の国際法上の意義」比較法研究71号（2009年）126-134頁、平地秀哉「憲法裁判における外国法の参照――アメリカ合衆国における論争を素材に」法學新報119巻9・10号（2013年）537-338頁などを参照。なお、外国法の「参照」をめぐる議論については補論を参照。

127）　齊藤・前掲注10）400頁。

128）　国際法規範と外国法の「参照」は、そもそも区別して考える必要がある。その理由としては、その性質が異なることも考えられるが、「国際法は国内法の一部であるのに対し、外国法はどの国でも法源ではない」ことなどが考えられる。須網・前掲注4）62頁。

129）　阿部浩己・今井直『テキストブック国際人権法』（日本評論社、1996年）、36頁。

4 比較「参照」国としてのカナダ――なぜカナダか

本書では、「参照」に関する議論に関しては、カナダにおける議論を素材として検討を行うが、その意義をまとめると次のようになる。まず、前述したように、日本の最高裁は国際法規範の「適用」に消極的であるとして、それが仮に二元的な姿勢をとっていたと理解した場合、カナダはまさにそれと同様の状況にありつつも「参照」を積極的に行っている[130]。つまり、本書の第1部で見ていくように、カナダ最高裁は二元論に基づく変型理論を採用しつつも、国際法規範の「参照」について積極的な姿勢を示し、国際法規範との「対話」を行っている[131]。カナダのそうした実態を捉えながら「参照」の類型化議論や憲法解釈理論による理解、さらにはその正当化議論など、カナダにおける議論は、日本の最高裁の実態を理論的に正当化しうる議論を提供しうる。

またカナダ最高裁は、国際的義務のない国際法規範を憲法解釈の場面で「参照」しており、それに対する正当化議論を踏まえれば、日本の最高裁における国際法規範との実質的かつ対等な「参照」の促進につながるものと考えられる。つまり、日本の下級審におけるヨーロッパ人権条約やその実施機関の判断が「参照」されることの正当化議論を提供しうる。

そして、国際法規範を憲法解釈の指針として「参照」することが、「国際人権を憲法上の権利の中に引き込んで処理するもので、あくまでも憲法の枠内の議論にしかならない[132]」のであれば、その正当化論は、憲法解釈の枠内で行わなければならないということになる。この点でカナダの議論は、憲法解釈論の中でその正当化を導く議論もあり、まさに「参照」を「憲法の枠内の議論」として正当化しうる議論を提供しうる。

最後に、そもそもカナダにおける議論を検討するに際して、「裁判官による

---

130) なお近年では、カナダは憲法思想の「受領国」としてだけではなく、「新たな立憲主義」モデルの「輸出国」に変革しつつあり、カナダの憲法思想は、知的に輸出されているとされる。Ran Hirschl, "Going Global? Canada as Importer and Exporter of Constitutional Thought" in Richard Albert & David R. Cameron, *Canada in the World* (New York: Cambridge University Press, 2018) at 305-323.

131) またこの点につき、申・前掲注14) 106-107頁。特に107頁の脚注92を参照。

132) 松本和彦「憲法上の権利と国際人権」国際人権22号(2011年)58頁。

法形成という『コモン・ロー』の伝統は、裁判官に対する統制のあり方に関する議論と不可分である」ことから、憲法解釈における裁判官に対する統制のあり方も検討する必要がある。こうした議論は、前述した裁判官による恣意的な「参照」の限界点を模索するためにも、非常に有意義なものであると考えられる。

5　本書の対象

　以上の点を踏まえると、まず日本の裁判所では「事実レベル」の「参照」だけではなく、解釈指針とする「参照」も行われており、「参照」の意義はより広く理解しうる。また、このように「参照」を広く捉えた際には、対象や素材に応じた「参照」の正当性を検討することが必要になる。またその正当化論は、「憲法の枠内の議論」として行わなければならない。つまり、日本の裁判所が用いる「参照」手法が、もし仮に二元的理解を前提としているならば、「参照」を正当化するためには、憲法解釈の枠内での検討を行わなければならないということになるであろう。また他方で、裁判官による恣意的な「参照」の統制という観点からすれば、憲法解釈における裁判官に対する統制のあり方も検討する必要があるであろう。

　これらのことから本書は、国際法規範の「参照」が実質的かつ対等な「参照」の促進（裁判官による国際法規範との「対話」の機会の提供）につながるという点を前提としつつ、憲法解釈における国際法規範の「参照」の意義・類型・対象・素材を踏まえた正当化を行う必要がある点、こうした正当化議論は憲法解釈理論との関係で捉えることができるが、そこには限界がある点を明らかにする。

---

133)　紙谷雅子「憲法解釈基準の国際標準化に向けて」国際人権22号（2011年）65頁。

第1部

憲法解釈における国際法規範の「参照」

第1章

カナダにおける国際法規範の地位と「参照」

1　カナダにおける国際法規範の地位とディクソン・ドクトリン

1　カナダ憲法の特徴

　カナダは第二次世界大戦以降、国連中心主義外交を基本理念とし、平和維持活動などの恒久平和と人間の安全保障などに重要な役割を果たしてきたとされている[1]。また、国際的な人権保障に貢献してきたとも語られる[2]。そのため、カナダ最高裁における国際法規範の「参照」という営みには、そうした政府の意向の一端を垣間見ることができるかもしれない。本章以下では、こうした「参照」の意義の検討を深めるために、1980年代から国際法規範（国際的義務のない国際法規範を含む）を国内に取り入れるために、積極的に「参照」してきたカナダ最高裁判決の検討を通じて、その意義を明らかにしたい。もっとも、そうしたカナダ最高裁の判断の展開を検討する前に、まずはその土台となるカナダ憲法の特徴を簡単に概観しておこう。

　カナダは、1867年英領北アメリカ法のイギリス議会による制定により成立した[3]。同法はイギリス流の「議会主権（Parliamentary Sovereignty）の原則」を受け継ぐ一方で、10の州と3つの準州による連邦主義を採用している[4]。このカナダ連邦の形成に先立って制定された植民地効力法[5]は、イギリス本国議会制定法

---

1)　日本カナダ学会編『はじめて出会うカナダ』（有斐閣、2009年）13-14頁。
2)　マイケル・イグナティエフ（金田耕一訳）『ライツ・レヴォリューション　権利社会をどう生きるか』（風行社、2008年）17-19頁。
3)　*The British North America Act,* 1867, Victria, c. 3.

が海外における属領の立法権に対して優位することを規定しており、そのため、本国立法に抵触する属領立法をその限度において無効とする体制が整えられていた。そして、その約120年後の1982年には、同じくイギリス議会で成立したカナダ法によりイギリス議会のカナダに対する立法権が廃止され、その別表Bとして1982年憲法が新たに制定された。なお、1867年英領北アメリカ法は1867年憲法と改称されており、1982年憲法は、その第1編に権利および自由に関するカナダ憲章（以下、本書では「憲章」とする）を導入し、さらに第7編第52条に最高法規規定と憲法の範囲に関する規定を導入した。また、1982年以前には違憲審査の根拠が明文で規定されていなかったものの、最高法規規定と憲章第24条を根拠に、憲章上の人権規定に違反する法律に対する違憲審査権が導入されている。このように現在では、1867年憲法と1982年憲法がカナダ憲法の主たる構成要素となっており、議会主権、連邦主義、そして人権規定に対す

---

4) 同法は前文で「連合王国の憲法と原理において同様の憲法を持つ」とし、また「英国議会の権限により連邦を樹立し、新しい国の立法権限の構成を宣言する」と規定しており、議会主権と連邦主義が採用されている。なお、こうした議会主権と連邦主義の対立については、野上修市「1982年『カナダ人権憲章』とカナダ最高裁判所——カナダ憲法審査制の一考察として」法律論叢58巻4・5号（1986年）283-284頁を参照。

5) *The Colonial Laws Validity Act*, 1865, Victria, c. 63.

6) ただし、1867年憲法は司法審査制度を明記する規定を設けていない。この点につき、長内了「カナダにおける『司法権の優越』」比較法雑誌8巻2号（1975年）73-77頁。

7) *The Constitution Act*, 1982, Schedule B to the *Canada Act 1982* (UK), 1982, c 11. なお、同法については、「1982年憲法法」という表記もあるが、カナダにおいて同法は憲法の一部とされていることから、本書においては「1982年憲法」と表記する。また「1867年憲法」も同様である。

8) *Constitution Act*, 1867 30 & 31 Victoria, c. 3 (U. K.).

9) カナダの憲章起草過程の議論に関しては、紙谷雅子「憲法と最高裁判所——カナダの場合」藤倉皓一郎編集代表『英米法論集』（東京大学出版会、1987年）67頁、齋藤憲司「1982年カナダ憲法——憲法構造と制定過程」レファレンス381号（1982年）74頁などを参照。

10) なお、違憲審査の起源に関しては争いがあるが、学説の争いをまとめたものとして、特に佐々木雅寿「カナダにおける違憲審査制度の特徴（上）」北大法学論集39巻2号（1988年）128-134頁を参照。See also, Jennifer Smith, "The Origins of Judicial Review in Canada" (1983) 16.1 Can. J. P. S. 115.

る違憲審査権といった要素が憲法に含まれている。

このような憲法体制の下で、後述するようにカナダ最高裁は、1982年に制定された憲章を通して提起される問題に関して、国際的義務のない国際法規範を積極的に「参照」するようになる[11]。そこで本節においては、こうした憲法体制を前提としながら、どのように国際法規範が憲法上位置付けられてきたか、そして実際に、最高裁がどのような根拠や手法によって「参照」を行ってきたかを検討しておきたい。なお、国際法規範の地位を検討するにあたっては、憲章が制定される1982年以前における伝統的な議論が関係するため、まずは1982年以前の国際法規範の位置付けに関する議論を検討する。

2　1982年以前の国際法規範の地位

(1) 二元論の採用

カナダ最高裁は、憲章制定以降、国際法規範への言及を頻繁に行うことになるが、そうした土台はどのように生まれたのであろうか。まずは建国当初から積み上げられてきたカナダの人権保障システムの下で、国際法規範がどのように位置付けられてきたのかという点について確認してみよう[12]。

1982年以前における国際法規範、特にここでは条約の取り扱いに関して、そもそも政府が締結した国際法規範について、その効力の有無（受け入れ方法）が問題とされた。つまり、前述したように、カナダは歴史的にイギリスの伝統を継受し、「議会主権の原則」を採用してきた。そのため、条約を政府が締結

---

11) 1945年から憲章が制定される1982年までの37年間に、最高裁が国際法規範を「参照」した事例は17件しかなかったのに対し、1982年から1987年の5年間だけでそれは70件以上にも及んでいるとされる。岩沢雄司「アメリカ裁判所における国際人権訴訟の展開（二・完）」国際法外交雑誌87巻5号（1988年）477頁。

12) カナダの一般的な国際法規範の受け入れ方やその地位に関しては、次の文献を参照。Anne F. Bayefsky, *International human rights law : Use in Canadian Charter of Rights and Freedoms litigation* (Toronto and Vancouver: Butterworths, 1992), William A. Schabas, *International Human Rights Law and the Canadian Charter*, 2nd ed (Toronto: Carswell, 1996), Mark Freeman & Gibran Van Ert, *International Human Rights Law* (Toronto: Irwin Law, 2004), Gibran Van Ert, *Using International Law in Canadian Courts*, 2nd ed (Toronto: Irwin Law, 2008).

したとしても、議会との関係が問題となった[13]。「議会主権の原則」の下では、条約を締結する国王であっても、立法権の自由な法制定権を侵害することはできないというものである。このような伝統がカナダにおいても妥当するか否かという問題について、司法の立場を明らかにしたひとつの判断が、1956年のフランシス事件[14]である。同事件で最高裁は、カナダはもともとイギリスの植民地であったために、国内で条約を実施するための憲法上の根拠となる規定が存在しないという一般原則を確認し、司法権が政府によって締結された条約について判断を下すためには、先に立法府による立法を通して、その条約が「実施 (implementation)」されることを必要とした[15]。そしてその後の判例においても、こうした「変型 (transformation)」アプローチが採用されている[16]。またこの点について、カナダでは「二元論 (dualism)」が採用されていると一般的には考えられている[17][18]。なお、ここでいう「変型」が何を意味するかという点について、狭義では「連邦議会または州議会が、条約義務やその実施をカナダ法の中に組み込むこと」であるとされるが、実際には、「条約文書は直接制定法の中に、そのすべて、もしくは一部を複製することにより、組み込まれてきた」とされている[19]。

このようにカナダでは、条約は「自動執行 (self-executing)」なものではなく[20]、その国内的効力を認めその適用を行うためには、「議会主権の原則」を前

---

13) William A. Schabas, "Twenty-Five Years of Public International Law at the Supreme Court of Canada" (2000) 79 Can. B. Rev. 174 at 177.
14) *R. v. Francis*, [1956] S. C. R. 618.
15) *Ibid.* at 619, 625.
16) Bayefsky, *supra* note 12 at 25.
17) Anne Warner La Forest, "Domestic Application of International Law in Charter Cases: Are We There Yet ?" (2004) 37 U. B. C. L. Rev. 157 at 162-163.
18) ただし、これに対してカナダで採用されているのは、一元論と二元論の混合物 (hybrid) であるとの指摘もなされている。See. Gibran van Ert, "Dubious Dualism: The Reception of International Law in Canada" (2010) 44 Val. U. L. Rev. 927 at 928.
19) Stephen J. Toope, "Inside and Out: The Stories of International Law and Domestic Law" (2001) 50 U. N. B. L. J. 11 at 14-15.
20) *Ibid.* at 13.

提として、制定法によって「実施」または「変型」されることが必要とされている。そして条約が立法府によって国内法化されれば、カナダ法の一部を構成するものとされている。したがって、たとえば政府が締結し当事国となっている条約の規定に基づいて権利を主張しようとする者は、それが「実施」または「変型」された立法に基づく必要がある。[21]

一方でカナダは「連邦主義」をも採用していることから、もうひとつの問題が提起されてきた。つまり、カナダ政府が締結した国際法規範は、連邦議会を拘束しないだけではなく、州議会をも拘束しないことになる。なぜなら、条約締結権を持つ連邦政府は具体的な実施権限を持たないため、連邦議会と州議会によって条約上の義務とは異なった立法がなされる場合もありうる。そのため条約上の義務は、連邦だけではなく、州議会にも及ばないとされている。[22]

このように、カナダでは二元論が原則とされ、政府が締結した条約は、国際的な義務を生じるとしても連邦および州の議会において立法化されない限り、その義務は国内的に生じないというシステムとなっている。[23]

(2) 慣習国際法の地位

またカナダにおいては、国際法の法源とされている条約と慣習国際法（Customary International Law）については、その取扱いについて差異がある。[24] 条約

---

21) そもそもこうした用語の用い方については、「国によって、また論者によって、これらの言葉に与える意味が異なる場合があるので、どのような意味で用いられているのかには常に注意が必要である」とされるが、カナダにおいては、国際法規範は国内法規範として「変型」されることが必要である。酒井啓亘他『国際法』（有斐閣、2014年）389頁〔濱本正太郎執筆〕。

22) このような問題が顕在化した事例として、「労働関係条約事例（Labor Convention Case）」と呼ばれるものがある。*A.-G. Canada v. A. G. Ontario*, [1937] 1 D. L. R. 673 [*Labor Convention Case*]. 議会主権を侵害する条約締結の問題に関しては、実際には条約締結の際に、議会と政府との間で協定が結ばれるという慣行がなされている。

23) 個々の条約が個別に国内法に変型（国内法化）されなければ国内的効力が発生しないとする二元論を採る国としては、イギリス、カナダ、北欧諸国などが挙げられ、条約を一般的に国内法体系に受容する憲法体制を採っている国としては、アメリカ、フランス、ドイツなどがある。阿部浩己・今井直「入門国際人権法　国際人権法と国内裁判」法学セミナー456号（1992年）75頁。

24) La Forest, *supra* note 17 at 164-165.

に関しては、前述したように変型理論に基づいて、国内法化された立法があればその国内的な実施がなされることになっているが、慣習国際法については、コモン・ローとの発展の類似性から一元論（monism）が採用されている[25]。そして、慣習国際法に反する国内法がない限り、慣習国際法は自動的に国内法となる。そのため理論上は、慣習国際法は直接的に国内において適用されうるし、権利を主張する者がコモン・ロー上の権利としてこれを主張することもできると解されている。またこうした理解については、最高裁も2007年のヘイプ事件において、慣習国際法はカナダ法と矛盾しない限りにおいて、国内法の一部であることを確認している[26]。ただし、慣習国際法がいつ強制力を持ち、どのような義務が発生するのか、またどのような条約が慣習国際法であるのか、という具体的な問題については明らかにされていない[27]。

　この問題について、1991年のキンドラー事件で賛成補足意見を述べたラフォレ裁判官（Gérard Vincent La Forest）[28]は、死刑国への犯罪人引渡しが憲章第7条に違反するかという点について、同条の解釈にあたってグローバルな文脈を念頭に置く必要があることを指摘し、ジェノサイドや奴隷制、拷問などに対する圧倒的かつ普遍的な非難に言及している[29]。ただし普遍的な実践や国際的なコンセンサスは、カナダの法規範を形作る上で重要であるものの、その範囲をどこまで認めるかという点については、未だ明確な指針が示されていない。たとえば、2002年のスレッシュ事件最高裁判決[30]は、アムネスティ・インターナショナルにより拷問の絶対的禁止が慣習国際法や「ユス・コーゲンス（jus cogens）」であると指摘されていることを「参照」しながらも、拷問の禁止が慣習国際法であるという判断を明確には示していない[31]。

---

25) *Ibid.* at 165.
26) *R. v. Hape*, [2007] 2 S. C. R. 292 at para. 39.
27) Bayefsky, *supra* note 12 at 5-22.
28) *Kindler v. Canada（Minister of Justice）*, [1991] 2 S. C. R. 779. なお、特に本件については、第1部第2章を参照。
29) *Ibid.* at 833.
30) *Suresh v. Canada（Minister of Citizenship and Immigration）*, [2002] 1 S. C. R. 3.
31) *Ibid.* at para. 61.

このように、理論的には慣習国際法とコモン・ローは同視され、一元論が採用されるとされながらも、実際には何が慣習国際法となり、どこまで一元的にそれを国内的に適用するかといった点は、最高裁において未だ明らかにされていない。

3　1982年以降の最高裁における国際法規範の「参照」

以上のように、カナダにおける国際法規範の国内的効力の理解については、(何がそれに該当するかという議論は別として) 慣習国際法を除いては、二元論が採用されている。そしてそれは、1982年の憲章制定以降も引き継がれることになる。ただしそれ以前との大きな違いは、憲章制定により前述したような違憲審査権と人権規定の導入がなされたことで、カナダの裁判所の役割が変化したことである。この点については第2部以降で検討を行うが、そうした制度を背景として、カナダ最高裁は国際法規範の国内的実施の場面において、その「参照」を憲章解釈において積極的に行うようになる。

(1) 憲章解釈における国際法規範の「参照」の起源

それでは国際法規範の取扱いについて、実際にカナダ最高裁はどのような「参照」を行ってきたのであろうか。1982年以降、カナダ最高裁が初めてそうした国際法規範に言及したのは、憲章制定初期の1985年のビッグエム薬事会社事件[32]においてである。この事件では、日曜日に仕事を行うことを禁ずる主日法[33]が、憲章第2条a号の信教の自由を侵害するか、また侵害するとした場合に、その侵害が憲章第1条に基づく合理的な制限に当たるか否かが争点となった。最高裁は結論として、主日法が規定する労働の禁止は、信教の遵守を強制するもので、憲章第2条a号が規定する信教の自由を侵害するものであるとした。そして、特定の宗教の保護は他宗教に破壊的な衝撃を与えるため、これを強制する主日法は憲章第1条が規定する合理的な制限ともいえないとした[34]。最高裁においてはアメリカの最高裁判例が多く引用されているが、本書にかかわ

---

32) *R. v. Big M Drug Mart Ltd.*, [1985] 1 S. C. R. 295 [*Big M*].
33) *Lord's Day Act*, R. S. C. 1970, c. L-13.
34) *Big M, supra* note 32 at para. 150.

る議論としては、控訴審におけるベルジル裁判官（Roger Hector Belzil）による自由権規約第18条や、世界人権宣言第19条などの「参照」がある[35]。同裁判官は、「カナダ憲章は孤立して生まれたものではない」とし、「それは普遍的な人権動向の一環であり、カナダ政府権力が、世界のすべての人が生まれながらに与えられている基本的権利を縮小または制限するために使用されてはならない」として、普遍的な人権概念を憲章解釈の一般的な指針とする方向性を見出した[36]。そして最高裁では、控訴審におけるこの言及が引用されている[37]。この点について本件は、国際法規範を「有益（helpful）」なものと位置付け、憲章解釈の指針として用いることを示唆したものであると指摘されている[38]ものの、最高裁の判決を見る限りにおいて、その具体的な方法等については、明示されていない。

（２）ディクソン・ドクトリンの登場

①公務員労働関係法照会事件におけるディクソン裁判官の反対意見

そこで、このベルジル裁判官のアプローチをより詳細に継承したのが、ビッグエム薬事会社事件で法廷意見を執筆し、当時の最高裁長官であったディクソン裁判官（Robert George Brian Dickson）である。彼は1987年の公務員労働関係法照会事件[39]で、その反対意見の中ではあるが、国際法規範の「参照」について、詳細に述べている。本件は、アルバータ州の公務員の争議権、団体交渉権などを禁止する公務員労働関係３法[40]が、憲章第２条d号が規定する結社の自由を侵害するかという点について、アルバータ州首相が最高裁に照会を求めた[41]

---

35) *R. v. Big M. Drug Mart Ltd.*, [1984] 1 W. W. R. 625.
36) *Ibid.* at 655.
37) *Big M, supra* note 32 at para. 27.
38) La Forest, *supra* note 17 at 167.
39) *Reference Re Public Service Employee Relations Act*（*Alta.*）, [1987] 1 S. C. R. 313 [*PSERA*].
40) *Public Service Employee Relations Act*, R. S. A. 1980. *Labour Relations Act*, R. S. A. 1980. *Police Officers Collective Bargaining Act*, S. A. 1983.
41) カナダの照会制度の詳細については、富井幸雄「憲法保障機関としてのカナダ法務長官——付随的違憲審査制の補完？」法学会雑誌46巻２号（2006年）133頁、H. N. ジャニッシュ（佐々木雅寿訳）「カナダ憲法上の照会権限」北大法学論集39巻３号（1988年）497-519頁などを参照。

事件である。最高裁は、公務員の団体交渉権や争議権は結社の自由には含まれず、これを制限する同3法は合憲であるとした[42]。しかし、これに対してディクソン裁判官は、国際法規範を「参照」して、憲章第2条d号が規定する結社の自由の保障には公務員の団体交渉権を含むものと解釈されるべきであるとした[43]。

②ディクソン・ドクトリンの内容

彼によれば憲章は、第二次世界大戦以降の「国際的な人権運動の精神」に従うものであり、「カナダは憲章上の規定と類似する規定を含む多数の国際人権条約の当事国」であるため、「国内において憲章中にも含まれている一定の基本的な権利及び自由を確保する義務を国際的に負っているのである」とした[44]。さらに、憲章第2条d号の結社の自由の範囲を確定する過程において、ILO条約第87号など[45]を「参照」して、公務員にも結社の自由が認められるため、争議権、団体交渉権などを禁止する公務員労働関係3法は違憲であるとした。そして、彼は国際法規範の「参照」にあたり、次のように述べた。

> 私の見解では、国際人権法（international human rights law）の法源—宣言、条約、国際機関の司法的、準司法的決定や慣習法規—は、憲章に関連し（relevant）、説得的（persuasive）な解釈源でなくてはならないと考える。
>
> 特に、憲章と国際人権文書（international human rights documents）の政策や規定の類似性から、国際人権機関の解釈が相当の関連性を持つのである。……「憲章の一般的かつ多義的な文言を裁判所が解釈する際には、より詳細な文言規定が、生命に対する権利や結社の自由、弁護人依頼権のような不明確な概念を明確にする補助（aid）となるであろう」[46]。
>
> さらに、カナダは多くの国際人権条約（international human rights Conventions）の締約国であり、それらの規定は憲章の規定と類似している。そのため、カナダは憲

---

42) *PSERA, supra* note 39 at paras. 141-144.
43) *Ibid.* at para. 131. なお、本判決文は反対意見を述べたディクソン長官の見解がその大半を占めており、法廷意見や賛成補足意見よりも詳細に検討されている。
44) *Ibid.* at para. 59.
45) その他引用された国際法規範としては、社会権規約第8条、自由権規約第22条がある。
46) この引用は、次の文献からのものである。J. Claydon, "International Human Rights Law and the Interpretation of the Canadian Charter of Rights and Freedoms" (1982) 4 S. C. L. R. 287, at 293.

章に定められた権利や自由を国内で保障する国際的義務を負っている。そして、憲章解釈における一般原則は、それらが憲章解釈において重要で説得的な要因になることを要求している。ビッグエム薬事会社事件で当裁判所が判示したように、憲章解釈は「憲章の保護による利益を個人に保障し確保することを実現」しなければならない。私の見解では、カナダの国際人権義務（international human rights obligations）の内容は、この「憲章で保護される十分な利益」の意味を明らかにするための重要な指標（indicia）である。そのため、憲章は、カナダが批准した国際人権文書（international human rights documents）による保護と少なくとも同程度の保護を提供しているものと推定すべきである[47]。

③ディクソン・ドクトリンの核心部分

このようにディクソン裁判官は、憲章が規定する人権の保障範囲を判断する際に、主に国際法規範を「参照」し、その根拠として、「関連性」「説得性」や「文言の類似性」を挙げた。そして、カナダの国際的義務と憲章上保護された利益、国際法規範の保障と憲章の保障を同程度のものにするべきことを述べた。

ディクソン裁判官の反対意見中に述べられた「参照」に関するこの言及は、「ディクソン・ドクトリン」と呼ばれている[48]。彼によれば、「国際人権法の法源」は「憲章の重要で説得的な解釈源」であり、「不明確な概念を明確にする補助」であるとしている。さらに、その解釈にあたっては、「憲章は、カナダが批准した国際人権文書による保護と、少なくとも同程度の保護を提供しているものと推定すべきである」としている。つまり、ディクソン・ドクトリンの核心部分は、①国際法規範を憲章解釈する上での補助とした点、そして②その方法として、「一致の推定（presumption of conformity）[49]」を行うことが要請されるとした点にある[50]。

---

47) *PSERA, supra* note 39 at paras. 57-58.
48) Schabas, *supra* note 13 at 186. また、阿部浩己他『テキストブック　国際人権法〔第2版〕』（日本評論社、2004年）54頁も参照。
49) 判決文においては「aid」があてられているが、本書はこの意味を「Support」と同義であると捉えている。
50) Graham Hudson, "Neither Here nor There: The (Non-) Impact of International Law on Judicial Reasoning in Canada and South Africa" (2008) 21 Can. J. L. & Juris. 321.

（3）ディクソン・ドクトリンの適用範囲の拡大

このディクソン・ドクトリンは、その後も様々な事例において用いられていくことになる[51]。その展開の一例として、スレイト・コミュニケーション株式会社事件[52]における彼が執筆した多数意見を見てみよう。

この事件では、スレイト・コミュニケーション株式会社の従業員であったディビッドソンが解雇されたことについて、それが不当であるとして、労働大臣がカナダ労働法に基づいて彼の勤務実績などについて、同社にそれを公認する書面を提示する義務を課したことが問題となった。しかし同社は、労働法によってそのような義務を課す事は、憲章第2条b号が規定する表現の自由を侵害するものであるとして提訴した。判決を執筆したディクソン裁判官は、カナダ労働法が規定する義務は表現の自由を侵害するが、その制約は、憲章第1条が規定する「自由かつ民主的な社会において明らかに正当化されうる合理的な制限」に当たると判示している[53]。そして彼は、この憲章第1条を解釈するに際して、国際法規範との整合性について、次のように言及している。つまり、「カナダの国際人権義務は、憲章が保障する権利の内容の解釈において参照されるべきであるというだけでなく、何が憲章上の権利の制約を構成する緊急かつ極めて重要な（pressing and substantial）憲章第1条の目的となりうるかということの解釈においても参照されるべきである」とした[54]。憲章の人権が侵害されるか否かの判断に国際法規範を用いるだけでなく、その侵害が合理的なものであったか否かを審査する憲章第1条の審査の場面でも、国際法規範の「参照」がなされるべきであるとしたのである。

このように、ビッグエム薬事会社事件控訴審判決とそれを引用した最高裁判

---

51) ディクソンのこのようなアプローチを踏襲した事例として、1999年のエワンチャック事件においてルール―・デュベ（Claire L'Heureux-Dubé）裁判官は、スレイト・コミュニケーション株式会社事件最高裁判決に言及して、「我々の憲章は、国際人権が国内的効力を持ちうるための第一次的な伝達手段である」と述べている。*R. v. Ewanchuk*, [1999] 1 S. C. R. 330 at para. 73.

52) *Slaight Communications Inc. v. Davidson*, [1989] 1 S. C. R. 1038 [*Slaight*].

53) *Ibid.* at 1057.

54) *Ibid.* at 1056-1057.

決を契機とし、公務員労働関係法照会事件の反対意見において示されたディクソン・ドクトリンは、その後もスレイト・コミュニケーション株式会社事件最高裁判決において用いられることとなった。

4　本節のまとめ

以上のようにカナダ最高裁は、二元論を前提としながらも、憲章解釈において国際法規範を補助として「参照」することを肯定し、それと「一致」するように解釈する必要があるとするディクソン・ドクトリンを継承してきた。そしてそうした「参照」を行うことについて、主に「有益性」「関連性」「説得性」「文言の類似性」という表現を用いて説明を行っている。

ただしディクソン・ドクトリンについては、最高裁において必ずしも明確に定義づけられているわけではなく、またその手法や範囲については、不明確な点が多い。そのため、どこまで国際法規範を「参照」してよいかといった限界点が不明確である。しかしそれにもかかわらず、カナダ最高裁は政府が締結していない国際法規範をも「参照」することになる[55]。この点について、次節以降で検討を行っていく。

2　国際的義務のない国際法規範の「参照」とディクソン・ドクトリン

1　国際的義務のない国際法規範の「参照」をめぐる問題

前節で検討したように、もともと人権条項が憲法中に規定されていなかったカナダでは、1982年に憲章が制定され人権のカタログが導入されるとともに、裁判所に違憲審査権が付与された。そしてこうした制度的な背景をもとに、最高裁は政府が締結した国際法規範をその憲章解釈において「参照」してきたという経緯がある[56]。

ただし、カナダ最高裁が憲章解釈にあたって積極的にそうした「参照」を

---

55) なお、憲章解釈のみではなく、制定法解釈においても同様の手法が用いられている。*National Corn Growers Assn. v. Canada*（*Import Tribunal*）, [1990] 2 S. C. R. 1324.

行ってきたのは、カナダ政府が締結した国際的義務のある国際法規範だけではなく、後述するように、政府が締結していない、つまり国際的義務のない国際法規範についても「参照」を行ってきた経緯がある。しかし、こうした国際的義務のない国際法規範の「参照」の場合、それを国内において「参照」することの正当性が問題となる。[57] この点については第２部第２章で検討を行うが、まずはそうしたカナダ最高裁における「参照」の内容を明らかにする必要がある。そこで本節においては、国際的義務のない国際法規範の「参照」について、前節で登場したディクソン・ドクトリンがどのように継承されてきたのか、またどのような手法で行われてきたのかという点について、その起源を踏まえながら、展開を見ていきたい。

2　国際的義務のない国際法規範の「参照」の起源

前述したように、カナダは二元論を採用しており、それを前提とすれば、たとえば政府が締結した条約であったとしても、議会が具体的な法律を制定しない限りは、裁判所において適用することはできない。しかしディクソン・ドクトリンによれば、こうした国際的義務のある国際法規範については、憲章解釈において「参照」の対象となることが示された。一方で、国際的義務のない国際法規範であれば、本来国内的な効力は持たないということになるが、それらも最高裁において「参照」されるようになる。特にカナダが国際的義務を負っていないヨーロッパ人権条約や、その実施機関などの見解が、その後の最高裁においても頻繁に「参照」されるようになる。[58] まずは、憲章制定直後の国際的

56）　もっともカナダが締結した国際法規範について、カナダは国際的にその義務を負っているが、それが国内法化されていないにもかかわらず、（国内的効力を認めるかの如く）それを「参照」しており、なぜそうした「参照」を行うことができるのかというカナダ特有の「議会主権の原則」にかかわる問題もある。本書ではこの問題に深く立ち入ることはできないが、正当化の議論の過程において、「一致の推定」が提唱されるのは、こうした議会主権との関係で、歴史的な議論が展開されてきたためである。

57）　ここでの「参照」は、解釈指針や結論の補強、さらに区別としての「参照」であり、単なる言及としての「参照」は含まれない。なぜなら、国内的効力を及ぼすがごとき「参照」ではないためである。

義務のない国際法規範を「参照」した判例を紹介しよう。

(1)国際的義務のない国際法規範の文言の「参照」①――ビッグエム薬事会社事件(1985年)

本件は前節においても触れたものであるが、主日法第4条[59]が日曜日の労働を禁じているにもかかわらず、ビッグエム薬事会社が日曜日に営業をしていたために、信教の自由を侵害するか否かが争われた事例である。なお前節で指摘したように、本件では控訴審判決の引用の際に、同判決を執筆したベルジル裁判官が述べた、ヨーロッパ人権条約第9条2項が規定する「何人も宗教的理由による圧迫や抑圧を受けず、宗教儀式に従うことを強制されないという保障は、カナダ憲章においても共通する」という文言を「参照」した[60]。しかしその「参照」にあたっては、ベルジル裁判官の意見を引用するのみであり、実際の憲章解釈の過程において厳密に「参照」したわけでもなく、またその適用方法や根拠について具体的な言及はなされていない。そのため、国際的義務のない国際法規範にただ言及するのみである。このようなアプローチは翌年のジョーンズ事件[61]にも現れている。

(2)国際的義務のない国際法規範の文言の「参照」②――ジョーンズ事件(1986年)

本件の事案は次のとおりである。ジョーンズ(Thomas Larry Jones)は、キリスト教原理主義思想を持った牧師であり、教会の地下で彼自身の子どもや他の子どもに教育を行っていた。アルバータ州学校法第142条1項[62]が公立学校に子どもを通わせる義務を規定していたにもかかわらず、彼は子どもを公立学校に通わせていなかった。さらに、彼は同条に定められている公立学校への通学義務免除手続も行っていなかった。その結果として、彼は子どもを無断欠席さ

---

58) 本節で取り上げた事例のほかにも、ヨーロッパ人権条約に依拠した事例は多数ある。この点に関しては、中井伊都子「カナダの裁判所における人権条約の役割――憲法解釈の指針としてのヨーロッパ人権条約機関の見解の影響力」国際人権11号(2001年)30頁を参照。
59) *Lord's Day Act*, R. S. C. 1970, c. L-13.
60) *Big M, supra* note 32.
61) *R. v. Jones*, [1986] 2 S. C. R. 284 [*Jones*].
62) *School Act*, R. S. A. 1980. アルバータ州学校法第142条1項によれば、「6歳から16歳までの全ての子どもは、公立学校に通学するもの」と規定した。

せていたため、教育を受けさせていた父母から告発された。これに対してジョーンズは、公立学校への通学義務が、憲章第２条ａ号が規定する信教の自由を侵害し、さらに通学免除手続が、憲章第７条が規定する基本的正義の原則に違反すると主張した。最高裁で争点となったのは、①アルバータ州学校法第142条１項が憲章第２条ａ号が規定する信教の自由を侵害するかという点と、②アルバータ州学校法第142条１項の定める手続きが憲章第７条に違反するかという点である。最高裁は結論としてこの上告を棄却した。

　法廷意見を述べたラフォレ裁判官は、まず①の争点について、学校法第180条１項上の手続要件を満たせば、信奉する宗教に基づいて、家や私立学校で、子どもに教育を行う権利が親には保障されているため、同法は憲章第２条ａ号に反するものではないとした。そして②の争点について、学校法第143条１項上の手続きが明らかに不公正なものであるとはいえず、「憲章第７条にいう基本的正義の原則に違反する手法で親の教育権を奪うものではない」とした。

　これに対して、反対意見を述べたウィルソン裁判官（Bertha Wilson）は、②の点について、学校法第143条１項は親の教育権を侵害しているとして憲章第７条に違反するとした。そして、「親の教育権は広い概念であり、このことはヨーロッパ人権条約の第８条１項によって広く理解されている」とした。

　このように、憲章第７条の解釈をめぐって、法廷意見は国際法規範についての言及を行ってはいないが、反対意見を述べたウィルソン裁判官が、ヨーロッパ人権条約を「参照」した。ただし、ヨーロッパ人権条約をただ反対意見中で紹介するのみであり、具体的なヨーロッパ人権条約に対する言及の根拠を提示

---

63) アルバータ州学校法第180条１項によれば、(1)教育省（Department of Education）の検査官（inspector）、学校監督官（Superintendent of Schools）が、彼が家でまたは他の場所で効率的な指導を受けさせることができるという証明書（certification）を発行した場合、もしくは、(2)教育省が認める私立学校に通っている場合には、公立学校への通学義務が免除されると規定していた。

64) *Jones, supra* note 61 at para. 33.

65) *Ibid.* at para. 38.

66) *Ibid.* at para. 58.

67) *Ibid.* at para. 79.

していない。本件は、ビッグエム薬事会社事件の翌年に下された判決であるが、ヨーロッパ人権条約の「参照」に関してその反対意見は、同事件と同様に単なる言及にとどまるものであった。

3 ディクソン・ドクトリンの修正——キーグストラ事件（1990年）

最高裁による国際法規範の「参照」について、より積極的かつ明確にその根拠を示したのは、公務員労働関係法照会事件[68]で示されたディクソン・ドクトリンである。ただしもともとディクソン・ドクトリンは、国際的義務のない国際法規範の「参照」を対象としていなかった。しかし、このディクソン・ドクトリンは、その後、国際的義務のない国際法規範の「参照」においても用いられるようになる。そのアプローチを示した代表的な事例として、1990年のキーグストラ事件最高裁判決[69]を紹介しよう。

(1)事実の概要

キーグストラ事件の概要は、次のとおりである。被告人であるキーグストラ (James Keegstra) は、アルバータ州内の元町長であり、1982年までの約15年間、同町の中・高等学校の教師であった。社会科の授業の中で彼は、「反ユダヤ主義 (anti-Semitism)」を一貫して教えていたことから、そうした教育に対して、父母たちから苦情が寄せられていた。そして学校監督官 (Superintendent for School) による調査の結果、「反ユダヤ主義」教育をやめるよう命令が下されたが、彼はこれを無視したため、1982年12月に教育委員会により免職処分を受けた[70]。連邦警察 (Royal Canadian Mounted Police、以下本書では「RCMP」とする) がこの事件の調査に乗り出すこととなった。そして、その調査報告を受けた検察官は、キーグストラの行為が、「故意により識別しうる集団に対する憎

---

68) *PSERA, supra* note 39.
69) *R. v. Keegstra,* [1990] 3 S. C. R. 697 [*Keegstra*].
70) 事件の概要につき、成嶋隆「カナダの新憲法と表現の自由」國武輝久編『カナダの憲法と現代政治』（同文舘出版、1995年）135頁を参照。See also Bruce P. Elman, "The Promotion Hatred and Canadian Charter of Rights and Freedoms: A Review of Keegstra v. Queen" 15.1 Can. Public Policy 72 at 72-83.

悪を助長する罪」を定める刑法典第319条2項[71]に違反するとして起訴した[72]。これに対してキーグストラは、同条が憲章第2条b号に違反すると主張したが、最高裁の法廷意見を執筆したディクソン裁判官は、合憲であるとした。本件で争点となったのは、①刑法典第319条2項は、憲章第2条b号が規定する表現の自由を侵害するかという点と、②その侵害は憲章第1条による合理的な制約といえるかという点である。結論として本件を担当した7人の裁判官全員が、同規定は憲章第2条b号に反するとしたが、そのうちの4人が第2の争点については合憲（合理的な制約である）と判断した。しかし、残りの裁判官3人が強くこれに反対している。なお、本件判決を執筆したのは、ディクソン裁判官である。

(2) 連邦最高裁判決

まず第1の争点についてディクソン裁判官は、アーウィン・トイ事件最高裁判決[73]を引用して、憲章第2条b号が規定する表現の自由は、「意味を伝え、意味を伝えようとする行為[74]」を保障したものであり、憎悪助長表現もこの行為に含まれるとした。そのため、憎悪助長表現を規制する刑法典第319条2項は、[75]

---

71) *Criminal Code*, R. S. C. 1985. 刑法典第319条2項は次のように規定していた。「私的会話を除いて、発言の伝達により、特定しうる集団に対する憎悪を故意に助長する者は、(a)起訴しうる犯罪であり、懲役2年に処す。又は、(b)略式判決に基づき処罰しうる罪で有罪となる」。また、刑法第319条3項は、「何人も、次の場合には第2項の罪に問われない。(a)伝達された発言が真実であることを被告人が証明したとき」と規定していた。

72) この刑法典第319条2項について、「『故意による憎悪の助長罪』は、現実に治安が妨害された、またはその潜在的な可能性があったということの証明を必要としないことから、『公の場での憎悪の扇動』の場合とは区別できる」とされる。「たとえば、住宅の郵便ポストに人種差別主義の小冊子が放り込まれるという状況」に対して、「治安妨害につながるとは考えられないが、それでもなお、そこには識別されうる集団に対する『故意による憎悪の助長』という状況が存在する」とされている。成嶋・前掲注70) 135頁。なお、同条の訳語も、同氏の論文を参照した。

73) *Irwin Toy Ltd. v. Quebec (Attorney General)*, [1989] 1 S. C. R. 927 [*Irwin Toy*].

74) 最高裁は、意味を伝え、意味を伝えようとする行為は表現行為であり、そのような行為は保障されなければならないとし、制限立法が「伝達されるべきでない特定の意味を選定することで、表現の内容を制限する」ことを目的としている場合には表現の自由の侵害に当たるとした。*Ibid*.

憲章第 2 条 b 号にいう表現の自由を侵害するとした。また検察側からは、キーグストラの言動が本規定に違反すること、そして、表現の自由の本質的権利の射程を定義することが争点として提起された一方で、ディクソン裁判官は他の憲章規定（特に第15条の法の下の平等や第27条が規定する多元的文化の伝統）や、国際法規範の規定については、判断を控えた。[76]

以上のように、憲章第 2 条 b 号の侵害があるかどうかの判断にあたっては、国際法規範の「参照」を控え、表現行為を広く解して、刑法典による規制を表現の自由違反としている。しかしこの事例において注目されるのは、意見の分かれた第 2 の争点、つまり、刑法典の規定が表現の自由を侵害する場合に、その侵害が憲章第 1 条の「自由かつ民主的な社会において明らかに正当化されうる合理的な制限」に該当するかという点である。なお、この審査基準としてディクソン裁判官は、オークス・テスト[77]を用いている[78]。その審査基準は次のとおりである。まず、第 1 段階は目的審査であり、制限立法の目的は、「憲法上保障された人権を制約するのに十分に重要なもの」であり、それを満たすには、「自由で民主的な社会において緊急かつ極めて重要な（pressing and substantial）事柄にかかわるもの」でなければならないとされる。そして、第 2 段階では制限立法においてとられた手段と目的とが「比例的な関係（proportionality）」を有するかが審査される。そして、その「比例テスト」においては、「目的と手段との合理的な関連性」「制限が必要最小限なものか否か」「制限の効果と目的との比例関係が保たれているか」という点が審査される。

本件では、目的審査の段階で「緊急かつ極めて重要な（pressing and substantial）事柄」を探る際に、多数意見は①「憎悪助長による損害と、損害を与える表現が信用を得る可能性」、②「国際人権文書（International Human Rights

---

75) *Keegstra, supra* note 69 at 727-728.
76) *Ibid.* at 734.
77) *R. v. Oakes,* [1986] 26 D. L. R. (4th) 200 at 227-228. なお、審査基準の詳細については、佐々木雅寿「カナダにおける違憲審査制度の特徴（中）」北大法学論集39巻 3 号（1988年）686-696頁による。
78) *Keegstra, supra* note 69 at 735.

Instruments)」、③「第15条や第27条などの憲章の他の規定」について検討している[79]。本書の関心に照らし、第2点目の「国際人権文書」についての言及に焦点を当てると、ディクソン裁判官は刑法典第319条2項の立法目的を審査する上で、次のように述べている。

 （同条の）立法目的を評価するにあたって、その解釈の指針（guidance）として、国際人権原則（international human rights principles）に言及する必要がある。
 一般的にカナダは自由で民主的な社会の価値や原則を反映する国際人権義務（international human rights obligations）を負い、そのような価値や原則は憲章により保障されている[80]……。また、スレイト・コミュニケーション株式会社事件において述べられたように、国際人権法（international human rights law）とカナダのコミットメントは、憲章第1条の下で立法目的の重要性を評価する際に極めて重要である[82]。
 ……憲章第1条の文言と非常に類似しているヨーロッパ人権条約第10条2項の文言の解釈にあたって、ヨーロッパ人権委員会は表現の自由から人種差別主義の規制を除外すると解釈してきた[83]……。しかし、ヨーロッパ人権委員会のリーディングケースでは、ヨーロッパ人権条約第17条は憎悪助長表現の規制を正当化するために規定されたと判断した[85]。
 ……このように、ヨーロッパ人権委員会の決定は、憎悪助長表現と表現の自由に対する国際社会の方向性を示す補助（aid）である。……このため、刑法典第319条2項の立法目的を審査するにあたっては、国際社会の傾向を考慮に入れる必要がある[86]。

こうして多数意見は、刑法典第319条2項の憎悪助長罪は表現の自由を侵害

---

79) *Ibid.* at 745-758.
80) ここでは公務員労働関係法照会事件（*PSERA, supra* note 39）におけるディクソン・ドクトリンが引用されている。
81) *Slaight, supra* note 52. ここでは同事件の次の言及が、引用されている。「カナダの国際人権義務は、憲章1条による制限の合理性審査にあたって、その均衡性と実質性を判断する際の指針として提供（inform）される」。
82) *Keegstra, supra* note 69 at 750.
83) ヨーロッパ人権委員会の決定については、次のものが「参照」されている。*X. v. Federal Republic of Germany*, (1982) 29 Eur. Comm'n. H. R. D. R. 194, *Lowes v. United Kingdom*, (1988) 18 Eur. Comm'n. H. R., unreported.
84) *Glimmerveen v. Netherlands*, (1979) 18 Eur. Comm'n. H. R. D. R. 187.
85) *Keegstra, supra* note 69 at 754-755.
86) *Ibid.* at 755.

するものの、このような刑事的規制は憲章第 1 条が規定する合理的な制限に当たると判示した。また刑法典第319条 2 項の立法目的の審査にあたり、あらゆる形態の人種差別の撤廃に関する国際条約第 4 条（人種差別の助長に対する非難）、自由権規約第19条（表現の自由）および第20条（戦争宣伝および差別等の扇動の禁止）、ヨーロッパ人権条約第10条（表現の自由）を「参照」した。そして特にヨーロッパ人権委員会の決定と、その決定において言及された、差別の禁止を保障するヨーロッパ人権条約第14条も「参照」した。[87]

（3）本判決の意義

それでは本判決にはどのような意義があるのであろうか。まず本件においてディクソン長官は、憲章第 1 条の審査過程において、立法目的を評価するにあたって「国際人権原則」を解釈の「指針」として「参照」する必要があることを明示した。また、カナダが締結していないヨーロッパ人権条約やその実施機関における決定を、「国際人権原則」の素材とした。このように本件では、立法目的の審査において、本来カナダに効力が及ばない国際法規範が「参照」された。ここで本判決の意義は、「ヨーロッパ人権委員会の決定は、憎悪助長表現と表現の自由に対する国際社会の方向性を示す補助である」とされたように、憲章によって保障される人権の範囲について、ヨーロッパ人権委員会の決定を「補助」として「参照」したことにある。このように本判決では、憲章の保障範囲と立法の憲法適合性の審査過程において、ヨーロッパ人権条約および同委員会の決定が「参照」され、それと同程度の保障が必要であることが示された。

さらに、ディクソン・ドクトリンとの関係でいえば、スレイト・コミュニケーション株式会社事件最高裁判決の引用があることや、本判決の執筆者がディクソン本人であるということからも伺えるが、本判決はディクソン・ドクトリンを継承したものと考えられる。それは、その核心部分の第 1 点、つまり①国際法規範を憲章解釈する上での補助とした点からもわかるが、本件ではさらに、ヨーロッパ人権条約などの国際的義務のない国際法規範にまで拡大し、ディクソン・ドクトリンの修正がなされている。また具体的な方法として、②

---

87) *Ibid.* at 751-753.

「一致の推定（presumption of conformity）」を行うことについては、憲章によって保障される人権の範囲について「国際社会の傾向」を考慮する必要があるとしている点で、ディクソン・ドクトリンの継承がなされているように思われる。

4 修正されたディクソン・ドクトリンの検討

以上のように、カナダ最高裁は、公務員労働関係法照会事件で示されたディクソン・ドクトリンを、国際的義務のない国際法規範の「参照」においても用いていることが明らかとなった。そこで、国際的義務のない国際法規範にまでその適用範囲が拡大したディクソン・ドクトリンの意義と内容について、改めてここで整理しておきたい。

（1）ディクソン・ドクトリンの意義の再確認

公務員労働関係法照会事件で示されたディクソン・ドクトリンは、まず①国際法規範の法源は「憲章に関連し、説得的な解釈源」であり、「不明確な概念を明確にする補助」であるとした。そして、その解釈にあたって、②「憲章は一般に、カナダが批准した国際人権文書の規定が与える保護と少なくとも同程度の保護を提供しているものと推定すべきである」とした。そしてこれらは、国際的義務のない国際法規範にも用いられることが明らかとなったが、それは具体的にどのような形で継承されたのであろうか。ここではディクソン・ドクトリンの内容を、①「補助」としての意義と、②「一致の推定」としての意義に分類して整理しておきたい。

（2）「補助」としての意義の修正

まず、国際法規範を「憲章に関連し、説得的な解釈源」であるとし、その解釈における「補助」とした意義について、公務員労働関係法照会事件において、当初用いられたディクソン・ドクトリンも変容している。スレイト・コミュニケーション株式会社事件最高裁判決によれば、憲章第1条における立法目的審査の過程において国際法規範を「補助」として「参照」することができるとされた。そしてその後、キーグストラ事件最高裁判決によれば、立法目的審査において、さらにヨーロッパ人権条約や同委員会の決定などの国際的義務

第1部　憲法解釈における国際法規範の「参照」

のない国際法規範をも、「指針」として「参照」することが可能であるとされた。また一方で、立法目的審査においてだけではなく、憲章の保障する表現の自由の保障範囲の確定にあたって、国際法規範を「参照」できることが明示された。すなわちキーグストラ事件最高裁判決によって、憲章の保障範囲の確定と立法目的審査の過程において、国際的義務のある国際法規範だけではなく、それ以外の国際法規範をも「指針」として「参照」できることにまで、ディクソン・ドクトリンは修正された。ただし、こうした国際的義務のない国際法規範の「参照」の根拠については、最高裁は明確にしていない。この問題については、「一致の推定」の根拠と同様に、次章以降において検討する。

（3）「一致の推定」の意義の修正

次に、第2の基準である「一致の推定」についてはどうであろうか。公務員労働関係法照会事件で最高裁は、憲章解釈にあたって、「カナダが批准した国際人権文書の保護と少なくとも同程度の保障を提供しているものと推定すべきである」としている。この「一致の推定」は、州議会がILO条約に基づく立法を行う権限を有するかという問題が争われた労働条約事件が起源であるとされている。本件において、1949年まで実質的にカナダ最高裁の役割を演じたイギリス枢密院のアトキン卿は、「条約に基礎付けられた義務の創設と形式と質

---

88)　*Slaight, supra* note 52 at 1056-1057.
89)　*Keegstra, supra* note 69 at 750.
90)　*Labor Convention Case, supra* note 22. 1935年に、連邦政府が国際労働機関の労働時間や最低賃金といった労働者の最低限の労働条件を定めたいくつかの条約を締結し、これに対応して、連邦議会はカナダ全体に適用されることになる3つの法律を制定した。本件は、これらの法律が、労働者に対して、その生活と労働の場所がいずれにあるかを問わず、同一基準の労働条件を確保することを目的としており、州と連邦の間で労働条件を規律する法律の立法権限がどちらに含まれるかという点が争点となった事例である。
91)　他の事件（*Re Arrow River and Tributaries Slide and Boom Co. v. Pigeon Timber Co.,*［1932］2 D. L. R. 250）をそのリーディングケースであるとする指摘もあるが、明確にこのルールを用いた裁判官はいない。その後も「一致の推定」が用いられている。See. Hudson, *supra* note 50 at 324-326.
92)　1949年に上訴が廃止されるまで、ロンドンの「枢密院司法委員会（Judicial Committee of Privy Council）」がカナダの事実上の最高裁として機能してきた。この点につき、佐々木・前掲注10) 340頁などを参照。

の合意は執行府単独の機能である」としながらも、議会主権の下では「一致の推定」が働く可能性を示唆した[93]。つまり、ある立法が明確に国際的な義務に違反する意図が明示されていない限りは、国際法規範と一致するように解釈することが指摘された。本件は、制定法を解釈する上で、国際法規範に対して「一致の推定」が働くとしたが、この推定は憲章解釈にも影響を及ぼしていると考えられている[94]。

キーグストラ事件最高裁判決は、こうした伝統的な「一致の推定」を背景として、国際的義務のない国際法規範の規定が与える保護とも同程度の保護を憲章は保障している、と裁判所は推定すべきであるとしたと考えられる。つまり、ヨーロッパ人権条約やヨーロッパ人権委員会などの国際機関の判断によって蓄積されている保護の程度と同様の保護を憲章が予定している、と裁判所は推定すべきであるとした。ただし、「補助」としての意義と同様に、「一致の推定」にかかわる伝統が、国際的義務のない国際法規範の「参照」をどの程度正当化しうるかについては、不明な点が多い。

5　本節のまとめ

以上のように、公務員労働関係法照会事件において示されたディクソン・ドクトリンは、その後の発展によって、国際的義務のない国際法規範の「参照」にまで及ぶことが明らかとなった。最高裁はその根拠については明らかにしていないものの、「指針」とするほどの「参照」を行うことが必要であることを明示した。それでは、その後修正されたディクソン・ドクトリンは、どのように発展していくのであろうか、次章ではキーグストラ事件最高裁判決以降のディクソン・ドクトリンの展開について、検討していきたい。

---

93) *Labor Convention Case, supra* note 22 at 679.
94) Hudson, *supra* note 50 at 327-329.

第2章

憲法解釈における国際的義務のない国際法規範の「参照」の展開

1 キーグストラ事件以降の国際的義務のない国際法規範の「参照」

1 修正されたディクソン・ドクトリンの意義とその後の展開

　前章で確認してきたように、1982年に憲章が制定されて以降、1985年のビッグエム薬事会社事件最高裁判決[1]を初めとして、多くの事件で最高裁は国際法規範を「参照」してきた。特に頻繁に「参照」されるのは自由権規約であるが、他にも、国際的義務のないヨーロッパ人権条約や、その実施機関の決定などについても憲章解釈を行う上で「参照」されている。

　ここで、前章で確認してきたディクソン・ドクトリン[2]とその修正を整理しておくと、次のようになる。まず公務員労働関係法照会事件[3]において示されたディクソン・ドクトリンは、①国際法規範の法源は「憲章の重要で説得的な解釈源」であり、「不明確な概念を明確にする補助」とされること、そしてその解釈にあたって、②「憲章は一般に、カナダが批准した国際人権文書の規定が与える保護と少なくとも同程度の保護を提供しているものと推定すべきである」という「一致の推定」がなされることである。さらにスレイト・コミュニ[4][5]

---

1) *R. v. Big M Drug Mart Ltd.*, [1985] 1 S. C. R. 295 [*Big M*].
2) この名称については、次の文献を参照。William A. Schabas, "Twenty-Five Years of Public International Law at the Supreme Court of Canada" (2000) 79 Can. B. Rev. 174 at 186. また、阿部浩己他『テキストブック　国際人権法〔第2版〕』(日本評論社、2004年) 54頁も参照。
3) *Reference Re Public Service Employee Relations Act (Alta.)*, [1987] 1 S. C. R. 313 [*PSERA*].

第 2 章　憲法解釈における国際的義務のない国際法規範の「参照」の展開

ケーション株式会社事件最高裁判決[6]、キーグストラ事件最高裁判決[7]を経てこれらは修正され、①については、憲法の保障範囲の確定と立法目的審査の過程において、締結された国際法規範だけではなく、それ以外の国際法規範をも「指針」として「参照」できること、②については、国際的義務のない国際法規範の規定が与える保護とも同程度の保護を憲章は保障している、と裁判所は推定すべきであることが確認された。こうした「参照」は、その後も様々な判決において行われているが[8]、ディクソン・ドクトリンとその修正は、その後の判例の展開の中で、どのように変化していったのであろうか。以下では、まず国際的義務のない国際法規範の「参照」にあたって、どのようにディクソン・ドクトリンが用いられてきたかという点を明らかにしたい。なお、2001年のアドヴァンスカッティング・コーリング株式会社（以下、本書では「ACC」とする）事件において、国際法規範について否定的な「参照」が示されていることから[9]、本章では2001年までの展開を整理し、次章においてその後の展開を整理することとしたい。

4）　*Ibid.* at 348-349.
5）　Graham Hudson, "Neither Here nor There: The (Non-) Impact of International Law on Judicial Reasoning in Canada and South Africa" (2008) 21 Can. J. L. & Juris. 321.
6）　*Slaight Communications Inc. v. Davidson*, [1989] 1 S. C. R. 1038 [*Slaight*].
7）　*R. v. Keegstra*, [1990] 3 S. C. R. 697 [*Keegstra*].
8）　なお、本書において取上げた判決のほかに、1982年以降、表現の自由が問題となり、国際法規範（ヨーロッパ人権条約以外も含む）が「参照」された事例としては、次の事例などがある。*Ford v. Quebec (Attorney General)*, [1988] 2 S. C. R. 712, *Canada (Human Rights Commission) v. Taylor*, [1990] 3 S. C. R. 892, *R. v. Andrews*, [1990] 3 S. C. R. 870, *R. v. Butler*, [1992] 1 S. C. R. 452, *R. v. Sharpe*, [2001] 1 S. C. R. 45. See Anne Warner La Forest, "Domestic Application of International Law in Charter Cases: Are We There Yet ?" (2004) 37 U. B. C. L. Rev. 157.
9）　*R. v. Advance Cutting & Coring Ltd.*, [2001] 3 S. C. R. 209 [*ACC*].

第1部　憲法解釈における国際法規範の「参照」

2　カナダ最高裁における国際的義務のない国際法規範の「参照」
　　——1990年以降の展開

　1990年のキーグストラ事件まで、カナダ最高裁は、非常に積極的に国際法規範の「参照」を行ってきたが、同事件以降からそれが明示的に否定される特に2001年までの過程において、国際的義務のない国際法規範の「参照」は同じように積極的に行われてきたのであろうか。またそれは具体的にどのように「参照」されてきたのであろうか。2001年までの最高裁判決の展開を追っていく上で、これ以降は、序章で試みた類型に従って整理していきたい。[10]

(1)解釈指針としての「参照」——ノヴァスコシア薬学協会事件最高裁判決（1992年）

　まずは、解釈指針としての「参照」が明示的になされたノヴァスコシア薬学協会事件（1992年）[11]を見てみよう。

　①事件の概要

　本件は、ノヴァスコシア薬学協会が不当に競争を妨害、縮小しようとしたことについて、結合調査法第32条1項c号[12]により共謀罪の罪で起訴されたものである。この2つの罪については、1986年6月16日以前に行われた処方箋の販売サービスと薬剤師による販売サービスに関連するものであった。[13]これに対して協会は、結合調査法第32条1項c号が憲章第7条、第11条a項、第11条d項に違反すると主張した。問題となったのは当該規定の漠然性（vagueness）と故意が存在したかどうかであり、これらの点について第一審は、協会側の主張を

---

10) ディクソン・ドクトリンにおける「参照」の意義は、主に解釈指針と結論の補強という意味での「参照」であるが、ACC事件などのように、区別や否定のための「参照」もあるため、ここでは序章で行った分類で整理する。もっとも各事件については、判決の展開を明らかにするために、ディクソン・ドクトリンとの検討を行う。

11) *R. v. Nova Scotia Pharmaceutical Society*, [1992] 2 S. C. R. 606 [*Nova Scotia*].

12) *Combines Investigation Act*, R. S. C. 1970, c. C-23. 結合調査法第32条1項c号は、次のように規定していた。「製品の生産、製造、購入、交換、販売、保管、レンタル、輸送もしくは供給について、または人や財産の保険の価格について、過度に競争を妨害し縮小し、他の者と共謀、結合、合意、準備した者は、起訴犯罪の罪に問われ、5年の禁固もしくは100万ドルの罰金またはその両方の責任を負うものとする」。

13) Patrick Macklem & Carol Rogerson, eds., *Canadian Constitutional Law*, 4th ed. (Toronto: Emond Montgomery Publications Limited, 2009) at 1152-1158.

受け入れた。しかし控訴審が協会側の主張を退けたため、同協会は連邦最高裁に上告することとなった。主たる論点は、「過度に（unduly）」という文言の使用が漠然性を有しているために、結合調査法第32条1項c号が憲章第7条に違反するか否かという点であった。結論として最高裁は、同条が憲章第7条に違反しないとした。

②連邦最高裁判決

　法廷意見を執筆したゴンサー裁判官（Charles Doherty Gonthier）によれば、「漠然性の法理」は法の支配、特に国民への公正な周知と裁量権行使の制限に根拠を有するとし、法が過度に漠然性を有するか否かについては、次の3つの要素を判断する必要があるとした。[14] まず①柔軟性があり裁判所の解釈する余地があることが必要であり、また②明瞭な文言で記述されており、③多様な解釈の変化が存在し、または共存しうることが必要であるとした。[15] その上で、本件で問題となった結合調査法第32条1項c号は、明確性の基準を満たし、また「過度に」という文言は専門的な意味を持つものではなく、「真剣に（seriousness）」という意味を表現した慣習的な言葉であるとした。[16] そして、同条はカナダの経済政策において最も古く、最も重要な一部分を構成しており、合意の競争的効果を真剣に考慮すべきであるということを命じたものであるとし、このような解釈は従来の判例法からも導かれるとした。[17] 以上のことから、ゴンサー裁判官は結合調査法第32条1項c号にいう「過度に」という文言は、憲章第7条および第1条に違反しないと判断した。

　ここで本書において重要な点は、ゴンサー裁判官が示した「漠然性の法理」について、ヨーロッパ人権裁判所（以下、本書では「ECHR」とする）のアプローチが、次のように「参照」されたことである。

　　（憲章の）「法で定められた」という文言の判断方法について、ECHRは漠然性の問題について同じアプローチを採用してきた。またこのことは、ヨーロッパ人権条約

---

14)　*Nova Scotia, supra* note 11 at 630.
15)　*Ibid.* at 632-643.
16)　*Ibid.* at 646-647
17)　*Ibid.* at 648-660.

第8条2項、第9条2項、第10条2項、第11条2項、そして同条約第4議定書第2条3項などの多くの条文に見ることができる。ECHRは、……（憲章）の文言に実質的な内容を与えてくれる。

　ECHRは「法で定められた」という概念について、サンデー・タイムズ事件[18]とマローン事件[19]という2つの有名な事件でその概念を発展させた。前者においてECHRは、公正な周知の概念について、形式的周知（利用可能性）と本質的周知（予見可能性）という2つの側面に分けた。

　……私の見解は、ECHRの判例はこの問題における大変価値のある指針（guide）であり、このことは以下の文章においても同様である[20]。

　このようにゴンサー裁判官は、「漠然性の法理」について、国民への公正な周知と裁量権行使の制限に根拠を有することを導くための指針として、ECHRの判決を「参照」した。

③本判決の意義

　本件は結合調査法第32条1項c号が規定する「過度に」という文言が、漠然性を有するかという点が争点となり、最高裁は憲章第7条に違反しないとの結論を下した。またその漠然性に関しては、ECHRのアプローチを指針としながら、「漠然性の法理」を明確化した。ここで重要な点は、「ECHRの判例はこの問題における大変価値のある指針であ」るとした点にあり、憲章第7条と第1条の審査基準である「漠然性の法理」を明確化するための「指針」として、ECHRの判決を「参照」したという点である。つまり、少なくとも憲章第1条と第7条の解釈、厳密にいえば「最小限の制約」審査における「漠然性の法理」の明確化の段階においては、ECHRの判決と「一致」するよう解釈することが示されたといえよう。ただし、キーグストラ事件最高裁判決と同様に、どの程度までこの「一致の推定」を拡大してよいかという点や、なぜヨー

---

18) *Sunday Times* v. U. K. (1979), 30 E. C. H. R. (Ser. A) 1. なおこの事件については、加藤紘捷「サンデー・タイムズ事件のヨーロッパ人権裁判所判決とイギリスにおける裁判所侮辱の基準」駿河台法学1巻（1988年）95-124頁、江島晶子「イギリスにおける裁判所侮辱法改正とヨーロッパ人権条約」明治大学大学院紀要27巻（1990年）28頁などを参照。

19) *Malone v. U. K.* (1984), 82 E. C. H. R. (Ser. A) 10.

20) *Nova Scotia, supra* note 11 at 636-637.

ロッパ人権条約やECHRの判決などが「指針」となりうるかといった根本的な問題については言及がない。

また本件をディクソン・ドクトリンの基準に従って整理すると、次のようになる。まず①国際人権法を憲章解釈の指針または補助とする点について、ゴンサー裁判官は憲章第1条と第7条の解釈にあたって、ヨーロッパ人権条約を解釈指針とした。ただしここでは憲章解釈をする上での補助（aid）ではなく、「大変価値のある指針」とした点が重要である。また②「一致の推定」については、①とも関連するが、解釈の「指針」としてECHRの判決を「参照」していることから、憲章第1条と第7条の解釈を同裁判所の判断と一致するように解釈していると考えられる。

(2) 結論の補強としての「参照」

キーグストラ事件最高裁判決以降の国際法規範の「参照」事例で最も多いのが、結論の補強としての「参照」である。次に結論の補強として「参照」された代表的な事例を整理して見てみよう。まずは、同事件と同年に下されたキンドラー事件[21]を紹介する。

①キンドラー事件最高裁判決（1991年）

（ⅰ）事件の概要

本件の事実は次のとおりである。アメリカ国籍を持つキンドラー（Joseph John Kindler）は1983年11月15日、ペンシルベニア州フィラデルフィアにおいて第一級殺人罪の判決を受け、同州法に基づいて陪審は死刑執行を推薦していた。しかし正式な死刑宣告を前に、彼は拘置所から脱走し、1984年9月カナダに逃亡した。一方カナダでは、翌年4月26日にケベックで拘束され、旧移民法第52条[22]と刑法典第34条[23]違反の罪で逮捕されることとなった。そして、法務大臣は逃亡犯罪人引渡法第25条[24]に従い、犯罪人引渡条約第6条[25]にいうアメリカ合衆国による死刑執行があるか否かについての保証（assurances）なく、彼をアメリカに引渡すことを決定した。キンドラーはこの法務大臣の決定の審査を裁判

---

21) *Kindler v. Canada* (Minister of Justice), [1991] 2 S. C. R. 779 [*Kindler*].
22) *Immigration Act*, 1976, S. C. 1976-77, c. 52.
23) *Criminal Code*, R. S. C. 1970, c. C-34.

第1部　憲法解釈における国際法規範の「参照」

所に求めたが、第一審、連邦控訴審ともに、この主張を棄却したため、キンドラーは上告した。最高裁で問題となったのは、アメリカ合衆国で死刑執行がなされるか否かの保証なく行った法務大臣の引渡決定が、憲章第7条と第12条に違反するかという点と、もし違反する場合に、逃亡犯罪人引渡法第25条が憲章第1条の下で正当化されるかという点である。結論として最高裁は、本引渡決定を承認し、逃亡犯罪人引渡法第25条は憲章第7条または第12条に違反しないと結論付けた。

(ⅱ)連邦最高裁判決

本判決において多数意見を執筆したラフォレ裁判官によれば、もし引渡しが

---

24) *Extradition Act*, R. S. C., 1985, c. E-23. 逃亡犯罪人引渡法第25条は、次のように規定する。「法務大臣は外国の犯罪人引渡請求に対して、その権限において逃亡者に逃亡してきた国に送還することを命じなければならない。またその意見と権限において、外国のために逃亡者を受け入れることができる。逃亡者はその決定によって送還されるものとする」。

25) *Extradition Treaty between Canada and the United States of America*, Can. T. S. 1976 No. 3, Art. 6. 米加逃亡犯罪人引渡条約第6条は、次のように規定する。「引渡請求の理由となる犯罪について請求国の法律の下で死刑が科せられる場合、かつ被請求国の法律の下では死刑が科されない場合においては、請求国において死刑が科されないことについて、被請求国が十分に認められる保証を請求国が提示しない限り、引渡しは拒絶される」。

26) 憲章第1条は、「カナダの権利及び自由の憲章がその中で保障する権利及び自由は、法によって定められた、自由で民主的な社会において正当化されるものと証明されうるような合理的な制限にのみ服する」と規定している。なお、本書におけるカナダに関する憲法規定については、初宿正典・辻村みよ子編『新解説世界憲法集〔第4版〕』(三省堂、2017年)を参照した。第1条の審査に関して、第一段階は目的審査であり、制限立法の目的は、憲法上保障された人権を制約する根拠となるほど「十分に重要なもの」、「自由で民主的な社会において緊急かつ極めて重要な (pressing and substantial) 事柄にかかわるもの」でなければならない。そして、第二段階では制限立法においてとられた手段と目的とが「比例的な関係 (proportionality)」を有するかが審査される。そして、その「比例テスト」においては、「目的と手段とが合理的な関連性を有するか」、「制限は必要最小限度のものか」、「制限の効果が目的との間に比例関係を保っているか」という点が審査される。*R. v. Oakes*, [1986] 26 D. L. R. (4th) 200 at 227-228. この審査基準の詳細については、佐々木雅寿「カナダにおける違憲審査制度の特徴 (中)」北大法学論集39巻3号 (1988年) 190-200頁を参照。

第 2 章　憲法解釈における国際的義務のない国際法規範の「参照」の展開

「カナダ人の良心に対する衝撃(shock the conscience)[27]」を与えるようなものである場合には、憲章第 7 条にいう基本的正義の原則に反し、裁判所は引渡しを拒絶しなければならないとした[28]。たとえば、拷問国への送還のような状況はカナダ人の良心に衝撃を与えるような常軌を逸した状況であるが、死刑の場合はすべてがそのような状況であるとはいえないとし、本件においては、このような常軌を逸した状況ではないと判断した。その理由は、カナダにおいて死刑は禁止されているが、もし引渡しが拒否された場合には、キンドラーを拘束すべき法的根拠を否定することとなってしまい、カナダは最も暴力的なアメリカ合衆国の犯罪者をかくまうことになってしまうためであるとされた[29]。つまり、裁判所がキンドラーを死刑に直面することを理由に引渡しできないと判断すれば、カナダのいかなる法律にも違反していない彼は、拘禁状態から解放されることとなり、彼をアメリカ合衆国に引き渡すことで、合法的に逮捕・拘留することが可能になるとした[30]。そのため、彼の引渡しは第 7 条の基本的正義の原則には違反せず、また基本的正義の原則を支える第12条については、基本的正義の原則に違反しない以上、同条にも違反しないとの結論を下した[31]。賛成補足意見を執筆したマクラクリン裁判官(Beverley McLachlin)も、同様の基準により引渡決定を容認した[32]。

　なおマクラクリン裁判官は、ヨーロッパにおける引渡決定に関する事例についての言及も行っている。彼女によれば、「大臣の決定は国際社会の理解と一致しないとはいえない。たとえばイギリスは、2 度もアメリカ合衆国で殺人を犯した者を引渡しており、そのうちのひとつの事件であるカークウッド事件[33]

---

27) 「良心に対する衝撃」テストに関しては、Peter W. Hogg, *Constitutional Law of Canada*, student ed. (Toront: Carswell, 2010) c. 37 at 34-35.
28) *Kindler, supra* note 21 at 832.
29) *Ibid.* at 834.
30) *Ibid.* at 836.
31) なお、その後の判決において最高裁は、死刑が執行されない保証が無い場合の逃亡犯罪人引渡決定については、憲章第 7 条にいう基本的正義に反するとされている。*United States v. Burns*, [2001] 1 S. C. R. 283 [*Burns*]. 本件については本章第 2 節を参照。
32) *Kindler, supra* note 21 at 852-853.

で、……ヨーロッパ人権委員会は、『何人も、拷問または非人道的な若しくは品位を傷つける取り扱い若しくは刑罰を受けない』と規定するヨーロッパ人権条約第3条に違反するとは言えないとした。また、もう一方の事件であるゾーリンク事件[34]で、ECHR は引渡しがヨーロッパ人権条約第3条に違反するとした。……このように2つの法廷で異なる結論に達したという事実は、引渡問題の複雑さを例証しており、裁判所が軽率に引渡決定の執行を妨げるべきではないということを裏付けている[35]」として、引渡決定を容認する判断の考慮事項とした。

これに対して、反対意見を述べたコリー裁判官（Peter deCarteret Cory）は、まずヨーロッパ人権条約第3条の解釈について、「個人の追放や引渡しは、ある特定の場合を除いてヨーロッパ人権条約第3条に違反する。それは、送還国で第3条において禁止される扱いを科されると信じるに足りる重要な理由があるからである」、としたヨーロッパ人権委員会の決定[36]を引用した[37]。その上で、「ECHR において用いられている立場[38]は、逃亡者が拷問や冷酷で非人道的な扱いや刑罰に直面する場合に、逃亡者を本国に引渡す決定が、逃亡者の権利を侵害するというものである。もし引渡しが第3条に違反する危険がある場合には、締約国は適切な保証の欠如を理由に、引渡要求を拒絶すべきである」とした[39]。そして「さらに、『死刑の順番待ち現象（death row phenomenon）[40]』は同条に違反する。また、残酷な刑罰に直面するような逃亡者の引渡決定が、その逃亡者に刑罰を科すことを構成するのは明白である。もし同じ根拠がカナダの文

---

33) *Kirkwood v. U. K.* (1984), 37 Eur. Comm'n H. R. D. R. 158.
34) *Soering v. U. K.* (1989), 161 E. C. H. R. (Ser. A) 14 [*Soering*]. なお、この事件の詳細については、北村泰三「国際人権法判例研究(2)ヨーロッパ人権裁判所ゾーリンク事件判決」熊本法学64号（1990年）79-104頁。
35) *Kindler, supra* note 21 at 856.
36) *X. v. Federal Republic of Germany* (1974), 1 Eur. Comm'n H. R. D. R. 73.
37) *Kindler, supra* note 21 at 820-821.
38) コリーが引用した事例は、マクラクリンが引用した事例の他に次のものがある。*Altun v. Federal Republic of Germany* (1983), 36 Eur. Comm'n H. R. D. R. 209.
39) *Kindler, supra* note 21 at 823.

脈においても適用されるならば、逃亡者の引渡決定は、憲章第12条に違反する」として、ECHR、ヨーロッパ人権委員会の決定を「参照」しながら、憲章第12条の適用範囲を広げるべきであることを示した。

(ⅲ)本判決の意義

以上のように、キンドラー事件最高裁判決は、法務大臣の逃亡犯罪人引渡決定を合憲であると判断したが、本書において重要となるのは、マクラクリン裁判官の賛成補足意見と、コリー裁判官の反対意見の対立である。この点をディクソン・ドクトリンの基準に従って整理すると、①国際法規範を憲章解釈の指針または補助とする点について、まずマクラクリン裁判官は、引渡決定を容認する根拠としてECHRやヨーロッパ人権委員会の判断を「参照」しているが、厳密にいえば決定を根拠づけるための「参照」であり、憲章の適用範囲を判断するための「参照」ではない。これに対してコリー裁判官は、ECHRやヨーロッパ人権委員会の判断を憲章解釈の補助として「参照」し、特に憲章第12条の解釈の適用範囲を広げるための補助として「参照」している。また②「一致の推定」についても両者の見解は異なる。まず、マクラクリン裁判官によれば、「このように2つの法廷で異なる結論に達したという事実は、引渡問題の複雑さを例証しており、裁判所が軽率に引渡決定の執行を妨げるべきではないということを裏付けている」との結論を導いており、ECHRやヨーロッパ人権委員会の判断と一致する見解ではない。これに対してコリー裁判官は、逃亡者の引渡決定が逃亡者に死刑を科すことと同様である点を、ECHRの判決とヨーロッパ人権委員会の決定から導き、憲章第12条の解釈においても同様の手法で解釈すべきであることを示した。このように、本件においてディクソン・ドクトリンは、コリー裁判官によって継受されたといえよう。

同裁判官による結論の補強としての「参照」は、その後も行われている。次に、ヨーロッパ人権条約とヨーロッパ人権委員会の決定を「参照」したロドリゲス事件最高裁判決[42]を紹介しよう。

---

40)「死刑の順番待ち現象」については、徳川信治「自由権規約六条と死刑問題（二・完）」立命館法學240号（1995年）109-151頁を参照。

41) *Kindler, supra* note 21 at 823-824.

第1部　憲法解釈における国際法規範の「参照」

②ロドリゲス事件最高裁判決（1993年）

（ⅰ）事実の概要

本件の事実の概要は次のとおりである。上告人であるロドリゲス（Sue Rodriguez）は42歳の女性であり、筋萎縮性側索硬化症により余命2〜14ヶ月と診断され、いずれ寝たきりになり死に至ることが確実であるとされた。彼女は自身の手によって一生を終えることを希望したが、支援なしでは話したり、歩いたりなど身体を動かすことができず、その後寝たきり状態となった。そのため、有資格医師に尊厳死（die with dignity）を行うための措置を実行してもらうことを希望した。しかし、この医師の措置は、自殺幇助を禁止する当時の刑法典第241条b号[43]により禁止されていたため、彼女はブリティッシュ・コロンビア州最高裁に許可命令を求めた。これに対して同裁判所は、尊厳死を権利と捉えつつも、本来同条の対象となる医師から訴えが提起されていないことからこれを退けたため、彼女は刑法典第241条b号が憲章第7条に違反するとして上訴した。最高裁で主な争点となったのは、刑法典第241条b号が第7条に違反するかという点である。

（ⅱ）連邦最高裁判決

本件で法定意見を執筆したソピンカ裁判官（John Sopinka）は、自身の身体に関する自律権と人間の尊厳は、憲章第7条が保障する身体の安全で保障され、自分の身体についての自己決定権はコモン・ロー上も認められるとして、当時の刑法典第241条b号は彼女の身体の安全を侵害しているとした[44]。ただし、自殺幇助については、アメリカやイギリスの立法状況、さらには諸外国の立法状況を「参照」した上で、国が生命を保護する目的のためにはその侵害も正当化されるとして、そうした侵害は基本的正義の原則には反しない（つまりは憲章第7条違反では無い）とした[45]。この自殺幇助の禁止が基本的正義の原則に

---

42) *Rodriguez v. British Columbia (Attorney General)*, [1993] 3 S. C. R. 519 [*Rodriguez*].

43) 刑法典第241条b号は、次のように規定していた。「何人も、自殺を援助または幇助した者は起訴され、14年以下の禁固に処する。」

44) *Rodriguez, supra* note 42 at 583-589.

反するか否かという判断の過程において、ソピンカ裁判官は、自殺帮助の禁止が基本的正義に反しないという点を確認するために、ヨーロッパ諸国における自殺帮助に対する規制立法やアメリカの事例などを「参照」した。特にイギリス自殺法[47]に関するヨーロッパ人権委員会の決定[48]について、「自殺を援助、帮助、助言または斡旋する行為は、プライヴァシー概念には含まれず、その行為の規制は生命保護という公共の利益によって正当化される」とした[49]。

(ⅲ) 本判決の意義

本件は、その後2015年のカーター事件最高裁判所判決[50]において判例変更され、自殺帮助の禁止は違憲と判断されることとなるが、この論点に関するリーディングケースでもある。ソピンカ裁判官は、この問題の難解さを検討するにあたり、アメリカやイギリスなどの立法状況を「参照」するとともに、憲章第7条の判断から導かれる自殺帮助の禁止が基本的正義に反しないとの結論を導くためにヨーロッパ人権委員会の決定を「参照」した。

ここで、ディクソン・ドクトリンに従って本件を整理すると、ソピンカ裁判官は、①尊厳死が憲章で保障される権利には含まれないとする憲章解釈の補助として、ヨーロッパ人権委員会の決定を「参照」し、②ヨーロッパ人権委員会の決定と一致するような解釈を行ったということになる。ただし、注意すべきは、自殺帮助を禁止することの利益をヨーロッパ人権委員会の決定をもって説

---

45) *Ibid.* at 589-608.
46) *Ibid.* at 603-604.
47) *Suicide Act*, 1961 (U. K.), 9 & 10 Eliz. 2, c. 60, s. 2. イギリス自殺法第2条は、「自殺の援助、帮助、助言または斡旋した者、もしくはそれを企図した者を処罰する」と規定していた。ヨーロッパ人権委員会では、この自殺法第2条がヨーロッパ人権条約第8条のプライヴァシー権、または第10条の表現の自由を侵害するか否かが審査された。なお、ヨーロッパ人権条約第10条は、次のように規定する。「すべての者は、表現の自由についての権利を有する。この権利には、公の機関による干渉を受けることなく、かつ国境とかかわりなく、かつ、意見を持つ自由並びに情報及び考えを受け及び伝えるテレビ又は映画の諸企業を許可制を要求することを妨げるものではない」。
48) *R. v. U. K.* (1983), 33 Eur. Comm'n H. R. D. R. 270.
49) *Rodriguez, supra* note 42 at 602-603.
50) *Carter v. Canada (Attorney General)*, [2015] 1 S. C. R. 331.

明しているわけではなく、尊厳死が憲章上の権利に含まれないという結論を導くための「参照」とも捉えうることである。つまり、ヨーロッパ人権委員会の決定は、憲章上の権利の拡大のために「参照」されたのではなく、あくまでも消極的な意味で「参照」されたことに留意するべきであろう。

それでは次に、本件と同じように結論の補強としてECHRの判断を「参照」した、1998年のトムソン新聞社事件を紹介しよう。

③トムソン新聞社事件最高裁判決（1998年）

（ⅰ）事実の概要

本件の概要は次のとおりである。トムソン新聞社らは、選挙期間の最後の3日間に世論調査結果を公表したが、カナダ選挙法第322.1条がこれを禁止していたため、同社らは同条が憲章第2条b号の表現の自由、および、同第3条の選挙権を侵害するとして提訴した。第一審も控訴審も共に、カナダ選挙法第322.1条は憲章に違反しないと判断したが、最高裁は結論として、当該条項は違憲であると判断した。

（ⅱ）連邦最高裁判決

本件で主な争点となったのは、①カナダ選挙法第322.1条は憲章第2条b号の表現の自由を侵害するかという点、また、②同第3条の選挙権を侵害するかという点、さらに、③これらを侵害する場合に、それぞれ第1条によって正当化されるかという点である。

法廷意見を執筆したバスタラシェ裁判官（Michel Bastarache）によれば、ま

---

51) *Thomson Newspapers Co. v. Canada (Attorney General)*, [1998] 1 S. C. R. 877 [*Thomson Newspapers*].
52) *Election Act*, R. S. B. C. 1996, c. 106. カナダ選挙法第322.1条は次のように規定していた。「何人も、投票日前の金曜日の夜からすべての投票所が閉まるまでの間、有権者がどのように選挙において投票するか、もしくは、政党や候補者の身元確認（identification）を行うような選挙の問題に関して、世論調査結果を報道、出版、又は、普及を行ってはならない」。
53) 本件は憲章上の人権の救済を要求する民事訴訟である。この根拠規定は、オンタリオ州規則に含まれている。*Ontario Rules of Civil Procedure*, R. R. O. 1990, Reg. 194, rule 14.05(3)(g. 1).

ず①の争点について、選挙権は「有権者が合理的に投票するために必要な」情報を入手する権利のみを保障したのであり、その情報を公表する権利まで保障したものではないとした[54]。また、表現の自由と選挙権を区別するべきであるという理解は、ECHRの判決においても採用されているとして[55]、次のように述べている。つまり、「ヨーロッパ人権条約第1選択議定書第3条[56]にいう表現の自由に含まれる自由投票の保障は、選挙権の保障を前提としているが、世論調査情報の公表と選挙権の関連性を許容しているわけではない。……むしろ、選挙権は選挙に参加する権利のみを保障したものである」とした[57]。そのため、本件においては、これ以上の選挙権についての言及は控えるとした。次に②の争点については、世論調査の公表は「意味を伝える」行為であり[58]、表現の自由に含まれるとした[59]。そのため、カナダ選挙法第322.1条は、表現の自由を侵害するとした。さらに、③の争点については、まずカナダ選挙法第322.1条の立法目的は、「世論調査結果が直前に出された場合には、もはや反論する機会が得られないため、そのような世論調査結果の公表による歪んだ効果（distorting effect）を防ぐことにある」とした。つまり、熟慮期間の確保と不正確な世論調査の防止が立法目的であるとした。しかしながら、この立法目的について、カナダの有権者はある程度の成熟さと知識を持っているものと推測されるべきであり、熟慮期間を設ける差し迫った実質的な目的とはいえないとして、カナダ選挙法第322.1条は第1条によっても正当化されないとした[60]。

---

54) *Thomson Newspapers, supra* note 51 at paras. 79-82.
55) *Mathieu-Mohin and Clerfayt v Belgium* (1987), 113 E. C. H. R. (Ser. A) 66.
56) *Convention for the Protection of Human Rights and Fundamental Freedoms, First Protocol,* Europ. T. S. No. 9, Art. 3.
57) *Thomson Newspapers, supra* note 51 at paras. 83-84.
58) 本件では、表現の自由の保障範囲を確定する基準として、アーウィン・トイ事件最高裁判決が用いられている。*Irwin Toy Ltd. v. Quebec (Attorney General),* [1989] 1 S. C. R. 927.
59) *Thomson Newspapers, supra* note 51 at paras. 85-86.
60) *Ibid.* at paras. 100-109.

第1部　憲法解釈における国際法規範の「参照」

(ⅲ) 本判決の意義

本件では、選挙権に関して、ECHR の判決を「参照」して、選挙権は表現の自由と区別される必要があり、世論調査の公表は憲章第3条にいう選挙権の保障には含まれないとした。この点をディクソン・ドクトリンとの関係で整理をすると、①最高裁は、表現の自由と選挙権の区別を行うべきであるとする結論の補強として、ECHR の判決を「参照」したものと考えられる。また、②最高裁は「有権者が合理的に投票するために必要な」情報へのアクセスを保護するものとして、選挙権の意味を ECHR の判決と同様に限定的に捉えている。このことから、ECHR の判断と一致するような判断を行っているといえよう。

それでは次に、こうした結論の補強としての「参照」と類似するが、憲章起草者の意図をめぐって国際法規範に言及し、トムソン新聞社事件と同様にヨーロッパ人権委員会の決定を「参照」した、児童支援協会事件最高裁判決[61]を紹介しよう。

(3) 起草者の意図をめぐる「参照」——児童支援協会事件最高裁判決（1995年）

①事実の概要

本件の事実の概要は次のとおりである。原告 R はその子どもが4週間の早産であり、病気を引き起こしたため、病院で子どもに治療を受けさせることに同意した。ただし、R はエホバの証人であり、宗教上の理由から主治医に対して輸血治療を行わないように要求した。しかしながら、子どもが生後1ヶ月を迎えると、ヘモグロビンレベルが生命の危機レベルに達し、また、うっ血性心不全によって輸血治療が必要な状況に達した。そのため、オンタリオ州裁判所は被告児童支援協会に72時間の後見を行うことを容認した。その後、子どもは緑内障の検査と手術の一環として、輸血を受けることとなったため R は提訴した。本件で争点となったのは、①オンタリオ州児童福祉法第19条[62]が憲章第7条に違反するかという点、②同条が憲章第2条 a 号にいう親の信教の自由を侵害するかという点、さらに、③信教の自由の侵害があった場合に、その侵害が

---

61) *B. (R.) v. Children's Aid Society of Metropolitan Toronto*, [1995] 1 S. C. R. 315 [*CASMT*].

第1条によって正当化されるかという点である。結論として、最高裁は合憲と判断し、上告を棄却した。

②連邦最高裁判決

法廷意見を執筆したラフォレ裁判官は、まず①の争点について、憲章第7条で保護される子どもに対する親の教育権には、子どもの治療方法を親が決定する権利が含まれるため、児童福祉法第19条は親の教育権を侵害するとした[63]。しかしながら、子どもの自律や健康および安全といった「最善の利益」を確保する必要があると国家が判断した場合には、親の決定に対して国家が介入することも、憲章第7条にいう基本的正義の下で許容されるとした[64]。②の争点について法廷意見は、憲章第2条a号にいう親の信教の自由が、親の宗教上の信念を子どもに教育する自由であるとした。さらに、その自由は親の子どもに対する医療や他の治療法の選択権を含むものであり、児童福祉法第19条はこの権利を制限しているため、憲章第2条a号にいう信教の自由を侵害するとした[65]。しかしながら、③の争点について、この信教の自由に対する侵害には、危険にさらされている子どもの保護という、差し迫った実質的な立法目的があるため、憲章第1条によって正当化されるとした[66]。

この法廷意見に対して、当時の長官であったラマー裁判官（Antonio Lamer）の賛成補足意見は、憲章第7条の保障範囲を「身体的な自由」に限定しながら、次のように述べた。

> 私のアプローチは、憲章起草者が広く依拠した国際人権文書（international human rights instruments）にも見出すことができる。ここで、1980年10月6日の上院での議論において法務大臣クレティエンは、次のように語った。

---

62) *Child Welfare Act*, R. S. O. 1980. オンタリオ州児童福祉法第19条は、「保護を必要としている子ども」を定義しており、また、第30条、第41条は親の子どもに対する医療の選択権を否定し、第21条、第27条、第28条は医療の選択権を否定するための手続きを定めている。

63) *CASMT*, *supra* note 61 at paras. 70-87.

64) *Ibid.* at paras. 88-102.

65) *Ibid.* at paras. 102-111.

66) *Ibid.* at paras. 112-121.

第 1 部　憲法解釈における国際法規範の「参照」

　　「憲章第 7 条から第14条はカナダの基本的な法的権利を規定している。これらの権利の多くはカナダ権利章典から導かれ、その他の権利は新設したものである。後者のいくつかは、自由権規約第 9 条 1 項に由来する」。

　　……さらに、ヨーロッパ人権条約第 5 条 1 項もまた、人間の自由と安全の権利を規定している。その規定の範囲が「身体的な自由」に限定されていることは、ECHRのいくつかの決定で確認されている。……ここで、私の結論は、自由権規約第 5 条やヨーロッパ人権条約第 9 条の解釈によって影響を受けたものではない。私は、これが不明確であることを自覚している。それにもかかわらず私は、少なくとも国際法規範が、憲章起草者の意図した憲章第 7 条の「自由の権利」という表現の解釈にあたって、追加的指示（additional indication）を提供していると信じている。

③本判決の意義

　このように、ラフォレ裁判官とラマー裁判官の見解は、結論として児童福祉法第19条が憲章第 7 条によって侵害されていないとする点では共通している。ただし、ラマー裁判官は憲章第 7 条の保障範囲を「身体的な自由」に限定することで、法廷意見の同条理解をさらに狭めている。このラマー裁判官の賛成補足意見をディクソン・ドクトリンの基準に従って整理すると、①憲章第 7 条の解釈の補助として、さらにその範囲を狭める結論のためにECHRの判断を「参照」したということになる。しかしながら、②ラマー裁判官自身が指摘するように、ECHRの判断は結論について影響がない。この点でラマー裁判官の見解は、結論を裏付けるための「参照」ではないため、厳密にはディクソン・ドクトリンを適用していない。ただし、憲章起草者の意図から、国際法規範の影響を示唆している点で、ディクソン・ドクトリンへの接近を図っているようにも考えられる。つまりラマー裁判官は、国際法規範が「憲章起草者の意図した憲章第 7 条の『自由の権利』という表現の解釈にあたって、追加的指示を提供していると信じている」と指摘しており、「参照」の根拠を憲章起草者の意図に由来したものとして理解していたと考えられる。そのため、ラマー裁判官の指摘は、ディクソン・ドクトリンの修正としても理解することができ

---

67)　*Canadian Bill of Rights*, S. C. 1960, c. 44.
68)　*CASMT, supra* note 61 at para. 38.

る。

　以上のように、ディクソン・ドクトリンは、1990年代においても用いられており、解釈指針としての「参照」だけでなく、結論の補強としての「参照」も行われていたことが明らかとなる。ただしこうした展開について、明示的にそれを否定または注意を促す判断がなされる。その事例が、ACC 事件[69]である。次にこの事件を見ていくことにしよう。

(4)「参照」に対する懸念──ACC 事件最高裁判決（2001年）
①事件の概要
　本事件の概要は次のとおりである。農園のプロモーターであり、建設業も営んでいた ACC は、建築法の諸規定[70]が労働契約をする際には、被用者を労働組合に登録する必要があると定めていたにもかかわらず、建設事業を営む資格の無い未登録の従業員を雇い、さらに適切な資格証明無く建設工事を行っていた。このため組合に未登録の社員を雇ったとして、ACC は起訴されることとなったが、同社は建築法にリストアップされた労働組合に参加しておらず、そのために適切な資格証明を得ることができないと主張した。また同社は、この義務は憲章第 2 条 d 号の結社の自由に含まれる結社しない自由に違反するため、違憲であると主張した。本件において問題となったのは、この建築法が規定する労働組合参加義務が憲章第 2 条 d 号の結社の自由で保障されるかという点、具体的には結社しない自由が同社に保障されるかという点が問題となった。この点について、下級審はともに同社の訴えを棄却したため、同社が上告した。結論として最高裁はこの訴えを棄却し、建築法は合憲であると判断した。

②連邦最高裁判決
　最高裁で多数意見を執筆したルベル裁判官（Louis LeBel）は、まず結社の自由を保障する憲章第 2 条 d 項に結社しない自由も含まれることを確認した。その上で、建築法の関係諸規定はこの結社しない自由を侵害していると判断した[71]。しかしながら、その侵害は第 1 条により正当化されるとし、それはこれま

---

69) *ACC, supra* note 9.
70) *Act Respecting Labour Relations, Vocational Training and Manpower Management in the Construction Industry,* R. S. Q., c. R-20, ss. 28-40, 85.5, 85.6, 119.1 and 120.

第1部　憲法解釈における国際法規範の「参照」

でのケベックの建築業界における労働関係の歴史を見れば明らかであるとした。なぜなら裁判所が、複雑な政治的選択において、立法府を結果論で批判するのを避ける必要があるということに留意すべきであり、ケベック議会が、差し迫った社会的経済的問題に対処しようとしていることに留意すべきためであるとした。[72] また同裁判官は、立法によって選ばれた方法が、労働組合を代表することとその組合に参加することとの間に均衡性があるかどうかを決定する際に、最も公正なものであり、効果的なものであるとした。[73]

ここで本書において重要な点は、ルベル裁判官が結社しない自由を定義付ける際に、ECHRの判決を「参照」した点である。同裁判官によれば、憲章のようにヨーロッパ人権条約も結社しない自由を明文では規定していないことを確認した。[74] 同裁判官の意見は次のとおりである。

　　条約のこの沈黙にもかかわらず、ヤング、ジェームズ、ウェブスター事件[75]以降、ECHRはヨーロッパ人権条約第11条1項で保障される結社の自由に、結社しない自由を含めるべきであるという認識に変わった。この事件において裁判所は、思想を強制することを前提としたユニオンショップ協定によって解雇の恐れを生じさせることが、同条約第11条に違反するとした。ただし同裁判所は、このような結社のすべてが同条に反するとはしなかった。たとえば、医者を専門的規制団体に強制加入させるような公益法は結社の自由の侵害にはならない。……シーグルヨンソン事件[76]において裁判所は、明確に結社しない自由が同条約第11条1項から導かれるべきであることを容認した。この事件においては、タクシー運転手を労働組合に強制的に加入させることを義務付けた法律が結社の自由の侵害にあたるとされた。……一方で裁判所は、同条約第11条は雇用者に団体協定に入ることを拒む権利を与えてはいない。……近年の判決[77]では、労働関係以外の場面において、猟師協会に加入することを義務付けたフランス法が無効であると宣言された。この事件で裁判所は、結社しない自由の存在を再確

71) *ACC, supra* note 9 at paras 183-202.
72) *Ibid.* at paras. 252-258.
73) *Ibid.* at paras. 163-165.
74) *Ibid.* at para. 249.
75) *Young, James and Webster v. U. K.* (1981), 44 E. C. H. R. (Ser. A) 4.
76) *Sigurjónsson v. Iceland* (1993), 264 E. C. H. R. (Ser. A).
77) *Chassagnou and Others v. France* (1999), 1999-Ⅲ E. C. H. R. (Reports of Judgments and Decisions).

第 2 章　憲法解釈における国際的義務のない国際法規範の「参照」の展開

認した。[78]

このようにルベル裁判官は、ECHR の結社しない自由をヨーロッパ人権条約第11条に含めるという判断を「参照」し、「ヨーロッパ人権条約は、特にカナダやケベックよりも労働関係に関する法的な発展を示してきたと理解するべきである」とした上で、「多くのヨーロッパの国々は、組合に広い社会的な役割を負わせ、私的営業や国内企業の組合に参加する権利を保障してきたと認識している[79]」とした。ただしこのことは、「憲章第 2 条 d 号の解釈を裏付ける（confirm）」ものであるとしても、「ヨーロッパ司法が決定的であるとはいえない[80]」とした。

このような見解に対して、憲章第 1 条の解釈などにおいて反対意見を述べたバスタラシェ裁判官は、ルベル裁判官の引用したシーグルヨンソン事件については、ヨーロッパ人権条約第 9 条、第10条から導かれる個人的利益を根拠として判断が下されたのであり、当裁判所は引用すべきではないとした。[81] そして、この裁判所がすべきことは同条約を引用するなど欲深く引用することではなく、判断を慎重に行い、分別（prudent）をつけることが必要であるとし、憲法上の救済はそれを実現するための強力な道具であるが、もしその救済を実現すべき場合には、目的的手法（purposive manner）によって行われるべきであるとした。[82]

このような前提をつけた上で、同裁判官は次のように続けた。

　　新しい司法の道具を創造し適用することは、必然的に新たな法を生み出すが、そこには危険が付随している。特に証明済みの選択肢が得られる場合に、そのような危険をわざわざ用いる必然性が存在しないという事実に焦点を当てれば、そのような発展は分別のある発展とはいえない。
　　ヨーロッパ人権条約はいかなる場合においても、カナダ憲章が基本的人権を保障す

---

78)　*ACC, supra* note 9 at para. 250.
79)　*Ibid*. at para. 251.
80)　*Ibid*. at para. 251.
81)　*Ibid*. at para. 74.
82)　*Ibid*. at paras. 74-75.

第1部　憲法解釈における国際法規範の「参照」

る方法を決定することはできない。ルベル裁判官が「ヨーロッパ司法が決定的であるとはいえない」としたように。しかしながら私は、同裁判官の「ヨーロッパ司法が憲章第2条d号の解釈を裏付ける」という主張については反対する。同号の解釈においてヨーロッパ司法の解釈は必要ではない。なぜならそれは同号によって十分保障されるという私の見解と矛盾しないからである[83]。

　同裁判官はこのようにヨーロッパ司法の解釈を排除した上で、建築法は憲章第2条d号に違反するが、憲章第1条には違反しないとするルベル裁判官の意見に賛成した[84]。

③本判決の意義

　本判決はカナダにおいて結社しない自由に関する重要判例と位置付けられているが[85]、本書において重要な点は、ヨーロッパ人権条約やECHRの判決の「参照」について、新たな視点を示したことである。その視点とは、「憲章第2条d号の解釈を裏付ける」ものであるとしても、「ヨーロッパ司法が決定的であるとは言えない」としたルベル裁判官の判断と、ヨーロッパ司法の解釈を排除したバスタラシェ裁判官の判断に見ることができる。まずルベル裁判官の判断については、ヨーロッパ司法の判断が憲章解釈を「裏付ける（confirm）」または補強し、確証を与えるものであるとした点については、ディクソン・ドクトリンに従えば、①国際人権法を憲章解釈の補助としたということができる。しかしながら、②「一致の推定」については、「confirm」という用語が用いられているように、憲章解釈を裏付ける要素として「参照」がなされており、結論の補強としての「参照」と評価しうる。またこれと関連して、同裁判官が「ヨーロッパ司法が決定的であるとはいえない」としたことからも、ヨーロッパ司法の判断は憲章解釈において重要であるとしても、それは憲章解釈を補強するためのものであり、解釈の指針とまではいえないことを示したといえる。

　一方のバスタラシェ裁判官は、「ヨーロッパ人権条約はいかなる場合においても、カナダ憲章が基本的人権を保障する方法を決定することはできない」と

---

83) *Ibid.* at paras. 77-78.
84) *Ibid.* at para. 80.
85) Hogg, *supra* note 27 c. 44 at 13-14.

しており、ディクソン・ドクトリンを否定しているように思える。また「憲章第2条d号の解釈においてヨーロッパ司法の解釈は必要ではない」としており、国際的義務のない国際法規範の「参照」をも否定しているように思われる。そして注目すべき点はその根拠の部分である。つまり裁判所がすべきことは、欲深くなることではなく、分別をつけることであるとしたことであり、ヨーロッパ司法を取り入れることの危険性を指摘している点である。これは憲章の保障範囲をむやみに拡大すべきではない、という趣旨であると考えられる。しかしながら、同裁判官による憲法上の救済を実現すべき場合に、目的的にヨーロッパ司法を取り入れることができるとの指摘については、明確にその根拠が語られてはおらず、一見するとヨーロッパ司法を完全に否定していないようにも思える。判断を慎重に行い、分別をつけることによりヨーロッパ司法の「参照」も可能であるとすれば、いかなる場合にそれが可能であるかという点について、同裁判官は明らかにしていない。

3　本節のまとめ

以上、キーグストラ事件最高裁判決以降の国際的義務のない国際法規範の「参照」事件を見てきたが、それらをまとめると次のようになる。

まず解釈指針としての「参照」を継承した1992年のノヴァスコシア薬学協会事件最高裁判決は、憲章第7条と第1条の審査基準である「漠然性の法理」を明確化するための「指針」として、ECHRの判決を「参照」した。また結論の補強として「参照」を行った事例として、1991年のキンドラー事件ではマクラクリン裁判官の賛成補足意見と、コリー裁判官の反対意見の対立が見られ、

86）バスタラシェ裁判官の「憲章第2条d号によって十分保障される」というような姿勢は日本の最高裁判所の姿勢にも現れている。岩沢雄司「日本における国際人権訴訟」杉原高嶺編『小田滋先生古稀祝賀　紛争解決の国際法』（三省堂、1997年）251頁。岩沢によれば、最高裁判所には、国際人権法といえども憲法を超える内容を持つものではなく、憲法の人権保障で足りるとする認識があり、その結果として、国際法に基づく主張を簡単に退ける傾向を指摘している。このような傾向のほかにも、国際人権法に基づく主張を無視する傾向や、日本の裁判所は国際人権法違反を躊躇する傾向について指摘している。

第 1 部　憲法解釈における国際法規範の「参照」

マクラクリン裁判官は、引渡決定を容認する根拠として ECHR やヨーロッパ人権委員会の判断を「参照」し、これに対してコリー裁判官は、① ECHR やヨーロッパ人権委員会の判断を憲章第12条解釈の補助として「参照」し、②第12条の解釈においてもそれと同様の手法で解釈すべきであることを示した。このコリー裁判官の継受はさらに、1998年のトムソン新聞社事件最高裁判決にも見られ、表現の自由と選挙権の区別を行うべきであるとする結論の補強として、ECHR の判決を「参照」した。そして、国際法規範が「憲章起草者の意図した憲章第 7 条の『自由の権利』という表現の解釈にあたって、追加的指示を提供している」とした1995年の児童支援協会事件最高裁判決におけるラマー裁判官の賛成補足意見は、一見すると結論の補強のための「参照」ともいえる。しかし、同裁判官も明示しているように、そうした「追加的指示」は結論に影響を与えないとされる。

ただし2001年の ACC 事件では、この展開にひとつの注意喚起がなされた。つまりルベル裁判官が「憲章第 2 条 d 号の解釈を裏付ける」ものであるとしても、「ヨーロッパ司法が決定的であるとは言えない」とし、バスタラシェ裁判官が「ヨーロッパ人権条約はいかなる場合においても、カナダ憲章が基本的人権を保障する方法を決定することはできない」と判示したことは、ディクソン・ドクトリンの否定と評価することができる。また同裁判官が指摘するように、「憲章第 2 条 d 号によって十分保障される」として、国際的義務のない国際法規範を解釈の補助とすること自体が否定された。

このように、2001年の ACC 事件におけるバスタラシェ裁判官による指摘は、ディクソン・ドクトリンの否定という極めて重要な指摘を行った。このことは、同判決以降どのように扱われていくのであろうか。一方で、同事件におけるルベル裁判官の指摘も、ディクソン・ドクトリンの継受とその展開を検証する上で、非常に重要な契機となっている可能性がある。なぜならその後の展開によって、国際的義務のない国際法規範の「参照」の方法が変化した可能性もあるためである。そのため、2001年の ACC 事件以降、いかなる判断が下されているのかという点について、さらなる検討が必要であろう。

2 国際法規範の「参照」に対する懸念とその後の展開

1 国際法規範の「参照」に対する懸念

前節で説明したように、1990年キーグストラ事件以降のカナダ最高裁による国際的義務のない国際法規範の「参照」について、2001年のACC事件では、次のような指摘がなされた。すなわち、この事件で多数意見を執筆したルベル裁判官が、「憲章第2条d号の解釈を裏付ける」ものであるとしても、「ヨーロッパ司法が決定的であるとは言えない[87]」とした点、バスタラシェ裁判官が「ヨーロッパ人権条約はいかなる場合においても、カナダ憲章が基本的人権を保障する方法を決定することはできない[88]」とし、国際的義務のない国際法規範を憲章解釈の補助とすること自体を否定した点である。

2 ACC事件最高裁判決以降の「参照」の展開

このように2001年のACC事件最高裁判決は、これまでの国際的義務のない国際法規範の憲法解釈における「参照」について、極めて重要な指摘を行った。しかしその後もカナダ最高裁は、国際的義務のない国際法規範を「参照」することとなるが、留意すべき点は、解釈指針としての「参照」ではなく、結論の補強としての「参照」が多用されていくことである。本節からは、2001年以降の最高裁判決における結論の補強としての「参照」を行った代表的な事例を検討していくこととする。まずは、ACC事件と同年に下されたバーンズ事件[89]を見ていこう。

(1)ディクソン・ドクトリンの継承――バーンズ事件最高裁判決（2001年）

①事件の概要

本件の概要は次のとおりである。本件当時、カナダ国籍を取得していたバーンズ（Glen Sebastian Burns）とラファイ（Atif Ahmad Rafay）は、アメリカ合衆

---

87) *ACC, supra* note 9 at para. 251.
88) *Ibid*. at paras. 77-78.
89) *Burns, supra* note 31.

国のワシントン州における第一級殺人罪に問われていた。彼らが罪に問われたのは、1994年7月に同州でラファイの父、母、姉が撲殺されているのが発見されたことに関するものであり、もし彼らがアメリカで有罪となった場合、死刑または終身刑になることは確実であった。彼らは事件の夜にラファイの自宅に居たことを認めたが、夕方に外出し、帰宅した際に3人の遺体を発見したと主張した。RCMP による捜査の結果、最終的に彼らは逮捕されたが、ブリティッシュ・コロンビア州の法務長官は、彼らに対して訴追しないことを決定した。これに対してアメリカ合衆国は、彼らの引渡しを求める手続を開始し、カナダの法務長官は逃亡犯罪人引渡法第25条に従い[90]、犯罪人引渡条約第6条が[91]規定するアメリカ合衆国による死刑執行があるか否かについての保証（assurances）なく、アメリカ合衆国への引渡しを決定した。そこでバーンズとラファイは、この決定に対する審査を求めて提訴した。ブリティッシュ・コロンビア州裁判所は保証の無い引渡しは、憲章第6条1項で保障する移動の権利を侵害するとし、さらに法務大臣に対して、保証を要求することを求めた。最高裁で問題となったのは、法務大臣の決定が憲章第6条1項、第7条に違反するかという点、もしそれらの違反があった場合に第1条によってその違反が正当化されるかという点であったが、最高裁は全会一致で、本件決定は憲章第7条に違反するとし、その違反は第1条によっても正当化されないとした。

②連邦最高裁判決

まず法廷意見を執筆したマクラクリン裁判官によれば、死刑の問題は憲章第7条の問題であり、同条が規定する基本的正義の原則に死刑制度が違反するかどうかを考察すれば足りるとした。なぜならば、引渡しが行われれば、生命が危険にさらされるという潜在的な危険がありうるためであり、生命、自由および身体の安全を保障する憲章第7条が適用されるとした[92]。そして、同条が法務大臣に保証の確認を求める根拠について、次の5つの点を挙げて説明した。ま

---

90) *Extradition Act*, R. S. C., 1985, c. E-23.
91) *Extradition Treaty between Canada and the United States of America*, Can. T. S. 1976 No. 3.
92) Burns, supra note 31 at paras. 58-63.

第 2 章　憲法解釈における国際的義務のない国際法規範の「参照」の展開

ず、死刑制度がカナダの司法制度の中で許容されてこなかった点であり、過去40年にもわたって死刑が廃止され続けてきたことを挙げた[93]。そして第2に、国際的なレベルにおいて、死刑の廃止はカナダのイニシアティブによって提起され、多くの民主主義国家において共有されてきている点を強調した[94]。なおここでマクラクリンは、この点を強調するために、1987年の公務員労働関係法照会事件におけるディクソン裁判官の反対意見[95]（つまりはディクソン・ドクトリン）、そしてキーグストラ事件における同裁判官の法廷意見[96]を引用して、次のように述べた。本件のような問題は、「カナダとアメリカ合衆国の犯罪人引渡条約の文脈において取り上げられるが、それは広い国際関係の文脈において考慮される問題である」とした[97]。そして、1998年6月29日のEU総会決議で採択された「EUは今日強く結実した政策として、死刑の普遍的な廃止を目指して励むであろう」という宣言を引用した[98]。また、こうした国際的動向について、次のように述べている。

　死刑に対する国際的動向の存在は、カナダと比較可能な司法に対する審査において有用（useful）である。この死刑に対する動向は適切な結論を導くことを支援する（support）。まず第1に、国際的な基準（international standard）に従えば、刑事司法は死刑廃止に向かっている。そして第2に、その動向は我々の司法と比較可能な民主主義国家の中で顕著である。アメリカ合衆国（もしくは死刑を存続している国）は例外である（もちろんそれは重要な例外ではあるが）。最後に、民主主義国家（特に西洋民主主義国家）における死刑廃止の動向は、カナダの死刑廃止を導いてきた基本的正義の原則の正当性を強固なものにする[99]。

第3の点としては、死刑が問題となる本件で、法務大臣は被告人が当時18歳未満であることを考慮するべきであるとした[100]。さらに第4に、無実の推定はカ

---

93) *Ibid.* at paras. 76-78.
94) *Ibid.* at paras. 79-92.
95) *PSERA, supra* note 3 at paras. 57-58.
96) *Keegstra, supra* note 7 at 750 and 790-791.
97) *Burns, supra* note 31 at para. 81.
98) *Ibid.* at para. 86.
99) *Ibid.* at para. 92.

ナダの法制度の基本的な理念であり、この理念や死刑執行の可能性を否定する保証と根拠が無い限り、被告人の生命と安全を不当に害する恐れがあるとした[100]。最後に、「死刑の順番待ち現象（death row phenomenon）」のように、長期の拘束による心理的負担は、憲章第7条に違反するとした[101]。これらの5点を根拠としながら、マクラクリンは保証を伴わないアメリカ合衆国への身柄引渡しを認めた本件法務大臣の決定について、憲章第7条に違反すると結論付けた。

ここで、この憲章第7条違反が憲章第1条によって正当化されるかという問題について、法務大臣は死刑執行の可能性がないという保証がなされていないまま犯罪人を引渡すことはできないことを根拠に、憲章第7条違反が憲章第1条によって正当化されることはないと主張した。この点についてマクラクリン裁判官は、イギリスがアメリカ合衆国で犯罪に至った者を引渡す決定をしたことが、ヨーロッパ人権条約第3条に違反するとしたゾーリンク事件[103]を引用している[104]。

③本判決の意義

ここで重要な点は、憲章第7条が法務大臣に保証を求める根拠のうちの第2の根拠に関連して、ディクソン・ドクトリンが明確に引用された上で、本件のような死刑執行国への犯罪人引渡しの問題については、「広い国際関係の文脈において考慮される問題である」とした点である。また、第1条の正当化の議論において、ゾーリンク事件ECHR判決を引用した点にある。

これをディクソン・ドクトリンと比較して検討すると、次のようになる。まず①国際法規範を憲章解釈の補助とする点については、憲章第7条が規定する「生命、自由および身体の安全」について、その「不明確な概念を明確にする

---

100) *Ibid.* at para. 93.
101) *Ibid.* at paras. 95-117.
102) *Ibid.* at paras. 118-123.
103) *Soering, supra* note 34. ゾーリンク事件の概要については、北村・前掲注34) 79-104頁を参照。なお、ヨーロッパ人権条約第3条は次のように規定している。「何人も、拷問又は非人道的な若しくは品位を傷つける取扱い若しくは刑罰を受けない」。
104) *Burns, supra* note 31 at para. 137. なお、引用の根拠等については何も述べられていない。

補助」として、ヨーロッパ犯罪人引渡条約などを「参照」しており、明確なディクソン・ドクトリンの継承が見られる。また②憲章は、カナダが批准していない国際的義務のない国際法規範による保護と、少なくとも同程度の保護を提供しているものと推定すべきという「一致の推定」については、死刑廃止に向けた国際的義務のない国際法規範と同程度の保障をすべきであるとされており、修正されたディクソン・ドクトリンの継承が見られる。さらにいえば、このような国際的義務のない国際法規範についても、カナダによるイニシアティブが影響を与えたとしていることから、カナダの水準が国際水準に適合してきたと捉えている。

このように、2001年のACC事件では否定されたディクソン・ドクトリンが、本件では明確に継承された。ただし本件は「死刑」という問題を扱ったものであり、例外的なものである可能性もある。そのため、こうしたディクソン・ドクトリンの継承が別の事例においても継承されているかどうか、またその後の判例の展開にどのような影響を与えるのかを見ていく必要がある。そこで次に、国内法の文言について、憲章に基づく曖昧性の判断の場面でECHRなどを「参照」した、2004年のカナダ子ども・青少年と法財団（Canadian Foundation for Children, Youth and the Law、以下本書では「CFCYL」とする）事件最高裁判決を見ていくことにする。

（2）国内法の曖昧性について判断するための「参照」── CFCYL事件最高裁判決（2004年）
①事件の概要

本事件で問題となったカナダ刑法典第43条[106]は、両親や教師がその保護する関係にある子どもを矯正する目的があれば、合理的な力（force）を用いることができると規定しており、両親や教師がしつけを行う目的として、子どもに体罰（corporal punishment）を行うことを正当化していた。本件はCFCYLが、本規

---

105) *Canadian Foundation for Children, Youth and the Law v. Canada (Attorney General)*, [2004] 1 S. C. R. 76 [*CFCYL*].
106) *Criminal Code*, R. S. C. 1985, c. C-46. 刑法典第43条は次のように規定していた。「教職員、親または親と同等の地位にある者は、生徒や子どもに対して矯正（correction）する目的で、合理的な範囲を超えないように力（force）を行使することができる」。

定が権利および自由に関するカナダ憲章第7条、第12条、第15条1項に違反するとして、提訴した事件である。なお、下級審ではCFCYLの主張は退けられたため、同財団はカナダ最高裁に上訴した。最高裁では、刑法典第43条が憲章第7条に違反するかという点などが問題となった。

②連邦最高裁判決

まず最高裁で法廷意見を執筆したマクラクリン裁判官は、憲章第7条が規定する基本的正義の原則に、刑法典第43条が違反するかどうかを検討した。CFCYLの主張によれば、①「子どもに独立した手続的権利が与えられていなければならないこと」、②「子どもの最善の利益に適ったものでなければならないこと」、③「刑事法が曖昧で過度に広範であってはならないこと」が、基本的正義の原則に違反するかどうかの基準になるとし[107]、刑法典第43条はこれらの原則に違反すると主張した。そこでマクラクリンは、この3つの基準についてそれぞれ検討した。

まず子どもの独立した手続的権利が与えられているかという点について、刑法典第43条は子どもの利益を保障する手続を十分に保障しているため、憲章第7条違反とはいえないとした[108]。次に「子どもの最善の利益」は、国際法や国内法原則によって確立された概念であり、「子どもの権利条約[109]」などで保障された法原則であるが、基本的正義の原則には含まれないとした[110]。なぜなら、基本的正義の原則に含まれるためには、マルモ・リヴァイン事件[111]で示された、次の3つの基準を満たさなければならないためであるとした。その基準のひとつ目は、法原則でなければならないということであり、「憲章第7条の保障を内容とするもの」でなければならず、「政策決定」であってはならないことであるとした。そして2つ目は、議論の対象となる原則が「我々の社会における正義

---

107) *CFCYL, supra* note 105 at para. 4.
108) *Ibid.* at para. 6.
109) 外務省訳では「児童の権利に関する条約」、以下本書では「子どもの権利条約」とする。
110) *CFCYL, supra* note 105 at para 7.
111) *R. v. Malmo-Levine,* [2003] 3 S. C. R. 571 at para. 113.

第2章　憲法解釈における国際的義務のない国際法規範の「参照」の展開

の概念として不可欠のものである、もしくは根本的であること」について、十分なコンセンサスが得られていることであるとした。最後にその原則が、基本的正義との正確性（precision）を確保され、予測されうる結果を導く方法で適用されなければならないことであるとした[112]。ここで、マクラクリン裁判官によれば、「子どもの最善の利益」は以上の３つのうち、２つ目と３つ目の基準を満たさないとした。２つ目の基準については、我々の社会は、正義の執行にあたって、常に「子どもの最善の利益」をすべての事柄について優先的に考えているわけではなく、「子どもの最善の利益」が「不可欠（vital）のものである、もしくは根本的（fundamental）であること」について、十分なコンセンサスがあるわけではないとした[113]。また、３つ目の基準については、「子どもの最善の利益」を重視したとしても、結果として刑事的正義を確保できない場合も考えられるため、正確性が確保されていないとした[114]。このため、「子どもの最善の利益」に適うことは基本的正義の原則との適合性を判断する上で、考慮にいれる必要はないとした。最後の基準である曖昧性と過度の広範性についてCFCYLは、「合理的な範囲（reasonable under the circumstances）」という文言が過度に曖昧であり、広範囲であるとして、憲章第７条違反を主張した[115]。これに対してマクラクリン裁判官は、曖昧性と広範性を分けて検討した。

　まず曖昧性については、もしある法律が「法的議論や分析に十分な基準を提供していない場合」、つまり「危険の範囲を確定（delineate）していない」場合であり、「明確に理解できない場合」には、アド・ホックな裁量権行使を避けるために、その法律は違憲であるとした[116]。そして、刑法典第43条の「矯正（correction）する目的」と「合理的な範囲」について、まず「矯正する目的」とは、「教育・矯正のためのものであり、子どもの行動を制限・抑制したり、承

---

112) *CFCYL, supra* note 105 at para. 8.
113) *Ibid*. at para. 10.
114) *Ibid*. at para. 11.
115) *Ibid*. at para. 13.
116) *Ibid*. at paras. 15-18. なお、この点については、ノヴァスコシア薬学協会事件最高裁判決（*Nova Scotia, supra* note 11 at 639-640.）を参照。

諾しないことに関係するものである[117]」として、そこで用いられる力（force）は、そのような目的を意図したものでなければならないとした[118]。また、「合理的な範囲」については、まず刑法典第43条は「危害やその可能性」が生じる力の行使までは拡大解釈されない、つまり虐待などの危害やその可能性がある場合には刑法典第43条は適用されず、別の条文により処罰されるとした[119]。また、子どもに対する「合理的な」体罰がどこまで許されるかという点については、子どもの権利条約などのカナダの国際的な義務に従って（comply）解釈をすべきであるとして、「合理的な範囲」とは「子どもへの危害を避け、残虐で非人道的かつ品位を傷つけるような取扱いを含まないこと」であるとした[120]。さらに、体罰が起きた状況や社会的コンセンサス、専門的証拠、司法による解釈も総合的に考慮に入れる必要があり、その上で体罰を与えることによる危険性の範囲を確定する必要があるとした[121]。なおここでマクラクリン裁判官は、ヨーロッパ人権条約とECHRの判例を引用して、次のように述べている。

> ヨーロッパ人権条約第3条は非人道的な取扱いと品位を傷つける取扱いを禁じている[122]。A事件でECHRは、子どもに対する親の対応が本条の範囲内に含まれるかどうかを決定する際に、その評価は「子どもに対する対応の本質と文脈、その期間、その身体的、精神的影響、性別、年齢、被害者の健康状態などのような、当該事件の状況すべて」を考慮に入れてなされなければならないとした。これらの要素は、刑法典第43条が要求するように、子どもに対する矯正目的の体罰が将来的にどのような影響を与えるかという点に正確な焦点を当てている[123]。

マクラクリン裁判官は以上3つの基準を検討することで、刑法典第43条が憲章第7条に違反しないと結論付けた。そのため、憲章第1条の検討も必要ない

---

117) See. *Ogg-Moss v. The Queen*, [1984] 2 S. C. R. 173, at 193.
118) *Ibid.* at paras. 19-25.
119) *Ibid.* at paras. 26-30.
120) *Ibid.* at paras. 31-34.
121) *Ibid.* at paras. 35-44.
122) *A. v. United Kingdom* (1998), 1998-VI E. C. H. R. (Reports of Judgments and Decisions) 2699.
123) *CFCYL, supra* note 105 at para. 34.

とした。

③本判決の意義

本判決で重要な点は、憲章第7条の審査、つまり曖昧性の審査の過程において、子どもに対する「合理的な」体罰がどの程度まで許容されるかという判断にあたり、子どもの権利条約などのカナダの国際的な義務に従って解釈をすべきであるとした点にある。また、マクラクリン裁判官によればその「合理的な範囲」とは「子どもへの危害を避け、残虐で非人道的かつ品位を傷つけるような取扱いを含まないこと」であるとしたが、その他にも体罰が起きた状況や社会的コンセンサス、専門的証拠、司法による解釈も総合的に考慮に入れる必要があることを導くために、ヨーロッパ人権条約とECHRの判決を引用した点にある。しかし本件は、刑法典の文言の曖昧性の判断過程においてヨーロッパ人権条約等が「参照」されたのであり、憲章上の人権の保障範囲を確定する際に、ヨーロッパ人権条約等が「参照」されていない点には、留意が必要である。

ただし、本件とディクソン・ドクトリンを比較して検討すると、次のようになる。まず①国際人権条約を憲章解釈の補助とする点については、体罰の「合理的な範囲」という「不明確な概念を明確にする補助」として、ECHRの判決を引用しているため、ディクソン・ドクトリンに従った解釈方法を用いているようにも思われる。なお、ディクソン・ドクトリンの求めるところでは、憲章解釈の指針（guidance）であったが、マクラクリン裁判官は遵守（comply）という強い言葉を用いており、国内的拘束力を強調しているように思われる。次に②「一致の推定」については、マクラクリン裁判官がヨーロッパ人権条約やECHRの判決「の要素は、刑法典第43条が要求するように、子どもに対する矯正目的の体罰が将来的にどのような影響を与えるかという点に正確な焦点を当てている」と述べているように、刑法典第43条の解釈とECHRの判決によって導かれた結論を同様の趣旨であるとみなしている点において、「一致の推定」が図られているようにも思われる。ただしここでは、刑法典第43条の保障範囲とヨーロッパ人権条約の保障範囲を同程度にするという「一致」ではなく、刑法典の解釈方法とヨーロッパ人権条約の解釈方法を同様に行うという

第1部 憲法解釈における国際法規範の「参照」

「一致」であり、厳密にはディクソン・ドクトリンを用いているとはいえない。このように、本件においては、ディクソン・ドクトリンの方法に従った「参照」はなされているものの、国際的義務のない国際法規範の「参照」の根拠については、明確にされていない。またバーンズ事件では明確にディクソン・ドクトリンの継承がなされたが、本件においてはそれも明確になってはいない。この点について、その後の判決ではどのような展開を見せるのだろうか。次に拷問国への送還の合憲性が問題となり、ヨーロッパ人権条約が用いられたシャルカウィ事件最高裁判決を見ていく。

(3)拷問国への送還の合憲性——シャルカウィ事件最高裁判決（2007年）

①事件の概要

この事件の概要は次のとおりである。モントリオールのフランス人学校教師であったシャルカウィ（Adil Charkaoui、以下、「C」とする）は、モロッコ生まれで1995年にカナダの永住外国人としての地位を取得していた。また一方で、シリア出身のハーカット（Mohamed Harkat、以下、「H」とする）とアルジェリア出身のアルムレイ（Hassan Almrei、以下、「A」とする）は条約難民の地位を共に取得していた。しかしながら、カナダ安全情報局（Canadian Security Intelligence Service、以下本書では「CSIS」とする）からの情報提供によりテロへの関与（involvement）の疑いがかけられ、移民難民保護法（Immigration and Refugee Protection Act、以下本書では「IRPA」とする）による安全保障認証（security certification）手続により、それぞれ2003年、2002年、2001年から逮捕・勾留（de-

---

124) *Charkaoui v. Canada* (*Citizenship and Immigration*), [2007] 1 S. C. R. 350 [*Charkaoui*].
125) CSISは、Cに関しては、ビンラディンネットワークとの交流の嫌疑で、Hに関しては、アルカイダのスパイであるという嫌疑で、Aに関しては、彼の活動が戦闘によってオサマビンラディンとその思想に献身しようとする者であるという嫌疑で捜査を行っていた。
126) IRPAによる安全保障認証手続については、山本健人「危険人物認証制度（Security Certificate）の「司法的」統制——対テロ移民法制における手続的公正」大沢秀介・新井誠・横大道聡編『変容するテロリズムと法——各国における〈自由と安全〉法制の動向』（弘文堂、2017年）218頁以下を参照。

tention) されることとなった。なお、全員本国に送還されると拷問の危険にさらされる可能性があると指摘されていた。そして、IRPA に基づく証明書の発行について、2001年に連邦高裁により A の認証は合憲とされ、2005年には、H の認証が合憲とされているが、C の認証は未解決とされていた。C と H は、2005年と2006年にそれぞれ条件付で釈放とされるも、A はアルジェリアに送還すべきとされ、未だ係争中であり勾留されていた。

3名はそれぞれ IRPA 上の認証手続と、勾留の審査手続きが違憲であるとして、上訴した。最高裁で問題となった主要論点は、IRPA による認証方法が憲章第7条に違反するかという問題と、IRPA に基づく勾留が憲章第9条に違反するかという問題である。なお本事件で最高裁は、この3名が個別に提起した事件をひとつの事件として判決を下した。

②連邦最高裁判決

ひとつ目の論点について、本判決を執筆したマクラクリン裁判官は、まず憲章第7条が規定する基本的正義の原則が、出入国問題にも適用されるかという問題を検討した。彼女は、近年の判例を次のように引用してこの回答を行った。スレッシュ事件最高裁判決において、「特別の事情を除いて、拷問国への送還は一般的に憲章第7条の基本的正義の原則に反する」とされたこと[127]、またジャバラー照会事件において、「拷問国への送還について例外を設けることはできない」とされたこと[128]から、拷問国への送還は第7条に違反するとした。そして、第7条の問題は刑事事件についてのみ適用されるべきではなく、移住問題や、出入国問題にも適用されるべきであると結論付けた[129]。次に、どのような安全保障上の理由がある場合に勾留ができるのかという点に関しては、安全保障に基づく緊急事態には、第7条で保障される基本的正義の原則に例外を設ける必要性が出てくるが、第7条の核心部分は手続的保障でありそれを侵害することはできないとした[130]。最高裁によれば、この核心部分が否定された例とし

---

[127] *Suresh v. Canada（Minister of Citizenship and Immigration）*, [2002] 1 S. C. R. 3 at para. 76.

[128] *Jaballah（Re）*, (2006) 148 C. R. R. (2d) 1, 2006 FC 1230.

[129] *Charkaoui, supra* note 124 at paras. 12-18.

第1部　憲法解釈における国際法規範の「参照」

て、米国からシリアに送られて拷問を受けた無実のテロ容疑者の事例を挙げた[131]。最後にその手続的保障がなされているかという問題について最高裁は、本件では公平な聴聞が与えられていないとして憲章第7条違反とした。つまり、同条を満たすには、情報開示や代理人との接見が保障されていなければならないが、IRPAには、聴聞と接見は含まれているが、安全保障上必要な情報やそれを得るための代理人との接見の機会が与えられていない。また、当該決定についての司法審査を行うことができない点からも、同条に違反するとした[132]。

以上のように、安全保障認証手続が憲章第7条に違反するとされたため、最高裁は第1条によってこの違反が正当化されうるかという審査に移行した。最高裁によれば、第1条は緊迫性と均衡性を要求するが、聴聞によって得られた情報の秘匿はこの要求を満たしていないため、IRPAに基づく同手続は個人の権利と抵触するとした。そのため同手続は、第1条によっても正当化されないとした[133]。ただし、海外で採用されているような代替措置（特別弁護人（special counsel）の利用）は、政府が重要情報を秘匿している間、個人を保護するためにIRPAで規定されていること以上の成果を例証しているとして、特別弁護人の導入を議会に対して示唆した[134]。

最高裁は次にIRPAに基づく勾留が憲章第9条に違反するかという問題を検討した。最高裁によれば、IRPAに基づく証明書は、外国人を安全保障、人権

---

130)　*Ibid.* at paras. 19-27.
131)　*Ibid.* at para. 26. この事例は、2002年9月に家族旅行を終えてアメリカからカナダに帰ろうとしていたシリア生まれのカナダ人、マハール・アラが、飛行機の乗り換えのためにニューヨークに立ち寄ったところで、アメリカ当局に拘束され取調べを受けた事例である。彼の容疑は確定されず起訴はされなかったものの、そのままシリアに国外追放され、約1年後の2003年10月、アメリカとシリア政府に解放され、ようやくカナダに帰ることができた。これについて最高裁は、「テロの主張に結合された強制送還」であると非難し、アメリカ当局がRCMPの情報を元に捜査していたという点から、安全保障上の理由についての広範性、適正な手続による情報収集の必要性を強調した。At paras. 26-27.
132)　*Charkaoui, supra* note 124 at paras. 48-64.
133)　*Ibid.* at paras. 66-87.
134)　*Ibid.* at paras. 69-72.

侵害、組織犯罪、重大な犯罪を理由とする勾留を行うための根拠であり、これによって勾留の正当性は一応認められるとした[135]。しかし、証明書が合理的であると認定されてからの120日間、勾留についての審査を認めていないIRPAの規定は、過度の勾留にあたるため憲章第9条に違反するとした。また違法な勾留の審査を求める権利を侵害するとして憲章第10条c号にも違反するとしたが[136]、この点については、次の点を付け加えた。「外国人は、人保護令状もしくは制定法体系のいずれかを通して、勾留が法律に準拠していることを迅速に審査することを要求する権利を有する。この原則は憲章第10条c号に含まれており、またこのことは国際的にも認識されている。……たとえばヨーロッパ人権条約第5条、スリヴェンコ事件ECHR判決……などである」とした[137]。

③本判決の意義

ここで本書において重要な点は、憲章第10条c号の解釈において、勾留の妥当性の審査を求める権利が導かれるという結論の補強として、ヨーロッパ人権条約とECHR判決を「参照」した点である。これをディクソン・ドクトリンと比較して検討すると、次のようになる。まず①国際的義務のない国際法規範を憲章解釈の補助とする点についてマクラクリン裁判官は、勾留の妥当性の審査を求める権利が憲章第10条c号に含まれることについて、ヨーロッパ人権条約やECHRでもこのことが採用されているとしており、結論を補強するために国際的義務のない国際法規範を用いている。そのため、厳密には憲章解釈の指針として用いたのではなく、結論の補強として「参照」されたと評価することができる。一方で、②「一致の推定」については、憲章第10条c号が保障する水準と国際的義務のない国際法規範が保障する水準の「一致」がなされている。

このように本件は、CFCFL事件最高裁判決と同様に、ディクソン・ドクトリンの明確な継承はなされておらず、むしろ、憲章を解釈することによって得られた結論を補強するために、国際的義務のない国際法規範が用いられている

---

135) *Ibid*. at para. 89.
136) *Ibid*. at para. 91.
137) *Ibid*. at para. 90.

と評価できる。次に本件と同じく ECHR を「参照」した、ナショナルポスト事件を見ていく。[138]

（4）ジャーナリストの情報源——ナショナルポスト事件最高裁判決
①事件の概要

本件の概要は次のとおりである。カナダの新聞社であるナショナルポストの記者 M は、当時首相であったクレティエンが連邦政府の資金を政府の銀行から不正に使用していたかどうかを調査していた。その調査内容は、彼の選挙区内にあるゴルフクラブに連邦政府の資金を融資していたというものであった。2001年 M は、クレティエンの不正使用に関する文書が含まれた封筒をある情報提供者から受け取り、そのコピーを銀行、首相の事務所、そして首相の弁護士宛に送った。これに対して銀行は、その文書が偽造されたものであるとして、RCMP に訴えた。そこで RCMP は M と面会し、書類の引渡しを求めたが、M がこれを拒否したため、捜査令状を裁判所に申請することを予定していた。しかしナショナルポストは、情報源を開示する令状は憲章に違反する可能性があるため、令状の発付についての聴聞会に出席することを要求した。これに対して、裁判所が同社への通知なく当該文書を提出するための令状を発付したため、同社はジャーナリストの情報源の機密性について、憲章第2条の下で特権が認められるということを理由に提訴した。

②連邦最高裁判決

最高裁で法定意見を執筆したビニー裁判官（William Ian Corneil Binnie）は、まず報道機関による情報源の秘匿を保護するための憲章上の権利はないとした。[139]つまり、報道機関にも表現の自由が憲章によって保障されており、取材の自由も表現の自由に含まれることは認めながら、報道機関の取材は様々な手法が用いられており、これらすべてを憲章上保護することはできないとした。[140]また、カナダの裁判所はそのような憲章上の特権を付与することに対して、消極的であることを示した。[141]

---

138) *R. v. National Post*, [2010] 1 S. C. R. 477 [*National Post*].
139) *Ibid*. at paras. 37-41, 93, 114.
140) *Ibid*. at para. 38.

第2章　憲法解釈における国際的義務のない国際法規範の「参照」の展開

そして次に、ジャーナリストの情報源について、それをコモン・ロー上の「クラス特権 (class privilege)」[142]として理解すべきかどうかが審査された。ビニー裁判官はこの点についても否定した。その根拠として、まずこの特権は司法による真実の探求を妨害する可能性があることから、このような新たな特権を付与するためには立法府によって創設されなければならないこと[143]、また他のコモン・ロー国ではこのような特権が否定されていること[144]を挙げた。そこで同裁判官は、ジャーナリストと情報提供者の関係について、これが「ケースバイケース特権 (case-by-case privilege)」に当たるかを審査し、この特権を付与するためには次の4つの基準が必要であるとした。つまり、①機密性の確保が約束された上で情報交換がなされていること、②機密性が開示の前提条件となっていなければならないこと、③ジャーナリストと情報提供者の関係が、公共財として「慎重かつ誠実に (sedulously)」培われたものであること、④情報提供者の身元を保障することによって得られる利益が、真実の探求によって得られる利益を上回る必要性があることである[145]。そして、第4の点についてビニー裁判官は、ジャーナリストと情報提供者の間に完全な機密性を保障することはできず、虚偽の情報の伝達を防止するためには、RCMPによる捜査権限が重要であることを強調した。ここで、本件がケースバイケース特権に当たるかという点についてビニー裁判官は、始めの3つの要件は満たすが、第4の要件について本件では、文書の偽造か否かの捜査を正当化することに重点を置くべきであるとして、本件におけるジャーナリストと情報提供者に特権を認めることはできないとした[146]。またケースバイケース特権の④の基準について、サノマ事件[147]

---

141) *Ibid*. at para. 39.
142) クラス特権とは、ある特定の関係に適用され、その関係内で発生するすべての通信の秘密が確保されるというものであり、たとえば、弁護士と依頼者の間の秘匿特権がこれに含まれるとされている。*Ibid*. at para. 42.
143) *Ibid*. at para. 42.
144) *Ibid*. at para. 43, 47.
145) *Ibid*. at paras. 53, 56-58.
146) *Ibid*. at para. 62.
147) *Ibid*. at paras. 70-77, 93, 115.

第1部　憲法解釈における国際法規範の「参照」

ECHR 判決を「参照」した。サノマ事件は、「Autoweek」というオランダの雑誌社から、情報提供者と情報源の秘匿を約束して、違法に撮影された写真が収録されている CD-ROM を押収した事件であり、裁判所が機密性の保護を強調してしまうことで、警察が押収を控える可能性を認定しつつも、秘匿の違反を認定した事件である。またこの事件では、すべての情報交換において警察による捜査が可能となるわけではなく、事件の事実に依存すること、ジャーナリストの特権を保護することによって提供される利益と、当該犯罪の捜査によって提供される利益の衡量は妨げられないことが示された。この判決を引用しながら、ビニー裁判官は次のように述べた。このような基準は「第4の基準に近い。……したがって、私の見解では、ストラスブールの判決は、控訴人に大きな支持を与えるものではない。……サノマ事件は本件に極めて近い事件である。ECHR がジャーナリストの情報源についての特権を、表現の自由を定めたヨーロッパ人権条約第10条から導いたことは事実であるが、それはヨーロッパ人権条約が法源であるためである。したがって、私はジャーナリストの情報源についての特権を憲章第2条b項に見出すことはできないが、コモン・ローにおいてその特権を見出すことができる」とした。

③本判決の意義

本判決において重要な点は、サノマ事件 ECHR 判決で用いられた基準が本件において用いられた基準と類似性が高く、この基準の妥当性を述べた点である。そして、ジャーナリストの情報源についての特権が、カナダの法源であるコモン・ローから導かれるという結論を補強した点である。これをディクソン・ドクトリンと比較して考察すると、まず①国際的義務のない国際法規範を憲章解釈の補助とする点について最高裁は、ケースバイケース特権の第4の基準がサノマ事件 ECHR 判決と類似していることを挙げているため、シャルカウィ事件と同様に、結論を補強するために国際的義務のない国際法規範が「参照」されている。ただし注意すべき点は、憲章第2条b号がケースバイケー

---

148) *Sanoma Uitgevers B. V. v. The Netherlands* (2010), 1284 E. C. H. R.
149) *National Post, supra* note 138 at paras. 67-68.

ス特権をも含むものではないとしたことであり、それをコモン・ロー上の特権とした結論を、サノマ事件に言及しながら補強した点である。一方で、②「一致の推定」については、結果として憲章第10条 c 号が保障する水準と国際的義務のない国際法規範が保障する水準の「一致」がなされているため、ディクソン・ドクトリンによる手法を用いたものとも考えられる。ただしここでも注意すべき点は、憲章解釈においては、「不一致」であることである。そのため本件における国際的義務のない国際法規範への言及は、厳密には憲章との「一致」ではなく、コモン・ローとの「一致」がなされたものであるといえる。

3 本節のまとめ

以上、ACC 事件におけるディクソン・ドクトリンの否定という極めて重要な指摘を出発点として、2001年のバーンズ事件最高裁判決から2010年のナショナルポスト事件最高裁判決までを見てきた。本章で紹介した判決をまとめると、次のようになる。

まずバーンズ事件では、明確なディクソン・ドクトリンが用いられており、ACC 事件とは対照的な判断をしている。また、「死刑に対する国際的動向の存在は、カナダと比較可能な司法に対する審査において有用 (useful) である」として、国際的動向が有用であることも示された。これに対して、CFCYL 事件最高裁判決では、ディクソン・ドクトリンの方法に従った引用はなされているものの、国際的義務のない国際法規範の「参照」の根拠については明確にされていない。また、国際的義務のない国際法規範への言及についても、①国際法規範を憲章解釈の補助とする点については、ディクソン・ドクトリンに従った解釈方法を用いているものの、②「一致の推定」については、刑法典第43条の解釈方法とヨーロッパ人権条約の解釈方法を同様に行うという「一致」であり、厳密にはディクソン・ドクトリンを用いているとはいえない。その後、2007年のシャルカウィ事件最高裁判決においては、CFCYL 事件最高裁判決と同様に、ディクソン・ドクトリンの明確な継承はなされておらず、憲章を解釈することによって得られた結論を補強するために、国際的義務のない国際法規範への言及がなされた。そして、その傾向は2010年のナショナルポスト事件最

第 1 部　憲法解釈における国際法規範の「参照」

高裁判決においても継承されている。

　このように2001年以降の判例を見ると、ディクソン・ドクトリンを明確に継承したのはバーンズ事件のみであり、その後の判例では、ディクソン・ドクトリンについての言及がなされておらず、また憲章を解釈することによって得られた結論を補強するために、国際的義務のない国際法規範を用いた事例が続いている。また本書で取り上げたカナダの最高裁判決以外にも、1982年以降の国際的義務のない国際法規範を「参照」した判決は数件ある。ただし、そのすべてにディクソン・ドクトリンへの言及がなされているわけではなく、また国際的義務のない国際法規範がアメリカ合衆国最高裁の判決の引用と並列的に引用されている判決や、カナダが締約国となっている国際法規範と並列的に引用されている判決、単なる言及がほとんどである。また解釈指針ではなく、結論を補強するための国際的義務のない国際法規範への言及を行う判決が多い点についても、留意が必要である。

　以上のような最高裁判例の展開を通して、カナダにおける「参照」にはどのような意義を見出すことができるのであろうか。また憲章制定以降の国際的義務のない国際法規範の「参照」について、どのような正当化根拠を見出すことができるであろうか。さらに、憲章解釈によって得られた結論を補強するために、国際的義務のない国際法規範が用いられている近年の傾向については、どのように評価することができるであろうか。

---

150)　カナダ最高裁の判決はインターネット上で利用することができ、キーワード検索を行うことが可能である。Online: Judgments of the Supreme Court of Canada〈https://scc-csc.lexum.com/scc-csc/en/nav.do〉. たとえば、本サイトの検索欄に「European Convention for the Protection of Human Rights and Fundamental Freedoms」と入力すると、2017年10月23日現在で、85件の検索結果が出てくる。ただしこれらの判決のうち、本書で取り上げた判決以外は、ほとんどが国際法規範に単に言及するに過ぎないものが多い。なお、本書で掲載するウェブ上の資料の最終閲覧日はすべて、2017年12月6日である。

3 カナダ最高裁判決における国際的義務のない国際法規範の「参照」傾向と類型

1 カナダ最高裁による国際的義務のない国際法規範の「参照」傾向

これまで見てきたように、憲章が制定されて以来、カナダ最高裁は様々な方法で国際的法規範を国内法に読み込む作業を行ってきた。まず1987年に採用されたディクソン・ドクトリンは、憲章解釈において国際的法規範による保護と同程度の保護を行うべきであるという判断を示した。そしてその後、それは国際的義務のない国際法規範の「参照」においても用いられるようになった。つまり、国際的義務のない国際法規範が憲章解釈にあたっての指針となることが明示された。しかしその後、1990年代以降の最高裁判決を見てみると、国際的義務のない国際法規範の「参照」手法は、必ずしもディクソン・ドクトリンのような手法だけではなくなる。すなわち、1992年のノヴァスコシア薬学協会事件や1995年の児童支援協会事件のように、憲章の解釈指針として国際的義務のない国際法規範を「参照」することを示した場合もあれば、2004年のCFCYL事件のように、「考慮要素の提供」として用いる場合、1991年のキンドラー事件におけるマクラクリン裁判官の賛成補足意見、1993年のロドリゲズ事件や2001年のバーンズ事件、トムソン新聞社事件、2007年のシャルカウィ事件などのように、結論の補強として「参照」した、またはその可能性がある場合など多種多様である。また2001年のACC事件におけるバスタラシェ裁判官の反対意見や、2010年のナショナルポスト事件におけるビニー裁判官の法廷意見に見られるように、国際的義務のない国際法規範自体の「参照」について、否定的な見解も見られる。さらに、国際的義務のない国際法規範が用いられた判決は、それぞれ違憲・合憲という判断との関連性も見られない。もっといえば、本章で取り上げた判決以外にも、国際的義務のない国際法規範に言及した事例はあるが、単なる文言や概要の「参照」にとどまるものもあり、その「参照」

---

151) *PSERA, supra* note 3.

第1部　憲法解釈における国際法規範の「参照」

の傾向については不明確な点も多い。そのため、最高裁の判断は非常に不安定で不明確なものという指摘[152]や、裁判所が国際法規範を用いた際に発生した混乱は、司法を理解しにくくさせているという指摘[153]などがなされている。さらに、いつ、そしてなぜ国際法規範が考慮されるかが不明である点や、国際法規範への言及が原則化されていないため、裁判所が憲章事例で国際法規範をどのように使用しうるかという深い考慮がなされていない点を指摘する見解[154]もある。このように最高裁による判断の不明確性については、多くの指摘がなされているが、ここまで見てきた最高裁判例からは、少なくとも以下で見ていくような傾向が見られる。

(1)「参照」の対象

カナダ最高裁は、特に憲章を対象として国際法規範の「参照」を行ってきたが、カナダ最高裁が「参照」を行ってきた対象は他にもあり、制定法解釈の場面における「参照」[155]や行政裁量の統制の場面における「参照」[156]などが挙げられる。実はこうした「参照」においても最高裁は、非常に積極的な姿勢を示している。また、本章において焦点を当ててこなかった国際的義務のある国際法規

---

[152] Anne F. Bayefsky, *International human rights law : Use in Canadian Charter of Rights and Freedoms litigation*（Toronto and Vancouver: Butterworths, 1992）at 95.

[153] Stephen J. Toope, "Keynote Address: Canada and International Law" in C. C. I. L., ed., *The Impact of International Law on the Practice of Law in Canada- Proceedings of the 27th Annual Conference of the Canadian Council on International Law Ottawa, October 15-7, 1998,*（Hague: Kluwer Law International, 1999）33 at 37.

[154] Hudson, *supra* note 5 at 328.

[155] 制定法解釈の場合には、特にその曖昧な規定を明確化するための「参照」がなされている。See *National Corn Grower's Association v. Canada（Import Tribunal）*, [1990] 2 S. C. R. 1324. この事件は、政府が「1947年の関税及び貿易に関する一般協定（GATT）」を国内法化した1984年の特別輸入基準法（Special Import Measures Act: SIMA）に基づいて、アメリカ産とうもろこしに助成金を支出していたが、この相殺関税の保護がない州の輸入において被害が発生していため、国家とうもろこし栽培者連合（National Corn Grower's Association）が国を相手取ってこの相殺関税が不当であるとして提訴した事件である。本件で最高裁判所は、SIMAがGATTを実施したものであり、国内法の曖昧性を条約適合的に審査することは必要かつ有用であり、「国際的な義務と調和するように解釈されなければならない」とした。At 1371.

第 2 章　憲法解釈における国際的義務のない国際法規範の「参照」の展開

の「参照」についても、実際はその憲章解釈の場面において重要な判断が下されている。たとえば、スレッシュ事件最高裁判決が挙げられる。

同事件はスリランカの市民権を持ち、難民認定されていたスレッシュが、タミール・イーラム自由の虎 (Liberation Tiger of Tamil Eilam: LTTE) のメンバーである等の嫌疑により、国外退去命令を受けたため、それを不服として提訴したものである。同事件では、旧移民法上「カナダの安全保障に危険」がある場合に、拷問国への送還が認められることから、これが憲章第7条にいう根本的正義の原則に反するのではないかという問題について、同条によって拷問の禁止が保障されているとしても、国家の安全を脅かす「例外的な事情がある場合」には、拷問国への送還も許され、こうした理解から移民法第53条1項b号は合憲であるとされるとした。ここで最高裁は、「憲章第7条が規定する基本的正義の原則や憲章第1条において正当化される権利の制限は、国際法規範から孤立して検討することはできない」とし、「同法と憲章を完全に理解するためには、国際的な視野を考慮する必要がある」とした。また、カナダでは国際法規範が法律によって制定されない限りカナダを拘束するものではないことを確認しつつ、「カナダ憲法 (Canadian Constitution) の意味を求める際には、それが国際法規範から導かれる可能性がある」とした。

---

156) *Baker v. Canada (Minister of Citizenship and Immigration),* [1999] 2 S. C. R. 817. この事件は11年間に及ぶ一時滞在の結果、超過滞在等を理由に国外退去命令を受けたベイカーが、その滞在中に生まれた子どもの「最善の利益」を出入国管理官が考慮するべきであると主張した事件である。最高裁は「国際人権法を反映した価値は、制定法解釈や司法審査における文脈的アプローチを導くのに役立つであろう」とし、そうした価値や原則は子どもの「最善の利益」の重要性を示していることなどを指摘している。At paras. 70-71. なお、本件については、村上正直「カナダの出入国管理行政における子どもの利益の一端――カナダ連邦最高裁判所 Baker 判決を中心に」藤田久一他編『人権法と人道法の新世紀』(東信堂、2001年) 119頁を参照。

157) *Suresh, supra* note 127.
158) *Immigration Act,* R. S. C. 1985, c. I-2.
159) *Suresh, supra* note 127 at paras. 100-112.
160) *Ibid.* at para. 59.
161) *Ibid.* at para. 60.

99

第1部　憲法解釈における国際法規範の「参照」

このようにして、拷問等禁止条約では拷問国への送還は絶対的に禁止されるところ、カナダ最高裁は一面ではそれを尊重する姿勢を示した。しかし本件で重要な点は、こうした一面がありつつも、国家の安全を脅かすような例外的な状況においてはそれを認めると結論付けており、拷問等禁止条約に適合しないような「参照」がなされたことである[162]。すなわち、本件は一般的に国際法規範を解釈指針としうることを示唆しつつも、特に拷問等禁止条約についていえば、それとは異なる判断が下されたことになる。もっとも同事件では、最終的に情報開示や口頭審問、十分な告知、理由書面の提示がなされない手続きは憲章第7条にいう手続的正義に反するとしている。

（2）「参照」の対象となる憲章条文の傾向

このようにACC事件だけではなく、また同事件と同じ時期に提起されたスレッシュ事件最高裁判決においても、明示的にではないものの、結論において国際法規範に適合的ではない「参照」がなされている。しかし、こうした事例以降も、カナダ最高裁は国際法規範について、結論の補強という形で「参照」を繰り返している。

ここで、最高裁が「参照」の対象とした憲章条文を見てみると、主に基本的自由を定めている第2条や、基本的正義の原則を定めている第7条、そして権利・自由の保障とその限界を定めた一般的制限条項である第1条の解釈において、国際的義務のない国際法規範が「参照」されていることがわかる。

まず憲章第2条に関しては、表現の自由が問題となったトムソン新聞社事件、結社の自由が問題となったACC事件、記者の特権が問題となったナショナルポスト事件が挙げられる。また憲章第7条に関しては、死刑執行国への犯罪人引渡が問題となったキンドラー事件とバーンズ事件、自殺幇助が問題となったロドリゲズ事件、宗教上の理由による輸血拒否が問題となった児童支援協会事件、子どもに対する矯正目的の体罰が問題となったCFCYL事件、そして拷問国への送還が問題となったシャルカウィ事件が挙げられる。最後に憲章

---

[162] 阿部浩己「要塞の構築——カナダの難民法制をみる（特集2 難民保護のフロンティア）」法学セミナー49巻12号（2004年）58-61頁。

第2章　憲法解釈における国際的義務のない国際法規範の「参照」の展開

第1条については、漠然性の法理が問題となったノヴァスコシア薬学協会事件が挙げられる。

①憲章第2条に関する「参照」

憲章第2条に関して、まずトムソン新聞社事件でバスタラシェ裁判官は、表現の自由と選挙権を区別するべきであるという理解は、ECHRの判決においても採用されていることを示した[163]。また、ACC事件でルベル裁判官は、結社しない自由の定義付けの補強の際に、国際的義務のない国際法規範を用いた[164]。さらにナショナルポスト事件でビニー裁判官は、記者の特権を憲章第2条b項から導くことができるかという問題について、ECHRとは異なった結論を導いた[165]。このように、憲章第2条が問題となった事例を整理すると、その権利の保障範囲を確定する際に、国際的義務のない国際法規範が「参照」されてきたように思われる。さらにナショナルポスト事件以外の事件では、それらの基準に従った「参照」をしているように思われる。

②憲章第7条に関する「参照」

次に、国際的義務のない国際法規範が最も用いられた憲章第7条の解釈について、まずキンドラー事件でマクラクリン裁判官は、アメリカ合衆国への法務大臣の引渡決定が、憲章第7条に違反するかという点について、大臣の決定が国際的にも容認されていることについて、国際的義務のない国際法規範を「参照」した[166]。さらにロドリゲズ事件でソピンカ裁判官は、「自殺を援助、幇助、助言または斡旋する行為……の規制は生命保護という公共の利益によって正当化される」というイギリス自殺法についてのヨーロッパ人権委員会の決定を引用し、自殺幇助の禁止が憲章第7条違反に当たらないことを導いた[167]。そして児

---

163) *Thomson Newspapers, supra* note 51 at paras. 83-84.
164) *ACC, supra* note 9 at para. 250. ただし、バスタラシェ裁判官は、「憲章第2条d号の解釈においてヨーロッパ司法の解釈は必要ではない」として、国際的義務のない国際法規範の「参照」を行わなかった。At para. 251.
165) *National Post, supra* note 138 at paras. 67-68.
166) *Kindler, supra* note 21 at 856. なお、反対意見を述べたコリー裁判官は、ヨーロッパ人権委員会の決定を「参照」することで、憲章第12条の適用範囲を広げるべきであるとした。At 820-824.

童支援協会事件でラマー裁判官は、「憲章起草者の意図した憲章第7条の『自由の権利』という表現の解釈にあたって、追加的指示を提供していると信じている」と判断し、バーンズ事件では死刑の合憲性について国際的動向に言及することの有用性を述べた。さらに CFCYL 事件でマクラクリン裁判官は、子どもへの体罰が憲章第7条で保障される合理的な範囲に含まれるかを判断する際に、国際的義務のない国際法規範を「参照」した。最後にシャルカウィ事件でマクラクリン裁判官は、送還の認証手続きと勾留の審査手続きを要求する権利が憲章から導かれることを示す際に、国際的義務のない国際法規範を用いた。以上の点を整理すると、憲章第7条についても、その解釈においては、ほぼ権利の保障範囲の確定の際に国際的義務のない国際法規範を用いていることがわかる。さらに、キンドラー事件では、憲章第12条の適用範囲の確定に際しても、国際的義務のない国際法規範が用いられており、こうした傾向を見てみると、国際的義務のない国際法規範の「参照」は広く憲章上の権利の保障範囲を判断する際の材料として用いられているという点が明らかになる。

③憲章第1条に関する「参照」

最後に憲章第1条については、ノヴァスコシア薬学協会事件で ECHR の判例が「参照」されている。同事件でゴンサー裁判官は、憲章第1条の文言がヨーロッパ人権条約などと非常に類似しており、それら国際的義務のない国際法規範は憲章の「文言に実質的な内容を与えてくれる」とし、さらに「ECHR の判例はこの問題における大変価値のある指針であ……る」とした。こうした判断を踏まえるならば、最高裁はスレイト・コミュニケーション株式会社事件最高裁判決でも述べたように、憲章第1条の判断に関しても、国際法規範が与える影響を考慮していることがわかる。

---

167) *Rodriguez, supra* note 42 at 602-603.
168) *CASMT, supra* note 61 at para. 38.
169) *Burns, supra* note 31 at para. 92.
170) *CFCYL, supra* note 105 at para. 34.
171) *Charkaoui, supra* note 124 at para. 90.
172) *Nova Scotia, supra* note 11 at 636-637.

④まとめ

このように最高裁は、憲章の権利の保障範囲を確定する際、また権利の制限が正当化されうるかを判断する際に、国際的義務のない国際法規範（およびその実施機関による判断）を「参照」している。ただし、最高裁の「参照」には解釈指針や結論の補強など憲章解釈の内容を決定するような「参照」もあれば、単なる言及にとどまる「参照」など、国際法規範に依存するレベルが分かれているように思われる。それは、たとえある行為が憲章条文の保障範囲に含まれるという結論が導かれたとしても、国際的義務のない国際法規範の「参照」方法（解釈指針とするか単なる言及にとどまるか）が判決によって異なるからである。そこで次に、カナダにおけるこうした「参照」方法の傾向を探ってみたい。

(3) 国際的義務のない国際法規範の「参照」方法の傾向

まずは最高裁による国際的義務のない国際法規範の「参照」方法の傾向を、1991年のキーグストラ事件最高裁判決[173]で示された、修正されたディクソン・ドクトリンとの比較を通じて整理してみたい。これまで見てきた事例を見てみると、1991年のキーグストラ事件最高裁判決で述べられた、①修正されたディクソン・ドクトリンを継承したと見られる事例、②結論の補強として引用したことが明確な事例、③ディクソン・ドクトリンを採用していない事例に分類することができる。ここで①については、国際的義務のない国際法規範を「参照」するにあたって、憲章解釈の補助と「一致の推定」を求める事例であり[174]、憲章解釈を国際的義務のない国際法規範によって縛る強度が他の事例に比べて強いと思われる事例である。言い換えれば、憲章解釈における国際的義務のない国際法規範の国内的効力が「濃い」[175]事例である。特に①については、1990年代から2000年代初頭において登場し、近年にかけてはあまり見られない事例である。

---

173) *Keegstra, supra* note 7.
174) ディクソン・ドクトリンを継承するということは、①国際的義務のない国際法規範を憲章解釈の補助とすること、また②国際的義務のない国際法規範上の保護と、少なくとも同程度の保護を提供しているものと推定すべきことを継承するということである。

第1部　憲法解釈における国際法規範の「参照」

まず①のディクソン・ドクトリンを継承したと思われる事例としては、1991年のキンドラー事件におけるコリー裁判官の反対意見、1992年のノヴァスコシア薬学協会事件におけるゴンサー裁判官の法廷意見、1995年の児童支援協会事件におけるラマー裁判官の賛成補足意見、2001年のバーンズ事件、2004年のCFCYL事件におけるマクラクリン長官の法廷意見が挙げられる。

1991年のキンドラー事件においてコリー裁判官は、ECHR、ヨーロッパ人権委員会の決定と「同じ根拠がカナダの文脈においても適用されるならば、逃亡者引渡決定は、憲章第12条に違反する」とした。本事件では、ECHR やヨーロッパ人権委員会の判断を憲章解釈の補助として「参照」し、特に憲章第12条の解釈の適用範囲を広げるための補助とし、さらに同条の解釈においても同様の手法で解釈すべきであることを示した。また1992年のノヴァスコシア薬学協会事件においてゴンサー裁判官は、「ECHR の判例はこの問題における大変価値のある指針であ」るとし、ECHR の判決と一致する解釈を行った。さらに、児童支援協会事件におけるラマー裁判官の賛成補足意見では、ヨーロッパ人権条約や ECHR の決定などのように「少なくとも国際人権文書が、憲章起草者の意図した憲章第7条の『自由の権利』という表現の解釈にあたって、追加的指示を提供していると信じている」とし、同条の保障範囲を「身体的な自由」に限定した。そして2001年のバーンズ事件では、ヨーロッパ犯罪人引渡条約を引用しながら、「死刑に対する国際的動向の存在は、カナダと比較可能な司法に対する審査において有用である。この死刑に対する動向は適切な結論を導くことを支援する」とした。さらに2004年の CFCYL 事件におけるマクラクリン長官の法廷意見では、子どもに対する「合理的な」体罰の「範囲」を確定するにあたって、ECHR の判断をその考慮要素として用いた。

---

175) なお、国際的義務のない国際法規範の国内的効力の問題については終章にて検討を行うが、ここではさしあたり、国内的効力の有無で表現することは避け、「濃度」で例えることとする。
176) *Kindler, supra* note 21 at 823-824.
177) *Nova Scotia, supra* note 11 at 636-637.
178) *CASMT, supra* note 61 at para. 38.
179) *Burns, supra* note 31 at para. 92.

第2章　憲法解釈における国際的義務のない国際法規範の「参照」の展開

これらの事例は、国際的義務のない国際法規範を積極的に用いているという意味においてはディクソン・ドクトリンを継承したものと考えられる。ただし、個別事例を具体的に考察していくと、必ずしもディクソン・ドクトリンを継承したとは考えられないものも含まれていることには注意が必要である。ディクソン・ドクトリンを明確に引用した2001年のバーンズ事件のほか、1991年のキンドラー事件におけるコリー裁判官の反対意見、1992年のノヴァスコシア薬学協会事件におけるゴンサー裁判官の法廷意見は、ディクソン・ドクトリンを明確に継承したと考えられるが、その他の事例を見ると、必ずしも解釈指針であることを指摘した修正版のディクソン・ドクトリンを継承したとはいえない事例もある。1993年のロドリゲス事件、1998年のトムソン新聞社事件におけるバスタラシェ裁判官の法廷意見、2001年のACC事件におけるルベル裁判官の多数意見は、この点について最も判別が難しい事例である。1993年のロドリゲス事件では、「自殺を援助、幇助、助言または斡旋する行為は、プライヴァシー概念には含まれず、その行為の規制は生命保護という公共の利益によって正当化される[181]」というヨーロッパ人権委員会の決定を「参照」した上で、自殺幇助の禁止がプライヴァシー侵害に当たらないことを導いた。ただし、本判決では自殺幇助規制の利益を同委員会の決定をもって説明しているわけではなく、自殺幇助がプライヴァシーの概念に含まれないという結論を導くための「参照」とも捉えうるため、ディクソン・ドクトリンを継承したと断言することはできない。また、1998年のトムソン新聞社事件におけるバスタラシェ裁判官の法廷意見では、「有権者が合理的に投票するために必要な」情報へのアクセスを保護するものとして、選挙権の意味をECHRの判決と同様に限定的に捉えた[182]。ただし本判決も、国際的義務のない国際法規範を憲章解釈の補助として用いる際の根拠が提示されず、結論の補強のための「参照」であるとも捉えられる。そのため、修正されたディクソン・ドクトリンを継承したと断言することはできない。さらに2001年のACC事件におけるルベル裁判官の

---

180)　*CFCYL, supra* note 105 at para. 34.
181)　*Rodriguez, supra* note 42 at 602-603.
182)　*Thomson Newspapers, supra* note 51 at paras. 83-84.

多数意見は、ECHRの判断を「憲章第2条d号の解釈を裏付ける」ものであるとしても、「ヨーロッパ司法が決定的であるとはいえない」とし、同判断は憲章解釈を補強するためのものであり、解釈指針とまではいえないことを示した。そのため、本判決についてもディクソン・ドクトリンを継承したと断言することはできない。

このようなディクソン・ドクトリンを継承したと思われる事例に対して、近年の傾向を見てみると、②結論の補強として引用したことが明確な事例、③ディクソン・ドクトリンを採用していない事例も見られる。つまり、権利の保障範囲の確定を行う際に、裁判官が解釈して導いた結論の補強のために、国際的義務のない国際法規範を「参照」した事例や、そもそも憲章によって十分保障することが可能であるとの理由から、条約の「参照」自体を否定する事例などがある。まず、②結論の補強として引用したことが明確な事例としては、1991年のキンドラー事件におけるマクラクリン裁判官の賛成補足意見、2007年のシャルカウィ事件の同裁判官による法廷意見は、いずれも国際的義務のない国際法規範を結論の補強として用いたと考えられる。

まずキンドラー事件で賛成補足意見を述べたマクラクリン裁判官は、「裁判所が軽率に引渡決定の執行を妨げるべきではないということを裏付けている」としたが、「裏付け」という言葉が示しているように、結論の補強である。また2007年のシャルカウィ事件では、勾留の妥当性の審査を求める権利が憲章第10条c号に含まれることを裏付けるために、ヨーロッパ人権条約やECHRでもこのことが採用されているとしており、結論を補強するために国際的義務のない国際法規範を「参照」している。

このように結論の補強としたことが明確な事例を見ると、キーグストラ事件において修正されたディクソン・ドクトリンと比較した際に、非常に消極的な「参照」方法を行っていることが明らかになる。ただし、これらの事件に対して2000年以降は、③国際的義務のない国際法規範に否定的な判決も登場する。

---

183) *ACC, supra* note 9 at para. 251.
184) *Kindler, supra* note 21 at 856.
185) *Charkaoui, supra* note 124 at para. 90.

第 2 章　憲法解釈における国際的義務のない国際法規範の「参照」の展開

それが2001年の ACC 事件であり、この事件でバスタラシェ裁判官はその反対意見のなかで、「憲章第 2 条 d 号の解釈においてヨーロッパ司法の解釈は必要ではない。なぜならそれは同号によって十分保障されるという私の見解と矛盾しないからである」として、明確に国際的義務のない国際法規範の「参照」を否定した。[186] またこのような「参照」を行うこと自体に対しても、この裁判所がすべきことはヨーロッパ人権条約を引用するなど欲深く引用することではなく、判断を慎重に行い、分別をつけることが必要であるとした。[187] さらに、2010年のナショナルポスト事件でビニー裁判官は、記者の特権を国際的義務のない国際法規範から導くことはできないと判断した。これらの事例、特に2001年の ACC 事件におけるバスタラシェ裁判官の反対意見を見ると、ディクソン・ドクトリン自体に対しての否定がなされている。そしてその根拠として、憲章によって十分保障可能であることが示された。

　以上のことを整理すると表のようになる。1990年代当初から用いられてきたディクソン・ドクトリンは、①それを継承したと思われる国際的義務のない国際法規範の「参照」に積極的な事例から、②結論の補強、③否定的な「参照」を行った事例があるように、カナダ最高裁判決の中でも変容している。このことを年代によって整理すると、1990年代初頭は①の事例が多かったが、その後、特に2001年以降は③のような事例があるものの、②の事例が増加してきているように思われる。つまり、2001年から近年にかけて国際的義務のない国際法規範の「参照」に否定的な判例も登場し、それ以外の判例としては、結論の補強として「参照」するものが増加していることがわかる。それではこのような最高裁の傾向を整理した上で、これらの傾向や変容には、カナダ憲法上どのような意義が見出せるのだろうか。

---

186)　*ACC, supra* note 9 at paras. 77-78.
187)　*Ibid.* at paras 74-75.

第1部　憲法解釈における国際法規範の「参照」

表　1991年以降の国際的義務のない国際法規範の「参照」のまとめ

	事　件	国際的義務のない国際法規範の「参照」	対象条文等
ディクソン・ドクトリンを継承したと思われる、またはその可能性がある事例	キンドラー事件（1991年、コリー裁判官の反対意見）	ECHRやヨーロッパ人権委員会の決定をカナダの文脈においても適用するならば、違憲となるとした。	憲章第12条（死刑執行国への犯罪人引渡と残虐な刑罰の禁止）（違憲）
	ノヴァスコシア薬学協会事件（1992年、ゴンサー裁判官の法廷意見）	憲章第1条の「法で定められた」という条文解釈について、ECHRの判例は「指針」となるとした。	憲章第7条と第1条（漠然性の法理）（合憲）
	ロドリゲス事件（1993年、ソピンカ裁判官の法廷意見）	自殺幇助が憲章第7条に含まれないという結論の補強として用いた可能性もある。	憲章第7条（自殺幇助）（合憲）
	児童支援協会事件（1995年、ラマー裁判官の賛成補足意見）	憲章第7条の保障範囲の画定のために、国際法規範は追加的指示を提供するとした。	第7条（宗教上の理由による輸血拒否）（合憲）
	トムソン新聞社事件（2001年、バスタラシェ裁判官の法廷意見）	憲章第2条b号には選挙権は含まれないという結論の補強として用いた可能性もある。	憲章第2条b号（表現の自由と選挙権）（違憲）
	ACC事件（2001年）（ルベル裁判官の法廷意見）	結社しない自由の定義を行う際に引用した。ただし憲章解釈を「裏付ける」が、決定的ではないとした。	憲章第2条d号（結社しない自由）（合憲）
	バーンズ事件（2001年）（マクラクリン裁判官の法廷意見）	死刑廃止について、国際的動向は「有用」であり、適切な結論を導くことを「支援」するとして、ディクソン・ドクトリンを明確に継承した。	憲章第7条（死刑執行国への犯罪人引渡）（違憲）
	CFCYL事件（2004年）（マクラクリン裁判官の法廷意見）	体罰を与えることによる危険性の範囲（合理的な範囲）の確定の際に、ECHRの判断は、考慮要素を提供するとした。	憲章第7条（矯正目的の体罰）（合憲）

第 2 章　憲法解釈における国際的義務のない国際法規範の「参照」の展開

結論の補強として「参照」したことが明確な事例	キンドラー事件（1991年、マクラクリン裁判官の賛成補足意見）	引渡決定を容認するための補強として用いた。	憲章第12条（死刑執行国への犯罪人引渡と残虐な刑罰の禁止）（合憲）
	シャルカウィ事件（2007年、マクラクリン裁判官の法廷意見）	勾留が法律に準拠していることを迅速に審査することを要求する権利が、憲章によって保障されていることの補強として用いた。	憲章第7条、憲章第10条c号など（拷問国への送還）（違憲）
ディクソン・ドクトリンを採用していない事例	ACC事件（2001年）（バスタラシェ裁判官の反対意見）	ヨーロッパ司法の解釈は必要なく、憲章によって十分保障可能であるとした。	憲章第2条d号（結社しない自由）（違憲）
	ナショナルポスト事件（2010年）（ビニー裁判官の法廷意見）	ジャーナリストの情報源の特権については、ヨーロッパ人権条約から導くことはできない。ただしコモン・ローとして採用することを示唆した。	憲章2条b号（ジャーナリストの情報源）（合憲）

2　国際的義務のない国際法規範を「参照」することの憲法上の問題

　カナダ最高裁は、1980年初頭から近年にかけて、様々な形で国際的義務のない国際法規範を憲章の解釈において用いてきた。これまでの検討によって、その態様は解釈指針とするものから否定まで様々なものがあり、国際的義務のない国際法規範はほぼ権利の保障範囲の確定の際に用いられ、近年の傾向としては結論の補強として用いられてきたことが明らかになった。またこうした傾向はナショナルポスト事件以降にも見られる。[188] このような国際的義務のない国際法規範の「参照」には、憲法上どのような問題が見出されるだろうか。ここで

---

188)　Gianluca Gentili & Elain Mak, "The Supreme Court of Canada's Transnational Judicial Communication on Human Rights (1982-2014)" in Amrei Müller, ed., *Judicial Dialogue on Human Rights* (Cambridge: Cambridge University Press, 2017) 114. 1982年から2014年の間に、ECHRの判決を引用した事例は93件あるとされており、また2011年から2014年にかけては12件あるとされている。At 130-131. See also Lech Garlicki, "The European Court of Human Rights and the Canadian Case Law" in Richard Albert & David R. Cameron, eds., *Canada in the World* (Cambridge: Cambridge University Press, 2018) 348 at 365-368.

第1部 憲法解釈における国際法規範の「参照」

は簡単に、カナダ最高裁による国際的義務のない国際法規範の「参照」の制度的・歴史的要因に関する問題、その憲法理論上の正当化に関する問題を指摘しておくこととして、詳細は第2部で検討を行うこととする。

(1) 国際的義務のない国際法規範の「参照」を支える要因

まずこうした国際的義務のない国際法規範が「参照」された制度的要因としては、次の3つの点が考えられる。ひとつ目は、1982年の憲章制定によって、カナダ憲法の中に包括的な個人に対する人権保障規定が盛り込まれることになったことである。カナダの成立は、1867年憲法の制定まで遡るが、1982年憲法が制定される以前のカナダでは、権利章典という議会制定法は登場したものの、人権保障規定が憲法上明記されていなかった。1982年に人権保障規定が導入されたことは、カナダの最高裁判例がその後形成される上でも非常に大きな要素であり、そのことは国際的義務のない国際法規範の「参照」においても同様であったように思われる。それは、1995年の児童支援協会事件最高裁判決で、ラマー裁判官が「私のアプローチは、憲章起草者が広く依拠した国際人権文書にも見出すことができる」と指摘したように、カナダの人権保障規定が自由権規約やヨーロッパ人権条約等の国際法規範に広く依拠して起草されたことにも大きくかかわってくる。すなわち、人権保障規定の導入が国際法規範によって支えられていることから、少なくともそれらの「参照」を行うことにつながったと考えられる。

2つ目の制度的要因として考えられるものは、人権保障規定の導入ともかかわるが、憲章第1条に権利制限規定が置かれたことである。すなわち、憲章で保障された権利および自由は絶対的なものではなく、「自由で民主的な社会に

---

189) *The Canadian Bill of Rights*, S. C. 1960, c. 44. 邦訳に関しては、長内了「カナダ憲法の非イギリス化現象(1)」比較法雑誌9巻2号(1976年)106頁以下を参照。

190) 1982年以前のカナダ憲法状況については、長内了「カナダ連邦憲法の基本構造——British North America Actと司法審査制を中心として」比較法雑誌7巻1・2号(1972年)187頁以下、同「『権限配分』にみられるカナダ連邦制度の特色——合衆国における経験との比較」比較法雑誌7巻3・4号(1973年)243頁以下、同「カナダにおける『司法権の優越』」比較法雑誌8巻2号(1975年)55頁以下などを参照。

191) *CASMT, supra* note 61 at 348-358.

第2章 憲法解釈における国際的義務のない国際法規範の「参照」の展開

おいて明確に正当化され得る合理性」を有し、かつ、法律で定める制限に服する相対的なものであることが明示的に規定されたことである。この規定は、ヨーロッパ人権条約および自由権規約の影響を受けたものであると一般に解されている[192]。この点からすれば、人権保障規定の導入と同様に、憲章第1条の導入も国際的義務のない国際法規範の「参照」を行うことの制度的要因と考えられる。

最後に3つ目の制度的要因として考えられるものは、違憲審査権の導入である[193]。これにより、その職務の質的な変化はもちろんであるが、人権保障規定を用いた違憲審査権の発動件数が大幅に増加することになった。そしてこのことは、裁判所が国際法規範に言及することにもつながった[194]。その影響を受けて、国際的義務のない国際法規範を「参照」する事例も増加することになったと考えられる。

一方で、国際的義務のない国際法規範の「参照」に関わる歴史的な要因として考えられるのは、カナダの裁判所が行ってきた外国法の「参照」という伝統である。カナダではその成立以降、外国法を「参照」する歴史的な伝統があるとの指摘もなされている[195]。特にアメリカの判例については、憲章制定以降から

---

[192] Hogg, *supra* note 27, c. 38 at 2-3.

[193] カナダにおける違憲審査権については、佐々木雅寿「カナダにおける違憲審査制度の特徴(上)」北大法学論集39巻2号(1988年)79頁、同・前掲注26)117頁、同「カナダにおける違憲審査制度の特徴(下・完)」北大法学論集4号(1989年)285頁以下、同「カナダ憲法における比例原則の展開――『オークス・テスト(Oakes Test)』の内容と含意」北大法学論集第63巻2号(2012年)604-654頁、松井茂紀『カナダの憲法 多文化主義の国のかたち』(岩波書店、2012年)63-87頁などを参照。

[194] この点については特に第2部第1章を参照。

[195] Gerard V. La Forest, "The Use of American Precedents in Canadian Courts" (1994) 46 Maine L. Rev. 211. ラフォレによれば、カナダが伝統的に外国判例の「参照」を行ったのは、イギリス法、フランス法、コモン・ローや大陸法に関係する分野の判例であったことが指摘されている。さらに、アメリカの要素を「参照」することの意味として、次の3点を挙げている。つまり①コモン・ロー文化や自由民主主義、連邦制の共有、②通称や北アメリカ特有の法関係、社会的発展、③第二次世界大戦から、多くの法学者がアメリカのロースクールでトレーニングを受け、カナダにおける法教育がアメリカモデルを採用することが多いこと、である。

現在にかけて、最高裁において何の根拠もなく引用されることがある[196]。このような外国法および外国判例の「参照」という伝統が、少なからずヨーロッパ人権条約等の「参照」という姿勢につながった可能性もある。またさらに、憲章が制定されたことで人権保障規定や違憲審査制度が導入され、その後カナダの憲法判例は発展していくが、憲章制定当初はカナダ最高裁が初めて出合う問題も多かったように推測される。そこで最高裁が初期の憲法判例を構築するために、外国判例の「参照」という伝統的な姿勢の中に、国際的義務のない国際法規範の「参照」という姿勢も包摂し、憲法判例を構築してきたのでないかとも考えられる。そのため最高裁は、国際的義務のない国際法規範の「参照」を、1980年代から1990年代にかけて積極的に、その後2000年代以降は結論の補強を中心として行ってきたのではないだろうか。確かにカナダ最高裁は、国際的義務のない国際法規範の「参照」に関して明確な根拠を提示してはいないが、以上のような傾向や歴史的な要因を踏まえると、カナダ最高裁が憲章制定以降の判例蓄積のために、既に議論が成熟している地域の国際法規範を（それが国際的義務のない国際法規範であったとしても）「参照」したのではないかとも思われる。

　ただし、これらのことがそもそも国際的義務のない国際法規範の「参照」自体を正当化するわけではない。すなわち、確かに制度的・歴史的な要因、またそれに基づく司法積極主義的姿勢や、政治的な動向によって国際的義務のない国際法規範の「参照」が行われてきたことは紛れもない事実ではあるが、それがカナダ憲法理論上正当に説明しうるものでなければ、前述したようなカナダ最高裁の不明確性を非難する見解に対応することができない。

（2）伝統的な憲法解釈理論との関係性

　そもそもカナダでは、判例上確立された憲法解釈理論があり、「生ける樹（living tree）」理論[197]と称される議論がある。この理論の検討は第2部第1章で行うが、憲法解釈において「広くリベラルな解釈」を時代状況の変化によって行うことができるとされている[198]。カナダの国際法規範の「参照」の背景には、

---

[196] 憲章制定初期の主要判例においても、アメリカの判例が用いられている。See *R. v. Big M Drug Mart Ltd.*, [1985] 1 S. C. R. 295 at paras. 73-77.

こうした憲法解釈理論が存在しており、この「生ける樹」理論を基礎に置いた解釈アプローチは、カナダの憲法解釈上おなじみのものとして最高裁によって採用され、さらにそのことは、ディクソン・ドクトリンと関連するように思われる。このように理解すると、カナダ最高裁による国際的義務のない国際法規範の「参照」は、まさにカナダの伝統的な憲法解釈理論に従った手法であると理解することも可能であるように思われる。

ただしこれに対して、1995年の児童支援協会事件におけるラマー裁判官（当時の長官）の賛成補足意見では、「少なくとも国際人権文書が、憲章起草者の意図した憲章第 7 条の「自由の権利」という表現の解釈にあたって、追加的指示を提供している[199]」とされ、起草者の意図が国際法規範の「参照」に大きくかかわることが指摘されている。こうした指摘は、時代状況に適合するように憲章を解釈することを求める「生ける樹」理論とは相いれない可能性があり、この関係性が問題となる。

3 まとめ

このように、カナダ最高裁における国際的義務のない国際法規範の「参照」については、制度的・歴史的要因や正当化をめぐる議論がある。まずカナダ最高裁が国際的義務のない国際法規範の「参照」を、1980年代から1990年代にかけて積極的に、その後2000年代以降は結論の補強を中心として行ってきたことには、制度的な要因や歴史的な要因が考えられる。ここでこうした制度的要因は、第 2 部で検討するように、カナダ最高裁における司法積極主義とも重なる。つまり、国際的義務のない国際法規範の「参照」は、制度的要因だけではなく、違憲審査権を与えられた最高裁の司法積極主義的姿勢の中にも見出され

---

197) 「生ける樹」理論については第 2 部で紹介および検討を行うが、その他に大林啓吾「時をかける憲法」帝京法学28巻 1 号（2012年）91-160頁などを参照。See also Vicki C. Jackson, "Constitutions as "Living Trees"?: Comparative Constitutional Law and Interpretive Metaphors"（2006）75 Fordham L. REV. 921.
198) *Edwards v. A. G. of Canada*,［1930］A. C. 124 at 136.
199) *CASMT, supra* note 61 at para. 38.

る。そのためこうした「参照」については、カナダにおける制度的要因を背景とした司法積極主義との関係においても検討する必要がある。この点については、第2部第1章で検討する。

また「参照」の正当化議論については、序章において指摘したように、その民主的正統性を含めて検討する必要がある。さらにこれらの正当化議論に関しては、「参照」の種類に応じた検討が必要となる。特に解釈指針と結論の補強、さらには単なる言及とでは、それぞれ国際法規範の国内的な「濃度」が異なる。こうした点については、第2部第2章において、カナダで提起されている正当化議論を紹介するとともに、その「参照」類型ごとの検討を行う。

第 2 部
国際法規範の「参照」の正当性とその限界

第1章

「参照」を支える憲法解釈理論とその限界

1 「参照」を支える要因——カナダ最高裁における司法積極主義

1 はじめに

　第2部以降では、カナダ最高裁における国際法規範の「参照」とそれを支える制度的背景や要因、およびその正当化議論について検討を行う。カナダでは、後述するように、1982年憲法が制定され違憲審査権が導入されて以降、最高裁において憲法判断が増加し、政府の提案した政策に対抗するような判断や違憲判断を行うようになる。そしてそうした姿勢は、司法積極主義であるとの指摘に基づいて、様々な議論が1980年代以降活発になされるようになる。国際法規範の「参照」をめぐる議論との関係でいえば、こうしたカナダ最高裁おける特に憲法判断の増加やそれに対する積極的な姿勢が、政府が締結していない国際法規範の「参照」をも増加させたと推察できる。しかし最高裁による国際法規範の「参照」手法は、1980年代と約30数年経っている現在とでは大きく変化している。カナダにおける司法積極主義も、後述するように憲章制定当初と現在とでは異なる状況にあり、「参照」が解釈指針から結論の補強へとその内容が変化してきたように、それを支える背景も変化している。そのため、カナダにおける司法積極主義を素材としながら最高裁の展開を追い、その展開と国際法規範の「参照」の関連性を検討する必要がある。つまり、最高裁が行ってきた国際的義務のない国際法規範の「参照」を支えてきた司法権の積極的姿勢について、歴史的背景の中から評価する必要がある。

　そこで本節では、国際法規範の「参照」の議論とは若干離れ、その根本的な

議論となるが、まずカナダ最高裁における司法積極主義的な姿勢[1]や、それに関する議論の意義を明らかにする。そしてまた、その背景にある制度的・政治的要因を検討することにより、カナダにおける国際法規範の「参照」の背景を明らかにし、その正当化議論の前提を押さえておきたい。

2　カナダ最高裁における違憲判断の実態と司法積極主義
（1）カナダにおける違憲審査制度の歴史

まずカナダ最高裁における違憲判断の実態を明らかにする前に、カナダにおける違憲審査権の歴史的背景について、簡単に紹介しよう。カナダで憲章が制定される1982年以前における違憲審査は、1867年憲法が人権規定を設けておらず、また連邦と州の立法権限しか明記していなかったことから、立法権限の有無によって判断されていた[2]。また憲章が制定される以前においては、判例上、できるだけ憲法判断を回避するべきであるとする憲法判断回避の原則が確立していたと指摘されている[3]。

もっとも、憲章制定以前において憲法に明文の人権規定は存在していなかったが、1960年に権利章典が連邦議会で制定されている[4]。ただし同法はあくまで連邦法であり、憲法の一部ではなく、また連邦政府にのみ適用されるものとされていた[5]。そのため裁判所は、同法の適用に対して極めて消極的な姿勢をとっ

---

1) カナダにおける司法積極主義の分析を平等権と選挙権の側面から分析したものとして、河北洋介「カナダにおける司法積極主義——性的指向関連判例を素材にして」GEMC journal 3 号（2010年）94頁、同「カナダにおける司法積極主義の一面——民主的権利を素材にして」法学77巻 6 号（2014年）785頁。
2) 1982年以前の違憲審査は、立法権限の配分規定に関するものであり、その審査対象は「連邦又は州議会の制定法の有効性そのものであった」とされている。佐々木雅寿「カナダにおける違憲審査制度の特徴（上）」北大法学論集39巻 2 号（1988年）134頁。
3) *Citizens Insurance Co. of Canada v. Parsons*, [1881] 7 A. C. 96. 本件では、保険契約の規制が連邦または州のいずれの立法権限事項に該当するかが争われたが、具合的問題を解決するために必要とされない憲法解釈をできる限り行わないことが賢明であるとされた。佐々木雅寿「カナダにおける違憲審査制度の特徴（下・完）」北大法学論集39巻 4 号（1989年）286-289頁。
4) *Canadian Bill of Rights*, S. C. 1960, c. 44.

第1章 「参照」を支える憲法解釈理論とその限界

ていたとされている[6]。また、1949年までの実質的な最終審裁判所は、イギリスの枢密院司法委員会であり、最高裁が最終審となったのは、それ以降になることにも注意が必要である[7]。これに対して1982年以降は、憲法上の制度として違憲審査権が導入されることになる。なお、カナダには特別な憲法裁判所が存在しておらず、憲法上の争点は通常の訴訟の中で判断され、付随的な違憲審査制度を採用している[8]。

(2) カナダ最高裁における違憲判断の実態

それでは1982年以降、人権保障に関する違憲審査の過程において、カナダ最高裁は実際にどのような判断をしてきたのであろうか。まずは、最高裁で憲法判断がなされた件数の推移を見てみよう。憲章が制定された1982年に、カナダ最高裁において憲法判断がなされたのは、全119件中わずか15件にすぎない[9]。また、総事件数と憲法判断の事例が多いのは1990年であるが、その後憲法判断は、おおよそ25〜40％で推移することになる[10]。このことから、カナダ最高裁における憲法判断については、統計上1982年以降は増加したものの、その後激し

---

5) 権利章典の内容とそれを分析したものとして、長内了「カナダ連邦制度の新展開（中）——1982年憲法の意味するもの」ジュリスト791号（1983年）83-85頁を参照。
6) 最高裁による消極的姿勢は、「カナダ権利章典の機能を著しく減退させ、大きな不満を生んだ」とされている。同上、84頁。
7) 1867年憲法第101条に基づき、1875年に制定された最高裁判所法（連邦法）によって成立した。ただし、当時はイギリスの枢密院司法委員会が最終審裁判所とされており、カナダ最高裁が実質的に最終審裁判所となったのは、最高裁判所法の改正により枢密院への上告が廃止された1949年である。
8) カナダの違憲審査制度の特徴については、佐々木雅寿「カナダにおける違憲審査制度の特徴（中）」北大法学論集39巻3号（1988年）117頁、同・前掲注2）79頁、同・前掲注3）285頁、同『現代における違憲審査の性格』（有斐閣、1995年）を参照。
9) Gianluca Gentili, "Canada: Protecting Rights in a 'Worldwide Rights Culture'. An Empirical Study of the Use of Foreign Precedents by the Supreme Court of Canada (1982-2010)" in Tania Groppi & Marie-Claire Ponthoreau, eds., *The Use of Foreign Precedents by Constitutional Judges* (Oxford: Hart Publishing, 2013) 39 at 53.
10) 1982年から2010年にかけて、カナダ最高裁でなされた全判決のうち、憲法判断が占める割合については、次のような統計が示されている。1985年は28／84件（約33％）、1990年は80／144件（約55％）、1995年は39／108件（約36％）、2000年は20／69件（約29％）、2005年は30／87件（約34％）、2010年は27／67件（約40％）である。*Ibid.*

く増加したといった傾向までは確認することができない。そのため、憲章制定以降のカナダ最高裁における憲法判断については、その統計上のデータから微増傾向を見出すことができる。

またこうした憲法判断のうち、1982年憲法に導入された人権規定を含む憲章にかかわるような事例は、どのように推移してきたのであろうか。モートンらの調査によると[11]、憲章制定直後、初めて憲章判断がなされたのは1984年である。また同年の憲章事例自体は、最高裁の行う判決全体の6％にすぎなかった。しかしその後憲章事例は増加し、1985年と1986年は11％、1987年は23％、1988年は25％、1989年では29％と推移していく[12]。このように、憲章制定直後の状況を見ると、憲法判断のうち憲章に関する判断は増加しているということがわかる。

一方、1982年から1997年までの間で、最高裁が判断を下した全1689件のうち憲章にかかわる事例は352件であり、さらにそのうち合憲と判断された件数は243件で、その割合は約69％である[13]。また1984年から2002年までの間で憲章違反とされた事例は196件中65件であったとされている[14]。こうした統計上の数字から明らかになることは、憲章判断の増加に伴い、その中で、憲章違反となる事例がその3分の1程度なされているということがわかる。つまり、1980年代

---

11) F. L. Morton & Peter H. Russell & Michael J. Withey, "The Supreme Court's First One Hundred Charter of Rights Decisions: A Statistical Analysis" (1992) 30.1 Osgoode Hall L. J. 1 at 5.

12) なお、1989年まででではあるが、憲章違反を理由に、ある条文が無効とされた法律は全部で19あり、そのうち8つの法律が連邦法（麻薬取締法3件、刑法典2件、結合調査法1件、移民法1件、主日法1件）、残りの11の法律が州法（フランス語憲章など）となっている。Ibid. at 25.

13) James B. Kelly, "The Charter of Rights and Freedonms and the Rebalancing of Liberal Constitutionalism in Canada, 1982-1997" (1999) 37 Osgoode Hall L. J. 625 at 629.

14) Sujit Choudhry & Claire E. Hunter, "Measuring Judicial Activism on the Supreme Court of Canada: A Comment on Newfoundland (Treasury Board) v. NAPE" (2003) 48 McGill L. J. 525 at 546. 特に1984年（3件中2件）、1985年（4件中3件）と1997年（14件中10件）は80％近くが憲章違反であり（2000年は最も多く88.9％が合憲）、それ以外は約20〜40％程度である。

からの憲章事例の増加傾向に対応するかたちで、違憲判断が下されてきたと思われる。なお2010年以降の傾向については、後述するように、特に違憲判断や当時の保守党政府の意向と反する結論を下す状況にある。

(3) カナダ最高裁における司法積極主義
①1982年以降の各コート期における判断の特徴

このようにカナダ最高裁では、1982年以降、憲法判断と憲章判断が増加傾向にあり、その過程で国際法規範の「参照」がなされてきた。そして、その中で違憲判断も着実になされていることがわかる。それでは、具体的にどういった判断がなされてきたのであろうか。それを検討するにあたり、1982年以降の各コートに着目しながら、簡単にその特徴を整理したい。なお、1982年の憲章制定時に長官であったのはラスキン裁判官であるが、その任期は1984年3月までであり、前述のようにその任期中に憲章事例がないことから、同コートの特徴についてはここでは立ち入らない[16]。

憲章事例が発生する1984年以降、特に憲章事例が増加していく時代に裁判所の長官を務めたのは、ディクソン裁判官[17]である。彼は、憲章の制定に尽力したピエール・トルドー (Pierre Elliott Trudeau) 元首相 (自由党) に指名された人物であるが、憲章解釈の基礎を作り上げた人物であるとも評されている[18]。このディクソン・コートでは、1984年のスカピンカー事件[19]やハンター事件[20]、国際法

---

15) 各コートの特徴については、次の文献を参照。Peter McCormick, *Supreme at Last : The Evolution of the Supreme Court of Canada* (Toronto: James Lorimer & Co., 2000). なお本節では、裁判官の特徴と各コートの特徴が必ずしも一致するわけではないことを前提に整理を行っている。以下のコートも同様である。

16) なお、ラスキン・コートの特徴については、手塚崇聡・大林啓吾「カナダにおける司法の胎動──ラスキン・コートの意義」椙山女学園大学研究論集社会科学篇46号 (2015年) 157-171頁を参照。

17) 彼の最高裁長官としての任期は、1984年4月18日から1990年6月30日までであり、最高裁裁判官としては17年間その職を務めた。最高裁裁判官、長官ともにその指名者はトルドーである。

18) 長官在職中におけるディクソン裁判官の特徴については、特に次の文献を参照。Robert J. Sharpe & Kent Roach, *BRIAN DICKSON A Judge's Journey* (Toronto: University of Toronto Press, 2004) at 285-461.

第 2 部　国際法規範の「参照」の正当性とその限界

規範の「参照」の起源となる翌年のビッグエム薬事会社事件[21]をはじめとして、様々な憲章解釈へのアプローチ方法が導入されることになる。また同コートでは、憲章で保障される権利の定義や様々な審査方法を示した重要な判決が数多く提示されている。たとえば、憲章第 1 条をめぐる審査方法を提示した1986年のオークス事件[22]は、第 1 部でもたびたび登場したように、後年の判例においてもたびたび引用される重要判例である。その他にも、中絶規制や言語権[23][24]などにかかわる違憲判決、国際的義務のない国際法規範の「参照」を行ったヘイトスピーチ規制に対する合憲判決[25]などがなされている。このように、ディクソン・コートでは、その後も用いられる各種の解釈基準が導入されるなど、まさに憲章解釈の開拓期を支えたコートという特徴が見出される。またその一方で、表現の自由、信教の自由、身体の安全にかかわる基本的正義の原則、先住民の権

---

19) *Law Society of Upper Canada v. Skapinker*, [1984] 1 S. C. R. 357 [*Skapinker*]. 本件は、カナダに居住する南アフリカ人であるスカピンカーが、弁護士会法に基づき弁護士会に入会できなかったことについて、憲章第 6 条が保障する移動の権利を侵害しないとした事例である。

20) *Hunter et al. v. Southam Inc.*, [1984] 2 S. C. R. 145 [*Hunter*]. 本件は、企業結合調整法に基づく企業への立ち入り調査が憲章第 8 条に基づき違憲であるとされた事例である。

21) *R. v. Big M Drug Mart Ltd.*, [1985] 1 S. C. R. 295 [*Big M*]. 本件は、主日法による日曜日の営業の規制を信教の自由の侵害を理由として違憲とした事例である。なお本事件をはじめ、信教の自由の問題と多文化主義との関係を検討したものとして、山本健人「『カナダの多文化主義』に基づく憲法解釈の一側面——信教の自由における『承認』の原理を中心に」法学政治学論究107巻（2015年）31頁を参照。

22) *R. v. Oakes*, [1986] 1 S. C. R. 103. なお、同判決とオークス・テストの詳細については、佐々木雅寿「カナダ憲法における比例原則の展開——『オークス・テスト（Oakes Test）』の内容と含意」北大法学論集63巻 2 号（2012年）356頁を参照。

23) *R. v. Morgentaler*, [1988] 1 S. C. R. 30. 本件は、刑法典に規定されていた中絶規制が憲章第 7 条の身体の安全の権利を侵害するとして違憲とされた事例である。

24) *Ford v. Quebec (Attorney General)*, [1988] 2 S. C. R. 712. 本件は、商業看板にフランス語のみを使用することを定めたフランス語憲章が、表現の自由を侵害し違憲とされた事例である。

25) *R. v Keegstra*, [1990] 3 S. C. R. 697. 本件は、刑法典に規定されていたヘイトスピーチ規制を合憲とした事例である。

利[26]などの各種人権を擁護する傾向が見られ、そうした権利を擁護するために政府と対抗する判断や、違憲判断を辞さない姿勢が示されたように思われる。

　こうしたディクソン・コートを引き継いだラマー裁判官[27]は、マルルーニー（Martin Brian Mulroney）元首相（当時の進歩保守党）から指名を受けて、1990年7月から最高裁の長官となった。そしてこのコートでは、わいせつ表現に対する規制を合憲と判断した1992年のバトラー事件[28]、国際法規範を結論の補強として「参照」し、刑法典における自殺幇助規制を合憲と判断したロドリゲズ事件[29]、同様に国際法規範の「参照」を行った死刑執行国への送還や在監者の選挙権規制[30]、さらには中絶規制[31]や性的差別[32]などについての違憲判決[33]が下されている。このようにラマー・コートの特徴は、ディクソン・コート期における判断を踏襲しつつも、新たに同性に対する擁護を行ったことがわかる。また一方でディクソン・コートと同様に、これらの権利の擁護のためには違憲判断を辞さ

---

26)　*R. v Sparrow*, [1990] 1 S. C. R. 1075. 本件は、先住民の漁業権についての保護を認めた事例である。

27)　彼の最高裁長官としての任期は、1990年7月1日から2000年1月6日までであり、最高裁裁判官としては約20年間その職を務めた。最高裁裁判官としてはトルドーに、最高裁長官としてはマルルーニーに指名された。

28)　*R. v. Butler*, [1992] 1 S. C. R. 452. 本件は、刑法典に規定されていたわいせつ物頒布に対する規制が合憲とされた事例である。

29)　*Rodriguez v. British Columbia (Attorney General)*, [1993] 3 S. C. R. 519. 本件は、刑法典に規定されていた自殺幇助罪が憲章第7条に基づいて合憲とされた事例である。なお、自殺幇助罪については、近年のカーター事件（*Carter v. Canada (AG)*, [2015] 1 S. C. R. 331 [*Carter*].）において違憲と判断されている。

30)　*Kindler v. Canada (Minister of Justice)*, [1991] 2 S. C. R. 779. 本件は死刑執行国（アメリカ）への犯罪人引渡しが憲章第7条に基づき違憲と判断された事例である。詳細については第1部第2章を参照。

31)　*Sauvé v. Canada (Attorney General)*, [1993] 2 S. C. R. 438 [*Sauvé*]. 本件は、在監者の選挙権の規制を違憲とした事例である。

32)　*R. v. Morgentaler*, [1993] 3 S. C. R. 463 [*Morgentaler*]. 本件は、州法で規定されていた中絶規制を違憲と判断した事例である。

33)　*Vriend v. Alberta*, [1998] 1 S. C. R. 493 [*Vriend*]. 本件は州の人権保護法が差別禁止事由として性的指向を挙げていなかったことが平等権の侵害であると判断された事例である。

2000年1月からラマー・コートを引き継いだマクラクリン裁判官[34]は、クレティエン元首相(自由党)から任命されている。また彼女は初の女性長官でありながら、約27年もの間、カナダ最高裁の裁判官を務めた。2017年12月までおよそ17年という最も長く存続したマクラクリン・コート[35]では、まず刑法典における児童ポルノ規制[36]や拷問国への送還[37]などに対して合憲判決がなされている。その一方で、たとえば在監者の選挙権規制[38]や性的差別[39]などに対する違憲判決がなされている。特に近年においては、違憲判断に加えて、当時の保守党政府の意向と反する結論を下す傾向も顕著である。法律を違憲と判断した事例として、たとえば、刑法典における売春規制を違憲とした2013年のベッドフォード事件[40]や、刑法典に規定されている自殺幇助罪が憲章第7条に違反するとしたカーター事件[41]、凶悪犯罪対策法の規定する懲役刑を違憲と判断した2015年のヌール事件[42]などがある。また他方で、当時の保守党政府の意向とは相反する結

---

34) 彼女の最高裁長官としての任期は、2000年1月7日から2017年12月15日までであり、最高裁裁判官としては約27年その職を務めた。最高裁裁判官としてはマルルーニーに、最高裁長官としてはクレティエンに指名された。

35) なおマクラクリンは、2017年6月12日に、75歳の定年を迎える9カ月前の2017年12月15日に退職をすると発表した。現在の長官は、ステフェン・ハーパー首相(自由党)に指名されたワグナー(Richard Wagner)である。

36) *R. v. Sharpe*, [2001] 1 S. C. R. 45. 本件は、刑法典に規定されていた児童ポルノ規制が合憲とされた事例である。なお同事件については、大林啓吾「所持規制をめぐる憲法問題:児童ポルノの単純所持規制を素材にして」千葉大学法学論集28巻3号(2014年)202頁を参照。

37) *Suresh v. Canada (Minister of Citizenship and Immigration)*, [2002] 1 S. C. R. 3 [*Suresh*]. 本件は、拷問国への送還は憲章第7条に違反しないが、その手続きは憲章に違反するとされた事例である。なお同事件については、第1部第2章を参照。

38) *Sauvé v. Canada (Chief Electoral Officer)*, [2002] 3 S. C. R. 519. 本件は、在監者の選挙権規制(2年以上の刑に処せられた者に対する)が違憲とされた事例である。

39) *Reference re Same-Sex Marriage*, [2004] 3 S. C. R. 698 [*Re Same-Sex Marriage*]. 本件は、同性婚に関する立法権限を認めた事例である。なお同事件については、白水隆「カナダ憲法下の平等権と同性婚(一)(二・完)」法学論叢166巻3号(2009年)149頁、法学論叢167巻2号(2010年)124頁、河北洋介「カナダ憲法における多様性——性的指向・同性婚を素材にして」GEMC journal 9号(2013年)78頁を参照。

論を下した判決としては、次のようなものがある。まず、当時の自由党政府が規制薬物及び物質法に基づいて2003年に設置した「インサイト」という施設の存続は合憲であると判断した2011年のPCSS事件[43]、当時の保守党が指名した最高裁裁判官の適格性を否定した2014年の最高裁判所法照会事件[44]、そして当時の保守党が提案した上院の改革案を否定した2014年の上院改革照会事件[45]などがある。このように、マクラクリン・コートはこれまでのコートと同様に、違憲判

---

40) *Canada (Attorney General) v. Bedford,* [2013] 3 S. C. R. 1101. 本件は、刑法典に規定されていた売春関連行為の諸規制について、憲章第7条が保障する女性の身体の安全を侵害するとして違憲と判断し、12カ月以内に新たな法律を作るように政府に命じた事件である。その後、保守党は買春を規制する法案を提案し議会で可決している。なお、本事件に関しては、松井茂記「売春行為と憲法」長谷部恭男他編『自由の法理 阪本昌成先生古稀記念論文集』(成文堂、2015年) 969-1009頁、拙稿「売春規制における『メイド・イン・カナダ』モデルと憲法上の問題——2013年ベッドフォード事件最高裁判所判決とその後の展開」陶久利彦編著『性風俗と法秩序』(尚学社、2017年) 107頁以下を参照。

41) *Carter, supra* note 29. 本件は、自殺幇助を認めないカナダの法律が憲章第7条の生命、自由および安全の権利を侵害するとされた事例であり、裁判所は12カ月以内に新たな法律の策定をハーパー政権に求めた。

42) *R. v. Nur,* 2015 SCC 15. 本件は、禁止されている銃を所持していた場合に3年以上の懲役刑とする2008年の凶悪犯罪対策法が、「残酷で異常な」刑罰であるとして違憲と判断された事例である。

43) *Canada (Attorney General) v. PHS Community Services Society,* [2011] 3 S. C. R. 144. 本件は、1997年に成立した規制薬物及び物質法 (Controlled Drugs and Substances Act) 56条に基づき設置された「インサイト」という施設 (同施設内では違法に入手した薬物の使用が認められる) の存続が争われた事件であり、最高裁はインサイトの廃止は、憲章第7条の生命と身体の安全に対する権利を侵害するものであることから、その存続を認めた。

44) *Reference re Supreme Court Act, ss. 5 and 6,* [2014] 1 S. C. R. 433 [*Re Supreme Court Act*]. 本件は、最高裁の裁判官にケベック州出身枠としてマーク・ナドンを任命することについて、(保守党は彼が適格であることを主張したが) それを認めなかった事例である。なお、この事件については、富井幸雄「カナダ最高裁の構成と立憲主義——カナダ最高裁判事任命無効判決」法学新法121巻5/6号 (2014年) 227頁を参照。

45) *Reference re Senate Reform,* [2014] 1 S. C. R. 704 [*Re Senate Reform*]. 本件は、保守党が上院議員の任期制限などによって上院の権限に枠を設けようとしたことについて、内閣総理大臣には州の同意なしに上院に何らかの制限をかける権限はないとされた事例である。

断を辞さない姿勢を示しているように思われる。またその特徴を簡単に示すと、憲章で保障されている各種人権に対する擁護を維持しつつも、近年においては特に、保守党政権の各種政策、つまり薬物規制、売春規制、自殺幇助規制などに対して違憲判断を下していることがわかる。

②司法積極主義の定義

ところで、こうした最高裁の傾向、つまり、統計上の傾向として憲法判断、憲章判断の増加傾向、そして最高裁の各種人権に関する違憲判断も辞さない姿勢、とりわけ司法積極主義的な姿勢について、カナダ憲法学界ではどのような意義付けがなされているのであろうか。まずモートンとノップフによれば、裁判所は1982年の憲章が制定されて以降、より積極的な姿勢を示すようになったとし、そして正面から政府の見解に反対し、法の解釈において革新的な判断をしてきたと評価している[46]。またローチは、こうした傾向に関する一般的に議論されてきたテーマとして、①制限のない司法裁量の行使に基づく司法による法創造、②裁判官が民主的に選出されていないことに基づく非民主性、③ラストワードという方法による裁判官の絶対的な権利や法の創造を挙げる[47]。そしてそれを踏まえた上で、カナダの司法積極主義を定義付けるとするならば、次の4つになるであろうとしている[48]。すなわち、①裁判官が憲法条文の解釈を自由に行うことによる裁判官の法創造、②憲法問題を判断することに対する裁判官の熱望、またそれと関連して、③憲法上の権利を社会的利益や競合する権利を超える切り札として裁判官が理解すること、④裁判所がラストワードを持つことである。またこうした理解については、アナンドによる司法積極主義の定義の整理においても指摘されている。彼による定義の整理は、次のようになる[49]。ま

---

46) F. L. Morton & Rainer Knopff, *Charter Revolution and the Court Party* (Toronto: Broadview Press, 2000) at 15. また彼らはこうした判断の例として、バトラー事件（前掲注28））を挙げている。

47) Kent Roach, *The Supreme Court on Trial : Judicial Activism or Democratic Dialogue*, Rev. ed. (Toronto: Irwin Law, 2016) at 112-114.

48) *Ibid.* at 120-126.

49) Sanjeev Anand, "The Truth About Canadian Judicial Activism" (2006) 15 Constitutional Forum 87 at 87. また、同論文脚注4で掲載されている各論文を参照。

ず法律の解釈とは対照的に裁判官が法を創造すること、そして連邦議会や州議会の制定した法律に反対またはそれを変更することに関する裁判所の熱意、議会の不適格性に対して裁判官がラストワードを与えることである。

このように特に2000年前後において、カナダの学界内では、憲章が制定されて以降、裁判所が司法積極主義的な姿勢を示していることに対する評価がなされ、そうした姿勢についての様々な定義付けが試みられている。もっともその定義については一様ではないが、前述のローチの定義を借りれば、カナダ最高裁における司法積極主義は、①裁判官の法創造、②裁判官の熱望、③切り札としての憲章上の権利、④ラストワードといった側面で捉えることが可能であろう[50]。

3 カナダ最高裁における司法積極主義を支える要因とその問題

以上のように、カナダ最高裁は1982年以降各種人権に関する擁護と政府に対抗する判断、またそうした判断のためには違憲判断も辞さない姿勢を示している。そして、カナダ憲法学界からは、①裁判官の法創造、②裁判官の熱望、③切り札としての憲章上の権利、④ラストワードといった用語で説明が試みられている。それでは、こうしたカナダ最高裁における司法積極主義を支える要因としては、どのようなことが考えられるであろうか。以下では、制度的要因、政治的要因、最高裁による解釈手法による要因といった視点から検討をしてみたい。

(1) 制度的要因
①憲法に関する訴訟提起方法と救済方法

まず司法積極的な判断のうち、とりわけカナダ最高裁における「憲法判断」の増加については、1982年憲法により違憲審査権が根拠付けられたことに要因があるように思われる。またその他にも、最高裁判所法第53条に基づく照会制度[51]、宣言的判決を求めるための原告適格を認める手続[52]、判例上積み上げられて[53]

---

50) ただし、近年では保守党政権の政策に対抗する判断が数多く下されており、こうした姿勢について従来の司法積極主義の定義と親和的であるかという点については、別途慎重な検討が必要であるように思われる。

第2部　国際法規範の「参照」の正当性とその限界

きた憲法上の救済手法[54]の多様性といった点などが挙げられる。

　まず、最高裁判所法第53条に基づく照会制度は、憲法の解釈、または連邦法もしくは州法の解釈やその合憲性に関する法または事実についての問題を、連邦政府が直接カナダ最高裁に対してその意見を求めることができる制度である。なお、勧告的意見には先例拘束性はないとされているが、1985年の自動車法照会事件[55]や1998年のケベック分離照会事件[56]をはじめ、カナダ憲法上極めて重要な判断がその意見によってなされており、特に近年では立て続けに同意見が出されている[57]。また、たとえば同性婚に関する照会事件[58]や売春規制に関する照会事件[59]などにおける勧告的意見は、少なくともその後の最高裁の判断において

---

51)　最高裁判所法第53条第1項は、次のように規定する。「総督は、次の各号に関する法律または事実の重要な問題について、その審理と検討のために、最高裁判所に対して照会を求めることができる。(A)憲法の解釈(B)連邦もしくは州法の解釈または合憲性(C)1867年憲法、その他の法律、または総督に帰属する法律により、教育事項に関する上訴管轄権(D)ある問題に関してすでに行使され、あるいは行使されようとしているような、カナダ連邦議会、州議会、またはそれぞれの政府の権限」。

52)　カナダの照会制度については、H. N. ジャニッシュ（佐々木雅寿訳）「カナダ憲法上の照会権限」北大法学論集39巻3号（1988年）1頁、佐々木・前掲注8、135-163頁などを参照。

53)　宣言的判決を求めることができるのは、重大な法律上の争点が存在すること、原告が当該法律により直接影響を受けたこと、当該事件に真の関心を持っていることとされている。詳細は、佐々木雅寿「カナダにおけるスタンディングの法理」法学雑誌40巻4号（1994年）417頁、松井茂記『カナダの憲法——多文化主義の国のかたち』（岩波書店、2012年）78-80頁などを参照。

54)　救済制度については、佐々木雅寿「カナダ憲法上の救済方法(1)～(4)」大阪市立大學法學雜誌44巻2号（1998年）208頁、44巻3号（1998年）371頁、44巻4号（1998年）535頁、45巻3・4号（1999年）431頁を参照。

55)　*Reference re Section 94(2) of the Motor Vehicle Act (B. C.)*, [1986] 2 S. C. R. 486 [*Re Motor Vehicle Act*]. 本件は、運転が禁止や停止されている者がそれを知っていたかどうかにかかわらず自動車を運転した場合に、罰金や拘禁刑などを科していた自動車法が、憲章第7条に違反するとされた事例である。

56)　*Reference re Secession of Quebec*, [1998] 2 S. C. R. 217. 本件は、ケベック州の分離独立問題について、一方的な離脱はできないとした事例である。

57)　*Re Supreme Court Act, supra* note 44. *Re Senate Reform, supra* note 45.

58)　*Re Same-Sex Marriage, supra* note 39.

も非常に重要な影響力を及ぼしていると考えられる[60]。確かに照会事件の件数自体少ないものの、こうした照会制度の存在も、最高裁による憲法判断傾向を増加させる一因として機能してきたように思われる。

　一方でカナダ最高裁により違憲とされた法律は、1982年憲法第52条に基づいて、憲法に反する限度で効力を有しないこととされている。そのことから最高裁は、その判例の積み重ねの過程で、様々な手法を用いている。すなわち、法律全体を無効とする判決、法律を違憲とした場合でも、一定期間立法者に改正のための猶予を与え、その期間が経過した後にその法律を無効とする宣言、合憲限定解釈する手法、そもそも違憲の部分を残りの部分から切り離し、その部分のみを違憲として無効とする手法、過小包摂の法律が憲法上の権利の救済が必要な者にその保護を与えていないような場合に、その者を法律上の保護の対象とするように読み込む（read-in）手法など、様々な手法が用いられているとされている[61]。こうした救済手法の発達と蓄積は、憲法判断の積極性や違憲判断の多様性に影響を及ぼしているように思われるが、それだけではなく、最高裁による権利の救済に対する積極性も読み取ることができるように思われる。これらのことから、制度的要因のひとつとして考えられるのは、カナダ最高裁の違憲審査制度やそれに基づく救済手法の発達が、「憲法判断」の増加に少なからず積極的な素材を提供しており、また違憲判断の多様性に影響を与えていると考えられることである。

　②最高裁裁判官の構成と任命

　次にもうひとつの制度的要因として、最高裁を構成する裁判官とその任命過程について検討してみたい。まずカナダ最高裁は長官1名とそのほかの裁判官8名で構成され、内閣の指名に基づき総督によって任命される。裁判官の資格

---

59) *Reference re ss. 193 & 195.1(1)(c) of Criminal Code (Canada),* [1990] 1 S. C. R. 1123. 本事件は、刑法典に規定されていた売春関連行為の規制は合憲であるとされた事例である。
60) 同性婚に関する照会事件については、カナダ憲法は進歩的な解釈がなされなければならないことを確認し、また売春照会事件については、ベッドフォード事件最高裁判決においてその先例拘束性の議論が展開されている。
61) これらの救済手法の詳細については、佐々木・前掲注54) を参照。

は州の上級裁判所の裁判官経験者か、州法曹協会で少なくとも10年以上法曹として所属していた者であることなど、最高裁判所法上の条件が課されている[62]。なお、歴代の最高裁裁判官の特徴についてマクファーレーンは、歴代の裁判官の比較的多数がリベラルな思想を持っていたことなどを指摘しており[63]、そうした指摘を踏まえれば、カナダの最高裁裁判官の思想的な背景も影響していると考えられる。

　ここで最高裁の裁判官の任命には、次の2つの特徴があるとされている。まずひとつは執行権の専権であり、最高裁裁判官の任命は執行権のみで決定され、司法権の人事が中央集権的であることにその特徴があり、そのため政治的な色彩は否定できないとの指摘がなされている[64]。またもうひとつの特徴は、連邦制の反映であり、裁判官選出の際のケベック州などへの配慮がなされている点は、他の国と比較しても特徴的であるとの指摘がなされている[65]。ただし近年では、最高裁裁判官の任命制度は変遷の途上にあり、1970年代の任命プロセスの確立に伴い、政治的党派性の後退がある一方で、任命プロセスに対するアカウンタビリティや透明性を確保するべく議会の関与がなされていることが指摘されている[66]。

　以上のように、歴代裁判官にはリベラルな思想を持つ裁判官が多かったという指摘を踏まえれば、裁判官のこれまでの構成が「違憲判断」を後押ししたと

---

62) 裁判官の任命に関しては、富井幸雄「最高裁判所判事の任命（一）（二）」法学新報114巻1・2号（2007年）119頁、3・4号（2007年）73頁、同「最高裁判所判事任命過程における議会の関与——カナダの展開と日本への示唆」法学会雑誌53巻2号（2013年）257頁、同「カナダ最高裁の構成と立憲主義——カナダ最高裁判事任命無効判決」法學新報121巻5・6号（2014年）227頁を参照。
63) Emmett Macfarlane, "The Supreme Court of Canada and the Judicial Role: An Historical Institutionalist Account", online: 〈http://qspace.library.queensu.ca/bitstream/1974/5313/1/Macfarlane_Emmett_200911_PhD.pdf〉. こうした傾向については、同論文104頁の表を参照。
64) 富井・前掲注62)「最高裁判所判事の任命（一）」146-147頁。
65) 同上、148-151頁。
66) 富井・前掲注62)「最高裁判所判事任命過程における議会の関与——カナダの展開と日本への示唆」、特に270頁以下を参照。

も考えられなくはないであろう。また国際法規範の「参照」にあたっても、同じようにそうした影響が考えられなくはない。しかしながら、その前提となる最高裁裁判官の任命に当たっては、内閣の専権とされながらも、政治的党派性は後退しているとの指摘がなされており、任命過程が司法積極主義に直接かかわっているかどうかは疑問が残る。また近年の最高裁の構成をみても、9名中7名が保守党による指名であるにもかかわらず、保守党政権の政策に対抗するような判断がなされている。つまり制度的な要因について言えば、最高裁の憲法判断および違憲判断の増加については、カナダの違憲審査制度や各種救済、歴代裁判官の傾向が何らかの影響を及ぼしている点は否定できないものの、裁判官の任命過程については留意が必要である。

(2)政治的背景と司法積極主義批判

①政治的背景

このように裁判官の任命自体は、直接的に党派的な影響が及んでいないように思われるが、そもそもこうした党派的な議論の前提にはどのような政治的な背景があるのであろうか。こうした政治的背景が憲章の制定や司法積極主義に対する批判とも大きくかかわるため、次にカナダにおける政治的議論のうち、司法積極主義とかかわる点に限って、検討を行いたい。

まず党派的議論の前提となるカナダの政党の特徴としては、次のような点が挙げられる。カナダには多数の政党があるが、これまで2つの政党が政権を担ってきたという歴史がある[67]。1980年代以降、政権を担ってきたのは、1980年から1984年が自由党、1984年から1993年が進歩保守党、1993年から2006年が自由党、2006年から2015年が保守党、2015年から現在が自由党である[68]。また各政党、特に全国政党である3つの政党については、保守党は保守主義を基調とす

---

[67] カナダでは保守党と自由党という大きな政党が、連邦形成以降、政権交代を繰り返してきたという歴史がある。この点については、加藤普章『カナダ連邦政治 多様性と統一への模索』(東京大学出版会、2002年) 131-157頁、久保文明他編『北アメリカ〔第2版〕』(自由国民社、2005年) 436-437頁、木暮健太郎「カナダの政党と政治」畠山圭一・加藤普章編著『アメリカ・カナダ』(ミネルヴァ書房、2008年) 191-207頁などを参照。

[68] 2015年10月19日の総選挙において、自由党が過半数の議席を獲得し、10年ぶりに政権交代がなされた。

る中道右派、自由党は自由主義を基調とする中道左派、特に平等主義的な改革支持派の政党であり、さらに、新民主党は社会民主主義を基調とする中道左派と位置付けられている[69]。近年では、保守党は失業率の改善、減税などの経済成長などを、自由党は中間層の待遇改善や雇用創出、経済成長や先住民の人権保護、環境保護、移民受け入れなどを、新民主党はLGBT、先住民の人権、環境保護や経済成長などをその政策目標として掲げている[70]。

　こうしたカナダにおける政党の違いを踏まえた上で、1982年憲章制定をめぐる政治的議論を検討してみたい。このときに重要な役割を果たしたのが、1982年当時首相であったトルドーであるが、彼は多文化主義宣言や英仏2カ国語を公用語とするなどの政策を行い、また各州の同意を得てカナダへの憲法移管を成功させ、1982年憲法の制定を先導した人物である[71]。1970年代以降、自由党政権は、憲法改正のための議論を進めたが、憲法の改正にあたっては連邦政府と州の合意が必要であった。そこでトルドーは、憲法改正に向けて州との協議を行い、その後様々な紆余曲折を経て、最終的にケベックを除く全州が1982年憲法に合意し、同法は制定されることになる[72]。しかしながら、そもそも州政府は議会主権の保持を主張し、憲章制定に反対をしており、こうした反対に対して同意を得るために、憲章第1条の権利に関する制限条項や適用除外条項などが

---

69) 加藤・前掲注67) 134頁などを参照。

70) なお保守党はその他にも、移民制度改革や反テロ対策、薬物・売春規制などを行ってきたが、前述のようにカナダ最高裁は、これに対抗するような結論をたびたび下している。

71) トルドーの行った政策や当時の政治状況に関しては、P. E. トルドー（田中浩・加藤普章訳）『連邦主義の思想と構造』（お茶の水書房、1991年）、吉田健正『カナダ　20世紀の歩み』（彩流社、1999年）、木村和男編『新版　世界各国史23　カナダ史』（山川出版社、2006年）、日本カナダ学会編『新版　資料が語るカナダ――1535-2007』（有斐閣、2008年）、日本カナダ学会編『はじめて出会うカナダ』（有斐閣、2009年）などを参照。

72) 憲章制定過程の議論に関しては、齋藤憲司「1982年カナダ憲法――憲法構造と制定過程」レファレンス381号（1982年）74頁、野上修市「1982年『カナダ人権憲章』とカナダ最高裁判所――カナダ憲法審査制の一考察として」法律論叢58巻4・5号（1986年）279頁、紙谷雅子「憲法と最高裁判所――カナダの場合」藤倉晧一郎代表編集『英米法論集』（東京大学出版会、1987年）59頁、荒木隆人『カナダ連邦政治とケベック政治闘争――憲法闘争を巡る政治過程』（法律文化社、2015年）などを参照。

第1章　「参照」を支える憲法解釈理論とその限界

設けられることになった。これらの条文、特に適用除外条項に関しては、州政府からの批判に対する政治的な「妥協の産物」であるとの指摘がなされている。なお、同条項に基づき、立法府は憲章違反を理由とする違憲判決を拒絶することができるが、連邦議会はこれを用いたことはなく、州議会もサスカチュワン、ケベック、アルバータ州に限られている。

②司法積極主義批判

こうした「議会主権の原則」を基にした主張は、政治的な影響力だけではなく、1982年以降の司法積極主義的姿勢に対する反論として、顕在化することになる。特に1980年代、つまりディクソン・コートが、不合理な捜査・押収に対する権利、移転の権利、宗教的理由で日曜閉店を要求されない権利について、とりわけそれらを大企業に付与したことや、積極的な社会福祉立法を違憲としたことなどに対して左派からの批判がなされている。たとえばペッターは、憲章は訴訟を提起するための資源を持っている、または政府の介入に対抗する動機をもつ企業のように、恵まれた者を保護してきたが、訴訟を提起する資源を持たず、また社会的正義の実現のために政府の介入を必要とする者への保護は十分ではなかったと指摘する。またマンデルは、憲章や裁判所は社会的な困窮者が必要とする公的な権力としての政府を敵とみなしており、そして憲章に関する訴訟は高額でエリート主義的で不誠実なものであると批判する。さらにハッチンソンは、憲章は「アメリカの伝統的な自由の法と政治を包摂した、その根源において自由な文書」であり、社会的規制の拡大はするべきではないと

---

73) 憲章第33条1項は次のように規定する。「連邦議会ないし州の立法者は、それぞれの事情に応じ、連邦議会の制定する法律ないし州立法者の制定する法律において、本憲章の第2条ないし第7条から第15条の規定にもかかわらず、その法律ないしその一部の規定が作用を認められると宣言することができる」。
74) 適用除外条項については、佐藤信行「カナダにおける憲法改正とカナダ権利自由憲章三三条」憲法理論研究会編『"危機の時代"と憲法』（敬文堂、2005年）187-200頁を参照。
75) 加藤・前掲注67) 237頁。See also, Roach, *supra* note 47 at 59-77.
76) Andrew Petter, "The Politics of the Charter" (1986) 8 S. C. L. Rev. 473 at 476.
77) Michael Mandel, *The Charter of Rights and the Legalization of Politics in Canada*, Rev. ed. (Toronto: Thomson, 1994) at 85-87, 264-272, 455-461. マンデルは、こうしたエリートによる偽りの民主主義や立憲主義を否定する。At 461.

し、さらに一般人は憲法訴訟に参加することはなく、それを語る民主的な機会が得られないことから、「直接的な市民の関与は常に憲法訴訟において行われるべきである」とする。[78] このように1980年代は、社会的困窮者の視点からの批判、また民主的に選出されていないエリートの裁判官による裁判に対する批判などがなされている。なお、こうした批判は進歩保守党政権期になされているが、モータービークル事件[79]やビッグエム薬事会社事件[80]などがその批判の対象となっている。

その後の1990年代、つまりラマー・コートの時代になると、同コートが多数派の要求や民主的に選挙された政府の意向に反して、少数者の権利や犯罪者の権利を過剰に擁護し、また裁判所は憲法に書かれていない権利を擁護したとする右派からの批判もなされている。たとえばモートンらは、違憲判断に積極的な裁判官により「司法裁量」が広げられることによって、中絶の権利、先住民の権利、ゲイの権利などの「新しい人権」が創設されることに懸念を示す。[81] そして、最高裁は憲章起草者の意図を無視し、どの時代の裁判官もその嗜好で判断を下せるようになるとし、まさに最高裁は、「事実上の第三の立法府」となったと警鐘を鳴らす。[82] また同様の主張は、政治学者であるマンフレディによってもなされている。彼は、裁判所が「起草者の意図」や憲章の文言に明確な意義を見出せない場合に、裁判官が自らの政策的な好みによって判決を書くことになることを懸念する。[83] さらに、「司法権が装っている政治権力が、その定義する憲法によってのみ制限される、というような形で司法審査が進化した場合、司法権はもはや憲法上の制約を受けていないことになる」と指摘する。[84] つまり、裁判官の恣意性によって憲章を解釈することの問題点を指摘する。こ

---

78) Allan Hutchinson, *Waiting for CORAF : A Critique of Law and Rights* (Toronto: Thomson, 1994) at 57-60, 131-136, 165-172, 181.
79) *Re Motor Vehicle Act, supra* note 55.
80) *Big M, supra* note 21.
81) Morton & Knopff, *supra* note 46 at 47.
82) *Ibid.* at 58.
83) Christopher P. Manfredi, *Judicial Power and the Charter* (Toronto: McClelland & Stewart, 1993) at 147.

のように、1990年代の最高裁に対する批判は、民主的決定に対する司法裁量の拡大に対する懸念や、裁判官の恣意性に対する懸念に集中している。なお、この時期は自由党政権期になり、ゾーブⅠ事件[85]、モーゲンテーラーⅡ事件[86]、ヴリエンド事件[87]などがその批判の対象となっている。

　以上のような司法積極主義批判、すなわち、いずれも民主的な多数決主義と議会主権を基にした、憲章制定期における州政府の主張を引き継いだ形の批判に対して、ひとつの試みがなされる。すなわち司法積極主義批判の最大の根拠である民主的正統性の課題に対する試みとして、1997年にホッグらによって対話理論が提唱される[88]。対話理論については日本でもこれまで多くの研究がなされているところであるが[89]、「憲章違反を理由に法律等を違憲無効とする判決の後に、立法権限を有する立法府による何らかの行為（some action）が行われる場合」に、対話は成立するものとされている[90]。ただし、前述した1990年代の右派からの批判によれば、対話的理解も否定されている。すなわち、いくつかの違憲判決においては、議会は適用除外条項を用いず、またその違憲判決に対する反応もしておらず、これらは対話ではなく、司法による「独り言（monologue）」であるという指摘がなされている[91]。以上のように、司法積極主義的な議論に対する憲章制定期における政治的闘争や議論は、議会主権という原則を

---

84) Christopher P. Manfredi, *Judicial Power and the Charter*, 2nd ed. (Toronto: McClelland & Stewart, 2000) at 22.
85) *Sauvé, supra* note 31.
86) *Morgentaler, supra* note 32.
87) *Vriend, supra* note 33.
88) Peter W. Hogg & Allison A. Bushell, "TheCharterDialogue between Courts and Legislatures (Or Perhaps the Charter of Rights Isn't Such a Bad Thing After All)" (1997) 35 Osgoode Hall L. J. 75.
89) カナダの対話理論については、佐々木雅寿『対話的違憲審査の理論』（三省堂、2013年）、高木康一「カナダ憲法学における『対話』理論——司法審査をめぐる議会と裁判所の関係」専修法学論集101巻（2017年）51頁などを参照。
90) 佐々木雅寿「カナダにおける裁判所と立法部の対話」大阪市立大学法學雑誌54巻1号（2007年）16頁。引用部分は、ホッグによる定義の翻訳である。
91) Morton & Knopff, *supra* note 46 at 166.

根底に置きながら、2000年以降においても、対話的理解とそれに対する議論として展開されていくことになる。

(3)カナダ特有の憲法解釈

以上のように、司法積極主義の批判の中には、カナダ最高裁による判断は憲章起草者の意図を無視したものであるとの批判がなされているところであるが、実際に最高裁は、どのような解釈を行ってきたのであろうか。

1982年以降、カナダ最高裁では様々な解釈手法が用いられてきたが、その中でも時代状況の変化に応じた幅広い解釈が行われている。こうした解釈手法自体は、1990年代の司法積極主義批判の対象ともされてきたものでもあるが、その解釈手法の背景にあるものが、長年の判例によって積み重ねられた「生ける樹（living tree）」理論[92]に基づく憲法解釈である[93]。この理論については次節でその詳細を検討するが、1928年のエドワーズ事件で枢密院司法委員会が、1867年憲法がカナダにその成長と拡大が可能な生ける樹を植えたと言及したことに端を発する[94]。「生ける樹」理論自体は、憲章制定以前にも最高裁において、たびたび言及されているが[95]、憲章の解釈については、1984年のスカピンカー事件で[96]

---

92) "Living Tree"に対しては、"Metaphor" "Theory" "Doctrine" "Concept"などの用語が付されているが、論文、判決などにおいて統一が見られないため、本書では「理論」と付した。なお同じ語を付したものとして、松井・前掲注53、42頁。

93) なお「生ける樹」理論については、同理論が憲章積極主義（Charter activism）を正当化するものであるという指摘がある。Morton & Russell & Withey, *supra* note 11 at 12.

94) *Edwards v. Canada (Attorney General)*, [1928] S. C. R. 276 [*Edwards*].

95) 枢密院司法委員会は、次のように述べた。「1867年憲法はその本質的範囲内において、カナダにその成長と拡大が可能な生ける樹を植えた」とし、「裁判官は、その欲望に従うのではなく、狭く専門的な解釈によって同法の規定の意味を縮小することを本委員会の責務としてはならず、むしろ広くリベラルな解釈を与えることをその責務としなければならない。そのため、州が一定の範囲内でその州を支配するように、自治領が一定の範囲内でその領域を支配することになるだろう」とした。*Ibid.* at 136. なお、こうした考え方は1867年憲法だけではなく、「カナダ憲法である生ける樹の上に憲章は移植された（engrafted）」ことから、憲章にも及ぶとされている。*Reference Re Provincial Electoral Boundaries (Sask)*, [1991] 2 S. C. R. 158 at 180 [*Reference Re Provincial Electoral Boundaries*].

初めて引用されることになる。同事件で最高裁は、憲法判断は憲法の発展過程に寄与するために行われなければならないとしている[97]。そして、同年のハンター事件でも「生ける樹」に関する言及が引用され、憲法解釈は、「多くの場合、起草者が想定していなかった新たな社会的、政治的、歴史的な現実と出会うたびに、成長し発展していくことができなければならない」とされた[98]。そして、「カナダ憲章は目的的な（purposive）文書であり、その目的は、合理的な制限の下で、権利や自由の行使を保障かつ保護することである」とされた[99]。

そもそもこうした理解が、カナダ憲法解釈において一般的であるかという点、また「生ける樹」理論が具体的な解釈手法にどのように影響しているかという点については次節で検討を行うが、カナダ最高裁は具体的に、目的的解釈（purposive interpretation）や進歩的解釈（progressive interpretation）などといった手法を用いることがある。

なお、マクラクリン裁判官はある講演で、「裁判官は、たとえ明確な法律や敵対的な世論があったとしても、『不文の原則』に基づいた結論に達する可能性があ」り、それは「法の支配を支持するための『裁判官の良心』に従っているためである」として、憲法典に規定のない権利の保障を認めるような発言を行っている[100]。このように最高裁の長官であったマクラクリン裁判官も、カナダ

---

96) *Attorney General of Quebec v. Blaikie*, [1979] 2 S. C. R. 1016 [*Blaikie*], *Attorney General of British Columbia v. Canada Trust Co. et al.*, [1980] 2 S. C. R. 466 [*Canada Trust*], *Reference re Residential Tenancies act*, [1981] 1 S. C. R. 714 [*Residential Tenancies act*].

97) 最高裁は、憲章は柔軟性と予見可能性をもって解釈しなければならず、「狭く専門的な解釈は、もし将来の未知の認識によって変更されないのであれば、法の成長と社会からの影響を阻害する。そしてこのことはすべて、1867年憲法に基づく政府の組織がその発展において経験してきたことであ」り、憲法に基づく個人と社会、そして権利間の調整は、裁判所による憲法の解釈と適用によってもたらされるとした。*Skapinker, supra* note 19 at para. 11.

98) *Hunter, supra* note 20 at 155.

99) *Ibid.* at 156. なお同事件において最高裁は、憲章第8条の目的はプライヴァシー権の保護にあり、同条の保障範囲はそこまで拡張されるべきであるとした。*Ibid.* at 158-159.

特有の「生ける樹」理論に基づく憲法解釈手法に親和的であるように思われる。また、こうしたカナダ特有の憲法解釈は、ローチの述べている「裁判官の法創造」といった用語にもかかわるが、裁判官によって憲章解釈の幅を広げる手法として用いられているように思われる。このことから、カナダ最高裁では1982年以降、裁判官の裁量によって解釈を広げる手法が用いられ、そうした手法は少なからず、カナダの司法積極的な姿勢、とりわけ新たな権利を創造すると指摘される要因となっていると思われる。

4　国際的法規範の「参照」との関係

以上、カナダ最高裁における1982年の憲章制定以降の傾向について、司法積極主義の展開に特化して明らかにし、その要因を検討してきたが、こうした司法積極主義と国際法規範の「参照」との関係性について、最後に検討してみたい。

(1) 国際法規範の「参照」と各コートにおける展開

前章で明らかにしたように、カナダ最高裁は、1980年代から憲章解釈の場面で国際法規範の「参照」を行っており、解釈基準とする「参照」から結論の補強としての「参照」などを行ってきた。また本節で取り上げたように、各コートの重要判例において国際法規範の「参照」が行われてきたことがわかる。こうした展開を前述した各コートの特徴に当てはめると、次のようになる。まずディクソン・ドクトリンが確立した時期は、その名の通り、憲章解釈の開拓期であったディクソン・コート期であり、各種の解釈基準が導入された時期である。特に本節において取り上げた、ビッグエム薬事会社事件は、「参照」の先駆けとなった事例でもあり、また公務員労働関係法照会事件におけるディクソン長官の反対意見は、こうした時期に提示されたものである。その展開をローチの提案する司法積極主義の定義に当てはめてみると、裁判官の法創造や切り

---

100) Beverley McLachlin, "Unwritten Constitutional Principles: What is Going On ?", online: ⟨http://www.fact.on.ca/judiciary/NewZeal.pdf⟩.

101) *Reference Re Public Service Employee Relations Act (Alta.)*, [1987] 1 S. C. R. 313 [*PSERA*].

札として憲章上の人権が理解されてきたことと関連するように思われる。なぜなら、カナダ最高裁が国際的義務のない国際法規範（特にヨーロッパ人権条約）をも憲章解釈の指針として「参照」することは、国内の憲章上にない外部の「権利」を国内において創造することになり、そして憲章上の人権がそうした外部の「権利」と「同程度の保護を提供しているものと推定すべきである[102]」とされたためである。

またキーグストラ事件以降の判例の展開は、1990年以降のラマー・コート期と重なる。つまり、ディクソン・コート期に提起されたディクソン・ドクトリンがその後も一部の判例において継承されてきたことと関連する。ただし司法積極主義との関連でいえば、結論の補強としての「参照」がなされたということから、裁判官による法創造の補強として機能したとも考えられる。しかしこうした傾向は、2000年以降のアドヴァンスカッティング・コーリング株式会社事件[103]における「参照」に対する懸念や、スレッシュ事件[104]などのように国際法規範との協調を示しつつ、結論として否定するような事例の登場により変化する[105]。つまり、この時期はマクラクリン・コートへの移行期である。同コートは、バランスと均衡を求めていたことに特徴があるとの指摘があり、憲章の発展の中で、権利間や思想間の均衡を図ってきたと評価されている[106]。権利間の調整を行いながら、議会との関係においても「戦略的に」違憲判断を行っているとも評価されている[107]。つまり、マクラクリン・コート期における国際法規範の「参照」は、結論の補強としての「参照」である場合は特に、権利間の調整を

---

[102] *Ibid.* at paras. 57-58.
[103] *R. v. Advance Cutting & Coring Ltd.*, [2001] 3 S. C. R. 209.
[104] *Suresh, supra*, note 37.
[105] ただし本件は、カナダが国際的義務を負っている国際法規範の「参照」であり、本書の主たる対象である国際的義務のない国際法規範の「参照」とは異なることに留意が必要である。
[106] Peter J. McCormick, *The End of the Charter Revolution : Looking Back from the New Normal*（Toronto: University of Toronto Press, 2015）at 121-168.
[107] Megan Ma, "A Critical Assessment of Supreme Court Judicial Reasoning: The Constitutionality of Health Care Policies in Canada"（2016）10 J. P. & P. L. 397 at 408.

行う過程において、それに至る結論の補強として、国際法規範が「参照」されてきた可能性がある。[108]このように、最高裁における国際法規範の「参照」については、裁判官による法創造などといった司法積極主義的な背景がある反面、特に近年においては、権利間の調整の場面での「参照」といった側面を垣間見ることができる。

　もっとも、こうした司法積極主義との関係については、前述したようにカナダ特有の憲法解釈の手法が影響している。つまり、カナダ最高裁における「生ける樹」理論を背景とした柔軟な憲章解釈の伝統が、こうした「参照」を促し、憲章開拓期から時代状況の変化に応じた解釈を行ってきたように思われる。なぜなら、憲章開拓期において様々な解釈指針を取り入れる上で、「生ける樹」理論は国際法規範の「参照」において非常に重要な要素とされたと考えられるためである。そのため、伝統的な憲法解釈理論としての「生ける樹」理論は、国際法規範の「参照」と大きく関連している。

(2)司法積極主義批判と国際法規範の「参照」

　他方で、司法積極主義に関しては、前述したように批判もなされているところである。国際法規範の「参照」が司法積極主義と関連するのであれば、そうした批判とも関連することとなる。司法積極主義批判については、特に新たな人権を創出していることなどに対して、最高裁は憲章起草者の意図を無視し、どの時代の裁判官もその嗜好で判断を下せるようになるとし、まさに「事実上の第三の立法府」となったとの批判がある。

　この点を国際法規範の「参照」との関連性で捉えると、いくつかの問題が出てくる。つまり国際法規範の「参照」は、まず議会との関係では議会主権の原則が、そして裁判官の嗜好に基づく判断に対してはその限界が、また憲章起草者の意図との関係では国際法規範と憲章との歴史的関係性などが問題となる。

　まず議会主権の原則との関係については、二元論の採用が前提となっている

---

[108] この点についての分析は、今後の判例の展開からも読み解く必要があるが、2000年以降の判例において、否定のための「参照」がなされていることからすれば、権利間の均衡や調整を行う過程において、国際法規範との実質的な「対話」がなされた可能性がある。

ことから、通常立法府による国内法化が必要であるにもかかわらず、国際法規範の「参照」が行われるといった問題が生じる。またこれと関連して、裁判官の嗜好に基づく判断については、チェリーピッキングであるとの問題がある。つまり、裁判官による国際法規範の「参照」は、裁判官による選り好みであり、議会や政府との関係が問題となる。最後に憲章起草者の意図との関連でいえば、前述したように、カナダ最高裁は国際法規範の「参照」を可能とするひとつの根拠として、憲章が国際法規範をもとに作成されたという「起草者の意図」に言及する場合がある。つまり、第１部第２章で取り上げた1995年の児童支援協会事件[109]におけるラマー裁判官（当時の長官）の賛成補足意見では、「少なくとも国際法規範が、憲章起草者の意図した憲章第７条の『自由の権利』という表現の解釈にあたって、追加的指示（additional indication）を提供している[110]」とされ、「起草者の意図」が国際法規範の「参照」に大きくかかわることが指摘されている。こうした最高裁裁判官による見解を見ると、司法積極主義の要素であった「生ける樹」理論に基づく国際法規範の「参照」と、その批判の要素であった憲章起草者の意図に基づく「参照」は互いに相対する関係になる。つまり「生ける樹」理論に基づく進歩的解釈と、原意主義的な「起草者の意図」に基づく「参照」との関係性が問題となる。

5　本節のまとめ

以上、カナダ最高裁における判断の傾向を示した上で、司法積極主義の意義を明らかにし、その要因を踏まえた上で、最高裁における国際法規範の「参照」の意義を検討した。それらをまとめると、次のようになる。

まずカナダ最高裁における司法積極主義の内実については、1982年以降は各種人権を擁護する判断を行い、政府と対抗的な判断を下してきたこと、またそうした判断のためには違憲判断も辞さない姿勢を示してきたことが挙げられる。そして、そうした司法積極主義に対してカナダ憲法学界からは、①裁判官

---

[109]　*B. (R.) v. Children's Aid Society of Metropolitan Toronto*, [1995] 1 S. C. R. 315 [*CASMT*]

[110]　*Ibid.* at para. 38.

の法創造、②裁判官の熱望、③切り札としての憲章上の権利、④ラストワードといったテーマで説明が試みられている。これに対して、こうした最高裁の姿勢ないし司法積極主義の要因としては、それを支える制度的な土壌があること、そして政治的な憲章制定期からの議論が根強く存在していること、さらには最高裁における伝統的な憲法解釈手法があることを指摘した。そして、こうした最高裁の傾向を背景として国際法規範の「参照」は行われ、そこには「生ける樹」理論との関連性が見出されることを指摘した。ただしこれらの点については、司法積極主義批判との関連から、最高裁の裁判官が行う国際法規範の「参照」にはその限界にかかわる問題（特に裁判官による進歩的な解釈がどの程度まで許容されうるかという「生ける樹」理論の限界にかかわる問題）がある。

　そこで、次節以降では、国際法規範の「参照」を支える憲法解釈理論としての「生ける樹」理論とはそもそもどういった議論であるのか、またそれがどのように国際法規範の「参照」とかかわるのかを検討する。さらにそうした検討を踏まえた上で、「生ける樹」理論と原意主義的理解とのかかわりに関する近年の議論を紹介し、それがどのように国際法規範の「参照」という議論と関連するかといった点を検討する。こうした国際法規範の「参照」を支える要因を検討した上で、その正当化議論の検討を次章以下で行っていく。

2　憲法解釈における「生ける樹」理論と国際法規範の「参照」

1　「生ける樹」理論と国際法規範の「参照」の関連性

　前節で見てきたように、国際法規範の「参照」と「生ける樹」理論は関連付けられていると考えられる。特に最高裁が、ディクソン・ドクトリンを用いている一方で、国際的義務のない国際法規範の「参照」において憲章起草者の意図を重視する議論を行っていることを踏まえれば、[111]「生ける樹」理論とその限界に関する議論が問題となる。そこで本節以降では、最高裁による国際法規範の「参照」と、伝統的に最高裁が導いてきた「生ける樹」理論との関係性を明

---

111) *CASMT, supra* note 109 at para. 38.

らかにするために、まずは「生ける樹」理論とは何か、そして「生ける樹」理論がどの程度の「起草者の意図」までを想定したものであるかを検討する。

　前節でも若干の紹介を行ってきたように、カナダ最高裁は1867年憲法の解釈において、「生ける樹」（Living Tree）理論と呼ばれる議論を展開しながら、様々憲法解釈方法を導いている。こうした議論はアメリカにおける議論や原意主義をめぐる議論などを中心に紹介および検討がなされ、日本でも多くの関心が集められてきたが、隣国のカナダにおいてもなされている。この理論は、憲法解釈において、カナダにおける過去、現在、未来の文脈をその中に読み込むことを求めるものであり、カナダの憲法観を形作ってきたものである。ただしそれは、必ずしもカナダの憲法解釈が憲法起草者の意図や、起草時の意味な

---

112) カナダの「生ける樹」理論を論ずるものとしては、後掲で挙げるもののほか、次のようなものがある。Aileen Kavanagh, "The Idea of a Living Constitution", (2003) 16 Canadian Journal of Law & Jurisprudence 55, Vicki C. Jackson, "Constitutions as "Living Trees"?: Comparative Constitutional Law and Interpretive Metaphors", (2006) 75 Fordham L. Rev. 921, W. J. Waluchow, "Constitutional law Symposium: Debating the Living Constitution: Symposium Article: Democracy and the Living Tree Constitution" (2011) 59 Drake L. Rev. 100, Bradley W. Miller, "Origin Myth: The Persons Case, the Living Tree, and the New Originalism" in G. Huscroft, B. Miller ed., *The Challenge of Originalism*, (Cambridge: Cambridge University Press, 2011), online: SSRN 〈http://ssrn.com/abstract=1935018〉at 120.

113) こうしたアメリカの議論の詳細と、憲法解釈と憲法構築の峻別を行いながら、憲法秩序のあり方を探究したものとして、大林啓吾「時をかける憲法——憲法解釈論から憲法構築論の地平へ」帝京法学28巻1号（2012年）91頁を参照。

114) 野坂泰司「憲法解釈における原意主義（上）（下）」ジュリスト926号（1989年）61頁、ジュリスト927号（1989年）81頁、同「テクストと意図——アメリカにおける原意主義―非原意主義論争の意義について」樋口陽一・高橋和之編『現代立憲主義の展開 下』（有斐閣、1993年）732頁、同「原意主義論争と司法審査制——最近のアメリカにおける理論状況について」ジュリスト1037号（1994年）46頁、阪口正二郎『立憲主義と民主主義』（日本評論社、2001年）、大河内美紀『憲法解釈方法論の再構成——合衆国における原意主義論争を素材として』（日本評論社、2010年）、淺野博宣「ジャック・バルキンの原意主義」辻村みよ子・長谷部恭男編『憲法理論の再創造』（日本評論社、2011年）229頁、大林・同上、団上智也「原意主義における憲法解釈と憲法構築の区別の意義」憲法論叢19号（2012年）31頁などを参照。なお、原意主義に関する主な先行研究については、大林・同上、脚注10にその詳細が列挙されている。

第 2 部　国際法規範の「参照」の正当性とその限界

どに拘束されるという意味ではない。カナダは隣国アメリカ合衆国の影響を受けながらも、独自の憲法観を形成しており、それに伴って憲法解釈方法もまた独自の解釈論が展開されているように思われる。なお、カナダは1982年に憲法が改正されたことにより、人権保障規定や最高法規規定等が盛り込まれることになったが、この理論は憲法改正によって中断することなく、1867年から継続して裁判所の解釈において用いられている。

　本節では、前述のように、国際法規範の「参照」を支える憲法解釈理論としての「生ける樹」理論とは、そもそもどういった議論であるのか、またそれがどのように国際法規範の「参照」とかかわるのかを検討する。そこでまず、若干詳細にではあるが、「生ける樹」理論の起源とその後の展開を検討することにより、同理論の判例上の意義を明らかにする。そしてその上で同理論の具体的な意義と内容を明らかにし、国際法規範の「参照」との関連性を明らかにする。

2　「生ける樹」理論の起源とその位置付け

　「生ける樹」理論がカナダ憲法解釈において初めて登場したのは、エドワーズ事件である。まずはこの事件を検討することにより、「生ける樹」理論が生まれた経緯とその意義を明確にしたい。

（1）「生ける樹」理論の起源——エドワーズ事件
①エドワーズ事件の経緯と概要

　エドワーズ事件の事実関係は次のとおりである。カナダ人女性の権利擁護運動家であったエミリー・マーフィ（Emily Murphy）は、1919年ごろから、上院議員として女性が任命されるべきであることを主張し、その後彼女自身がその

---

115)　カナダ憲法の制定過程の議論については、齋藤憲司「各国憲法集(4)　カナダ憲法」（http://dl.ndl.go.jp/view/download/digidepo_3487777_po_201101d.pdf?contentNo=1）を参照。

116)　*Edwards, supra* note 94. なお本件は、その後枢密院司法委員会に上訴されているため、同委員会での判決と区別するために、カナダ最高裁判決については、「*Edwards*」として引用する。

117)　この事件の経緯については特に、次の文献が詳しい。Miller, *supra* note 112.

第 1 章　「参照」を支える憲法解釈理論とその限界

地位を得ることを主張した。彼女を上院議員に任命することについては、3人の歴代首相によって拒否されたが、いずれの首相も女性を上院議員として任命するためには、憲法改正が必要であると考えていた。それは1867年憲法が、上院議員の任命、または公職者について、女性が不適合であるということを明示的に規定していなかったためである。当時の司法省は、女性が公職に投票し、またはその地位を得るには不適格であるとするような、コモン・ロー上のルールを覆す明示的な意図が存在していないと判断し、さらに、そのようなコモン・ロー上のルールを、カナダとイギリスの裁判所は維持していた。これらを覆すためには、明示的な立法が必要であったが、当時そのような連邦法は存在していなかった[118]。また1867年憲法は、その第24条において、総督が上院議員の「有資格者（qualified persons）」を召致すると規定しているが、当時の司法省の見解によれば、上院議員として女性を任命することを可能にし、それらを制限する先例を覆すような憲法起草者の明確な意図はないとされていた。

マーフィは最終的にこの問題について、政治的成功はないという見込みから、1927年に他の4名の女性（エドワーズ（Henrietta Muir Edwards）、マククラッグ（Nellie Mooney McClung）、マキニー（Louise Crummy McKinney）、パールビィ（Irene Marryat Parlby））と共に[119]、連邦政府に最高裁から1867年憲法第24条の「人（persons）」という語の中に、女性を含むかどうかという問題について、照会権限[120]を行使するよう申し立てた[121]。これに対して同年10月19日、総督はこの問題と政府の立場についての検討を行うよう、最高裁に対して枢密院勅令

---

118) 確かにほとんどの州ではすべての成人に参政権を付与する法律改正がなされていたが、この当時のカナダ連邦法では達成されていなかった。
119) 女性の人権の向上に寄与した彼女たちは、カナダで「有名な5人（Famous five）」と呼ばれているが、彼女たちの活動については、次の文献を参照。Lorna M. A. Bowman, "Are Women Persons?: The Case of Canada's Famous Five", online: 〈http://www.religiouseducation.net/wp-content/uploads/2011/10/RIG1.6-Bowman.pdf〉. なお当時、エドワーズはNGOである「カナダ女性協議会」のアルバータ支部副部長（vice-president for the province of Alberta of the National Council of Women for Canada）、マククラッグとマキニーは数年間州議会の議員、マーフィは州警察裁判所治安判事（police magistrate）、パールビィは州議会の議員と、行政機関の職員をしていた。

（Order in Council）を発した。

②カナダ最高裁の意見

　本意見を執筆したのは当時の最高裁長官アングリン（Francis Alexander Anglin）である。彼はまず本件の問題について、女性が総督によって上院に召致される「人」としての資格を有するかどうかという点にあることを確認した。そして、この問題を考える際に重要な点は、女性議員が望ましいか否かという議論や政治的な側面を考慮するのではなく、最大限の能力を発揮して1867年憲法の解釈を行うべきであるとした[122]。ただしその際、1867年憲法が制定された当時に要求されたものと同様の構造（construction）を、現在の裁判所も同法の諸規定に与えることになるとし、「もし第24条の『人』という語に女性を含めるのならば、1867年から女性を含めていたことになる」とした[123]。すなわち、1867年に憲法が起草されたときに確立した「人」の保障範囲を超えた、またはそれと一致しない対象は、「人」とはならないとした。このように憲法起草時の意図に従う解釈を行う根拠として、彼は次のように説明している。つまり、「法に詳しい賢人（sages）は、これまで、見た目の文言とは全く異なる法の解釈を行ってきた……、法の解釈は議会の意図（intent）によって導かれ、常に物事の必要性に応じて、そして根拠とよき裁量とを一致させるように用いられてきた[124]」とした。すなわち、「我々は議会法の語句だけではなく、……法が制定さ

---

120) カナダ最高裁は、連邦政府からの憲法上の問題に関する照会に対して、勧告的意見を出すことができる。こうしたカナダの照会制度については、野上修市「カナダ法の照会事件（Reference Case）について――カナダ司法審査制の一側面」法律論叢40巻4-5号（1967年）35頁、佐々木雅寿『現代における違憲審査制の性格』（有斐閣、1995年）、同・前掲注8）「カナダにおける違憲審査制度の特徴（中）」117頁、ロバート・J・シャープ（佐々木雅寿訳）「カナダ憲法における司法制度と違憲審査権(1)」法学雑誌43巻1号（1996年）163頁などを参照。

121) この歴史的な展開については、次の文献を参照。Robert J. Sharpe & Patricia I. McMahon, *The Persons Case : The Origins and Legacy of the Fight For Legal Personhood*（Toronto: University of Toronto Press, 2007）at 74-103.

122) *Edwards, supra* note 94 at 281-282.

123) *Ibid.* at 282. この点についてカナダでは、概念の「凍結（frozen）」と呼ばれている。Miller, *supra* note 112 at 5.

れる原因と必要性、そのそれぞれの比較、そして外国（外部からという意味）の状況から収集した、議会の意図を解釈しなければならない」とした。

このような解釈方法を示した上でアングリン裁判官は、まず「人（persons）」という用語の多義性を考慮すると、1867年憲法第24条により女性を上院議員に任命することが可能であることを、起草者が意図していたか否かが問題となるが、起草者はそのような解釈を意図していないとした。そしてその理由となる事実として、1867年からカナダ政府は女性を上院議員として任命してこなかったことを挙げ、このことは女性が同条の対象外であることを信じるに足りる証拠となるとした。そして以上のことからアングリン裁判官は、1867年憲法第24条の「人」には女性を含めないと結論付けた。

③枢密院司法委員会判決

カナダ最高裁による意見後、5名の女性は当時の終審裁判所であった枢密院司法委員会（Judicial Committee of the Privy Council）に上訴した。この判決を執筆したのはサンキー（John Sankey）卿である。彼はまず本件の争点を、「人」の中に女性は含まれるかという点と、その結果として上院議員として召致されるにふさわしい資格を有するかという点に整理した。そしてこの問題を検討する際には、2つの点を考慮すること、すなわち女性を「人」とみなさないとす

---

124) *Edwards, supra* note 94 at 282.
125) *Ibid.*
126) *Ibid.* at 285-286.
127) *Ibid.* at 284-285. またこのことを補強するものとして、議会がコモン・ローを認識しており制定法はコモン・ローを要約するものとして解釈されるべきであること、コモン・ローによって1867年まで女性が公職に就くことは不可能であったこと、1867年憲法第24条にはコモン・ローを明示的に覆す文言が無いことが述べられている。
128) カナダが自前の最高裁を設置したのは1875年であったが、植民地時代からの慣行で1949年まで、枢密院司法委員会への上訴が認められていた。なおこの点については、野上修市「司法審査とカナダ最高裁判所」明治大学社会学研究所紀要4号（1966年）115頁などを参照。
129) *Edwards v. A. G. of Canada* [1930] A. C. 124. なお本件は、別名「Persons Case」とも呼ばれるため、以下、最高裁の意見と区別するために、枢密院判決については「*Persons Case*」として引用する。
130) *Ibid.* at 124.

るような、本件以前の法律や既存の判決のように外的な事情に由来する根拠と、当該法律に内在する根拠を別々に検討することが可能であるとした[131]。まず外的根拠としては、19世紀には女性を公職に就かせないとするコモン・ロー上のルールを維持する判例が、18世紀には女性の選挙権を否定する州法が存在していたことが挙げられるが[132]、「人」という語の多義的意義を明確化するために、これらの異なる状況、世紀、国に適用されている外的（歴史的）事情を考慮することは有用とはいえず、またそれらの事情は公職から女性を除外するというコモン・ロー上の推定を構成しないとした[133]。そして次に、法（1867年憲法）に内在する根拠についての考察（すなわち、女性を「人」とみなさないとするような法に内在する根拠があったかどうかという点に関する考察）を行ったが、まずはその前提として1867年憲法を取り巻く状況について、枢密院司法委員会は別の習慣や伝統を持つカナダの法律を解釈する際には、細心の注意を払う必要があり、1864年シャーロット会議から1867年憲法制定に至る政治的過程を踏まえながら、次のように述べた。

> 1867年憲法はその本質的範囲内（within its natural limits）において、カナダにその成長と拡大が可能な生ける樹を植えた。同法の目的はカナダに憲法を付与することであった……。
> 裁判官は……狭く専門的な解釈（narrow and technical construction）によって同法の規定の意味を縮小（cut down）することを本委員会の責務としてはならず、むしろ……広くリベラルな解釈（large and liberal interpretation）を与えることをその責務としなければならない[134]。

そして、このことから枢密院司法委員会は、「人」という文言の多義性を探るためには、「どのように意図されてきたかということではなく、どのように記述されてきたかということ」を探るべきであるとした[135]。そしてこのことを前

---

131) *Ibid.* at 127.
132) *Ibid.* at 128-133.
133) *Ibid.* at 135.
134) *Ibid.* at 136.
135) *Ibid.* at 136-137.

捉としつつ、他の規定から集めた証拠を根拠としながら、「もし第24条が男性に限定することを意図していた場合、制限する表現によって確実にそのような意図を明確にしていただろう」とした[137]。そして、1867年憲法第24条の「人」という用語には両性が含まれるとし[138]、その結果として、女性は上院議員として召致されるにふさわしい資格を有すると結論付けた[139]。

（２）「生ける樹」理論の意義とその位置付け

このようにエドワーズ事件では、1867年憲法第24条の「人」という用語に女性を含むかという論点について、カナダ最高裁は含まないとする結論を、枢密院司法委員会は「生ける樹」理論を用いて含むとする結論を導いた。この結論を分けた両者の違いは、「どのように1867年憲法第24条の『人』という語句の意義を決めるか」という点にあった[140]。ここでカナダ最高裁は、「法が制定される原因と必要性、そのそれぞれの比較、そして外国（外部からという意味）の状況から収集した、議会の意図を解釈しなければならない」[141]として、これまで女性を上院議員に任命してこなかったことを根拠に、1867年憲法の起草者には、上院議員に女性を含めるとするような意図はなかったとした。カナダ最高裁の手法は、まさに1867年憲法第24条の「人」という語句の意義は、「起草者の意図」によって決められるとするものであったといえる。これに対して枢密院司法委員会は、「生ける樹」に言及しながら、「人」という文言の多義性を探るために、「起草者の意図」に依拠するべきではなく、「どのように記述されてきた

---

136) サンキー卿が解釈の根拠としたのは、1867年憲法第11条や第133条１項が規定する「人」は両性を含むものとして解釈されていること、第41条と第84条がそうであるように、仮に男性に限定する場合にはそのように規定していること、上院議員の資格について規定する第23条は男性をリストアップしていないことであった。なお、1867年憲法の諸規定については、文量が多いためここでは見出しのみ掲載するが、第11条は「カナダのための女王の枢密院」について、第41条、第84条はともに「従来の選挙法の効力」について、第23条は「連邦上院議員の資格」について規定している。
137) *Persons Case, supra* note 129 at 141.
138) *Ibid.* at 138-142.
139) *Ibid.* at 143.
140) Miller, *supra* note 112 at 17.
141) *Edwards, supra* note 94 at 282.

かということ」を探るべきであるとした[142]。すなわち同委員会は、1867年憲法第24条の「人」という語句の意味は、「文言のそのままの意味」によって決められるとした[143]。

ここで、枢密院司法委員会でサンキー卿が唱えた「生ける樹」の意義は、次のように整理をすることができる[144]。すなわち、ⓐ1867年憲法が、カナダにその成長と拡大が可能な「生ける樹」を植えたこと、そしてこのことに基づいて、ⓑ裁判官は憲法の文言について、狭く専門的な解釈を行うのではなく、広くリベラルな解釈を行うべきであること、ただしそのような解釈を行うことができるのは、ⓒ多義的な憲法条文を解釈する場合であり、またその憲法条文のⓓ「本質的範囲内」に限られること、である。まずⓐについては、1867年憲法そのものが「生ける樹」なのではなく、同法が「生ける樹」を植えたのであり、「生ける樹」とはカナダの憲法のことを指している[145]。枢密院司法委員会によれば、このカナダの憲法には、憲法典としての1867年憲法だけではなく、カナダ憲法を構成する慣習や協定をも含むものであるとされている[146]。まさにカナダの憲法観を、カナダに根を生やした「生ける樹」と表現したことになる。またⓑについてはより技術的な解釈方法を示したが、実際にサンキー卿が行った解釈は、1867年憲法の他の条文に見られる「人」という文言の客観的な意味から、

---

142) *Ibid.* at 136-137.
143) この点についてミラーは、枢密院司法委員会は第24条の語句の意味を「その文言のそのままの意味（plain meaning of the text）」によって決めており、まさにこれはアメリカの最高裁のスカリア裁判官による手法を予期するものであったとする。またこれに対して最高裁の議論は、第24条の語句の意味を「起草者の意図（intentions of the framers）」によって決めており、これは1980年代にアメリカで支配的であった原意主義の手法を採用したものであるとした。Miller, *supra* note 112 at 17.
144) なお「生ける樹」理論の整理については、次のものを参照。Scott Reid, "The Persons case eight decades later: Reappraising Canada's most misunderstood court ruling" (2013), online: SSRN 〈http://ssrn.com/abstract=2209846〉 at 3, Bradley W. Miller, "Beguiled by Metaphors: The "Living Tree" and Originalist Constitutional Interpretation in Canada", (2009) 22 Can. J. L. & Juris. 331, online: SSRN: 〈http://ssrn.com/abstract=1272042〉.
145) Miller, *supra* note 112 at 15.
146) *Persons Case, supra* note 129 at 136.

第1章 「参照」を支える憲法解釈理論とその限界

第24条の「人」の意義を特定したことである。このことからサンキー卿の行った「広くリベラルな解釈」は、条文に依拠し、その意味を客観的に解釈することであると考えられる。さらに©と④については、「生ける樹」理論に基づく「広くリベラルな解釈」に対する限界を示している。つまり、条文の意義を広く解釈することが可能となるのは、「多義的な憲法条文を解釈する場合」であり、条文が厳格に意義を提示している場合には、(そもそも解釈上の問題とはならない可能性もあるが)不可能となる。また「広くリベラルな解釈」を行うためには、問題となる事項が1867年憲法の条文の「本質的範囲内」にある場合でなければならず、もしそうではない場合は、このような解釈を行うことはできないということになる[147]。

以上のように、「生ける樹」理論は4つの意義に整理することができるが、この「生ける樹」理論はその後の判決においても、後述するように好意的に受け止められている。ただしカナダは1982年に憲法改正を行っており、自主改正権や人権規定などを規定した。そのため、サンキー卿が用いた「生ける樹」理論が1982年の憲法改正後も、1867年憲法の解釈と同様に用いられていったのか、またその場合、カナダにおける憲法観も継承されていったのであろうか。以降では1982年憲法制定以降の「生ける樹」理論の展開を検討し、カナダにおける「生ける樹」理論の意義について、その明確化を試みたい。

3 「生ける樹」理論のその後の展開

カナダは1982年に憲法を改正し、新たに人権規定をその内に取り込んだ。またそれによって違憲審査権が与えられ、人権侵害の制定法を憲法違反とすることが可能となった。ただし1982年以降もカナダ最高裁は、「生ける樹」理論を継承し、まさにこれまでの幹からさらに新たな枝葉を生やすがごとく、新たな解釈方法を生み出した。そこでまずは、「生ける樹」理論の継承の具体的な内容を理解するために、エドワーズ事件を明確に引用した1984年のハンター事

---

147) 枢密院司法委員会の判決は、何が成長を止める「本質的」な限界になるかについて明確にしていないが、その「本質的」な限界とはまさに、1867年憲法の制定によって固定され静止した「条文」であるとする見解がある。See Reid, *supra* note 144 at 4.

件[148]と2004年の同性婚に関する照会事件[149]を検討していく[150]。

(1)1984年ハンター事件最高裁判決

①事件の概要

本件の概要は次のとおりである。1982年4月20日、企業結合調査法（Combines Investigation Act、以下CIA）第10条1項により調査執行官ハンターは、エドモントンにあるサウザン新聞社（Southam Newspaper）内への立ち入り、文書の調査を行った。この権限は同法第10条3項により制限取引行為委員会による証明が必要とされている[152]。これに対して同社は同日正午、憲章第8条に違反する調査である（違法な捜索または押収に当たる）として、その調査についての仮差止命令をアルバータ州裁判所に申し立てたが、その申立ては認められなかった。そこで同社は、アルバータ州控訴裁判所に上訴した。同裁判所は同社から収集したすべての文書について、暫定的な措置として封印することを命

---

148) *Hunter, supra* note 20.
149) *Re Same-Sex Marriage, supra* note 39.
150) なお1982年に憲法が改正されて以降、初めてエドワーズ事件を引用した事件は、スカピンカー事件（*Law Society of Upper Canada v. Skapinker*, [1984] 1 S. C. R. 357）である。本件では「狭く専門的な解釈は、もし将来の未知の認識によって変更されないのであれば、法の成長と社会からの影響を阻害する。そしてこのことはすべて、1867年憲法に基づく政府の組織が、その発展において経験してきたことである」とした。at 366-367. ただし本件は、1867年憲法がカナダに「生ける樹」を植えたとする言及を述べるにとどまっているため、本書ではその詳細について割愛する。
151) CIA 第10条1項は、次のように規定する。「第3項を条件として、この法律に基づくあらゆる審査（inquiry）において、企業結合調査局の調査執行官もしくはその委任を受けた代理者は、審査事項に関連する証拠が存在すると信じる任意の敷地に立ち入ること、その敷地内の任意のものを調査すること、またはさらなる検査のための運びだし、もしくはその複製、もしくは本、紙、記録、その他の文書を複製することができる。場合に応じて、それらを証拠とすることができる」。また第3項は、次のように規定する。「第1項による権限を行使するにあたって、そのような一方的な権限を与えられた調査執行官またはその委任を受けた代理者は、制限取引行為委員会の委員から与えられた証明書を提示しなければならない」。
152) 証明書の内容については、*Hunter, supra* note 20 at 150-151. なお、調査の証明自体は憲章制定以前に行われたが、調査自体は憲章制定後に行われたため、本件の訴えは認められている。憲章が制定されたのは、1982年4月17日である。

じ、またCIA第10条1項および3項は憲章第8条に違反するとした。これに対してハンターは上訴したが、最高裁も全会一致でそれらが憲章第8条に違反するとした。法廷意見を執筆したのはディクソン裁判官である。

②最高裁判決

ディクソン裁判官によれば、憲章第8条は個人が「正当な理由なく捜索または押収」されないことを保障しており、この「正当な理由なく」という文言は曖昧かつ広範であるが、その意味は歴史的、政治的、哲学的文脈、辞書や制定法によって言及される事柄によって明確にすることはできないとした[153]。そして、その意義を確定するにあたり、カナダ憲法の解釈について、次のように述べた。

> 憲法（constitution）の意義を拡張する作業は制定法解釈と決定的に異なっている。制定法は現在（present）の権利と義務を定義付けている。制定法は容易に制定され、同様に容易に廃止される。憲法は対照的に、将来（future）を見据えて起草されたものである。その機能は、政府の権限を正当に行使するための、かつ権利章典や憲章が統合された時から、個人の権利と自由の絶え間ない保護のための継続的な枠組みを提供することである。一度それが制定されれば、その規定は簡単に廃止または改正することはできない。したがって、それは多くの場合、起草者が想定していなかった新たな社会的、政治的、歴史的な現実と出会うたびに、成長し発展していくことができなければならない。……憲法上の文言を広い視野でアプローチする必要性は、カナダの憲法ではおなじみのテーマである。このことは、カナダの憲法判例上数えきれないほど引用され適用された、エドワーズ事件のサンキー卿の見解に含まれている[154]。

このようにディクソン裁判官は、前述したエドワーズ事件における「生ける樹」についての言及を引用しながら、「カナダ憲章は目的的な（purposive）文書であり、その目的は、合理的な制限の下で、権利や自由の行使を保障かつ保護することである」とした[155]。そして本件において、まさに違法な「捜索または押収」から安全である権利を保障することがこの目的であり、その保護法益は財産権だけではなく、アメリカ合衆国最高裁がカッツ（Katz）事件で示したよ

---

153) *Ibid.* at 154-155.
154) *Ibid.* at 155-156.
155) *Ibid.* at 156.

うに、少なくともプライヴァシー権にまで拡張するべきであるとした[157]。すなわちディクソン裁判官は、憲章第8条の目的はプライヴァシー権の保護にあり、同条の保障範囲はそこまで拡張されるべきであるとした。そしてこのことが要求するものは、不当な検査の防止であり、そのためには事後に検査が行われるべきではなかったという決定がなされるだけでは不十分であり、「事前の承認（prior authorization）」を条件付けることが必要であるとした[158]。そこでCIA第10条3項は、事前の承認を規定しているが、その手続きは次の2点において不備があるとした。まず第1点目として、この手続きを意義のあるものにするためには、調査執行官に対して、政府と個人の対立する利益を中立かつ公平に評価できることが必要であるが、制限取引委員会はそのような能力を有していないとした[159]。次に第2点目として、憲章第8条が保障する最低基準は、犯罪が行われ、その場所を捜索することでその犯罪の証拠が発見されると信じて調査を行うことであるが、CIA第10条1項および3項はこれらを満たしていないとした[160]。以上のことからそれらの規定は、憲章第8条に違反するとした。

③本判決の意義

このようにハンター事件では、エドワーズ事件で言及された「生ける樹」理論を引用し、憲章第8条の解釈を目的的に行った。ここで、ハンター事件で示された内容を整理すると次のようになる。まず憲法について、それは「将来を見据えて起草されたもの」であり、「起草者が想定していなかった新たな社会的、政治的、歴史的な現実と出会うたびに、成長し発展していくことができなければならない」とした[161]。このカナダ憲法が発展し成長していくという点、「起草者の意図」に拘束されないという点については、エドワーズ事件で整理した⒜の事項と同様の見解であるが、本件では新たに、憲法の発展は「将来」

---

156) *Katz v. United States*, (1967) 389 U.S. 347.
157) *Hunter, supra* note 20 at 158-159.
158) *Ibid.* at 160-161.
159) *Ibid.* at 162-165.
160) *Ibid.* at 165-169.
161) *Ibid.* at 155-156.

に向かうという点が加わった。そして次に、憲法解釈の際には広い視野でのアプローチによって、目的的に解釈することとされた。この点についてはエドワーズ事件で整理した⑥の点にもかかわるが、エドワーズ事件においては「広くリベラルな解釈」とされていたが、本件では「目的的(purposive)解釈」として用いられている。なお、エドワーズ事件で整理した©の点については本件も同様であるが、⑥の点については触れられていない。

このようにハンター事件では憲法の発展が「将来」に向けられていること、そして目的的解釈を行うべきことが新たに指摘された。このような「生ける樹」理論に対する新たな指摘は、その後約10年を経た2004年同性婚照会事件においても見られる。次にこの判決の詳細を見ていくことで、歴史的に変容を遂げている、「生ける樹」理論の全体像を明らかにしたい。

(2) 2004年同性婚照会事件

①事実の概要

本件の概要は次のとおりである。2003年7月16日、最高裁判所法第53条に基づき、政府は次の4つの点について、最高裁に照会を行った。第1に、「市民的目的による婚姻の法的許容性の諸相に関する添付法案は、カナダ連邦議会の排他的立法権限の範囲内に含まれるか、もし含まれない場合、どのような事項、またはどの範囲においてか」という点、第2に「もし排他的権限の範囲内に含まれるとした場合、法案の第1条が規定するように、同性同士に婚姻能力を拡大することは、憲章に合致するか、もし合致しない場合、それはどのような事項、またはどの範囲においてか」という点、第3に「憲章第2条a号が規定する信教の自由は、宗教関係者に対して、その自らの宗教的信念に反して、両性同士の婚姻を強制されないことを保障しているか」という点、第4に「市

---

162) なおカナダの議論については後述するが、目的的解釈についての一般的議論に関しては、次のものを参照。Aharon Barak, *Purposive Interpretation in Law* (Princeton: Princeton University Press, 2005) at 85-304.

163) *Supreme Court Act*, R. S. C. 1985, c. S-26.

164) 法案の第1項は「市民的目的のための婚姻は、他のすべての者を排除する当事者間の合法的な結合(union)である」とし、第2項は「本法は宗教団体関係者が、その宗教的信念に反して行う婚姻を拒否する自由を否定しない」と規定していた。

民的目的のために異性間での婚姻を要件とすることは、……憲章に合致するか、もし合致しない場合、それはどのような事項、またはどの範囲においてか」という点である。最高裁は第1点目につき、第1項は連邦議会の排他的権限内に含まれるが、第2項は含まれないとし、第2点目について、婚姻を定義付ける第1項は憲章に違反しないとし、第3点目について、信教の自由は自らの宗教的信念に反する両性同士の婚姻を国家によって強制されることから保障しているとし、最後に第4点目については、回答を拒絶した。

②最高裁による意見（第1の点について）

最高裁はこれらの3つの点について検討を行ったが、ここでは第1の点についてのみ詳細に述べる[165]。

第1の点について最高裁は、1867年憲法の立法権限を考えるにあたっては、次の2つのステップによって評価しなければならないとした。最高裁によれば、法案の「核心と本質」、またはその支配的な特徴を性格付けること、そして1867年憲法第91条[166]と第92条[167]において列挙された権限のひとつに、その法案の対象とする事項を割り当てることができれば、その事項は1867年憲法の立法権

---

165) なお第2、第3の点については、次のように判断した。第2の点について、法案第1条は同性同士が婚姻する権利を与えることを目的としており、憲章第15条1項が保障する平等に関する政府の政策的姿勢を示しているが、同条の効果において、区別を行っておらず、あるグループの平等権がその他のグループの平等権を侵害するとは考えられないため、憲章第15条1項を侵害しないとした（Re Same-Sex Marriage, supra note 39 at paras. 40-46）。また同性婚の権利は潜在的に信教の自由と衝突する可能性があるが、その権利の衝突は憲章との衝突ではなく、むしろ憲章内部での衡量と叙述によりその紛争は解決されるため、憲章第2条a号を侵害しないとした（at paras. 47-54）。また第3の点については、憲章第2条a号は、宗教関係者がその宗教的信念に反する市民的または同性婚を行うことを政府によって強制されないことを広く保障しているとした（at paras. 55-60）。

166) 1867年憲法第91条1項は「連邦議会の権能」について規定し、連邦議会の専属的立法権を列挙している。26号は「婚姻及び離婚」を規定している。なお、議会の立法権限については、長内了「『権限配分』にみられるカナダ連邦制度の特色——合衆国における経験との比較」比較法雑誌7巻3・4号（1973年）243頁が詳しい。

167) 1867年憲法第92条は「州立法府の専属的権能」について規定し、専属的に法を制定できる事項を列挙している。

第 1 章 「参照」を支える憲法解釈理論とその限界

限の範囲に含まれるとした[168]。そしてこのステップを同法案に当てはめ、その第1条が規定する「婚姻」の定義は、「核心と本質」において市民的婚姻の法的能力に関わるものであり、1867年憲法第91条26号の事項に含まれる（連邦の排他的権限に含まれる）とした[169]。

なおここで最高裁は、その「核心と本質」にかかわる同条の「婚姻」の定義について言及を行った。1867年にハイド事件で確立したコモン・ロー上の「婚姻」の定義[170]は、結婚と宗教を不可分のものと考えており、多元的社会である現在のカナダでは妥当せず、このような定義を固持しようとする「『凍結概念』("frozen concepts")は、カナダの憲法解釈における最も根本的な原則のひとつに反する。つまり我々の憲法（Constitution）は、進歩的な解釈（progressive interpretation）の方法によって現代生活の現実を取り入れ、またはその現実に対処する生ける樹である」とした[171]。そして、この「生ける樹」理論に従って1867年憲法第91条26号の「婚姻」概念を解釈すると、まず「婚姻」は法制度が作られる以前から行われていたものであり、法によってその根本的な内容を変更することはできないこと、そして同性婚は「その本質的範囲内」に含まれないため、1867年憲法第91条26号の進歩的解釈を行うことはできないこと（すなわち、同号の「婚姻」について進歩的解釈を行い、その用語から発展的に同性婚を除外してはならないということ）、そして憲法の「起草者の意図」は限定的でなければならず、説得的ではないことを示した[172]。以上のことから、1867年憲法第91条26号の

---

168) *Re Same-Sex Marriage, supra* note 39 at para. 13. なおこの点については、次の判例を参照した。*R. v. Hydro-Québec*, [1997] 3 S. C. R. 213 at para. 23.
169) *Ibid.* at paras. 16-19.
170) *Hyde v. Hyde*, (1866) L. R. 1 P. & D. 130. 本件において「婚姻」概念は、「キリスト教徒に理解されてきたように、他のすべての者を排除して、一人の男性と一人の女性の生存（life）を自発的に結合（union）するもの」と定義された（at 133）。なお、同事件の「婚姻」概念の定義とその変容については、河北洋介「カナダにおける『婚姻』概念の変容——カナダ憲法判例に基づいて」GEMC journal 5 号（2011年）64頁を参照。
171) *Ibid.* at paras. 21-22. また最高裁は、「広くリベラルな、または進歩的な解釈はカナダの文書の解釈を行う上で継続的な妥当性と正統性を保障する。……早期の英国の判例は我々の憲法の『解釈を構築するうえで安全な土台』とは言えない」とした（at para. 23）。

第 2 部　国際法規範の「参照」の正当性とその限界

「婚姻」にはコモン・ロー上の定義は含まれず、また同性婚も除外されないことを明らかにした。なお法案の第 2 条については、その「核心と本質」において婚姻を行う者に関連し、1867年憲法第92条12号が規定する州議会の権限に含まれるため、1867年憲法第91条26号の事項に含まれない（連邦の排他的権限に含まれない）とした。[173]

③本意見の意義

ここで、本意見で示された内容を整理すると次のようになる。まず本意見はカナダ憲法について、「進歩的な解釈の方法によって現代生活の現実を取り入れ、またはその現実に対処する生ける樹である」とした。この「生ける樹」に関する言及は、エドワーズ事件で整理した@の事項と同様である。また©の事項についても同様であるが、⑥の事項に関しては、本件ではその解釈の方法として、新たに進歩的解釈を行う点が加わった。そして@の事項に関して本件は、解釈の限界を示した。すなわち、同性婚が1867年憲法第91条26号に明確に掲げられていないことをもって、同性婚は同条の「本質的」限界に当たるため、同条を進歩的に解釈することはできないとした。なおこのような整理とは別に、本意見の意義として特筆すべき点は、「凍結概念」を用いたエドワーズ事件におけるカナダ最高裁の見解を明確に否定している点である。つまり1867年憲法の解釈にあたって、1867年に理解されていた認識、すなわち、英国で確立された判例やコモン・ロー上の定義に固辞することが、「カナダの憲法解釈における最も根本的な原則のひとつに反する」とした。本件で示された「生ける樹」理論を前提とするならば、憲章上の条文の定義を固辞しようとするような解釈は採用できないということになる。[174]

---

172) *Ibid.* at paras. 23-30. なお、1867年憲法第91条 1 項26号は同性婚の結婚式も含みうるが、このことは州議会の立法権限を侵害することにはならないとした（at paras. 31-34）。
173) *Ibid.* at paras. 35-39.
174) エドワーズ事件においては1867年憲法の起草者の凍結した概念に縛られないとし、またハンター事件においても起草者の意思に拘束されないとの言及はなされているが、本件でいう凍結された概念とは、コモン・ロー上の定義である。

4　カナダ憲法解釈における「生ける樹」理論の意義とその影響

　以上、エドワーズ事件から同性婚照会事件にかけて、「生ける樹」理論の展開を見てきたが、この理論はカナダの憲法解釈に様々な影響を与えてきたように思われる。憲法条文を目的的にであれ、進歩的にであれ、その根本となる「生ける樹」理論は、カナダの憲法観に多大な影響を与えてきたと考えられる。そこでこうした影響を理解するために、まずはエドワーズ事件を起源とする「生ける樹」理論がカナダにおいてどのように発展し、そこにどのような意義を見出すことができるのかという点を、これまでの議論や判決を整理しながら明らかにしたい。

(1)「生ける樹」理論の意義

　エドワーズ事件で示された「生ける樹」理論の4つの事項に従って、以上の判決で示されたことを整理していくと、次のようになる。[175] まずⓐ'1867年憲法は、カナダにその成長と拡大が可能な「生ける樹」を植え、まさにカナダ憲法は「生ける樹」であり、[176] その発展は「将来」に向かうため、「起草者の意図」、英国で確立された判例、そしてコモン・ロー上の定義に拘束されない（「凍結概念」を否定する）こと、そしてⓑ'裁判官は憲法の文言について、狭く専門的な解釈を行うのではなく、広くリベラルな解釈を行うべきであるが、その方法としては、「目的的解釈」と「進歩的解釈」によってなされるべきであること、そしてこのような解釈を行うことができるのは、ⓒ多義的な憲法条文を解釈する場合と、その憲法条文のⓓ'「本質的範囲内」に限られ、憲法条文中に規定されている明確な文言を逸脱するような解釈はできないことである。このように解釈の前提となるⓒとⓓ'については、エドワーズ事件当初からほぼその変容は見られないが、カナダの憲法観を示すⓐ'、そしてその帰結としての解釈

---

[175]　ミラーは、これまでの「生ける樹」理論について、①進歩的解釈の理論、②進歩的解釈の目的的手法の使用、③憲法解釈における起草者の原意の不必要性、④司法解釈におけるその他の自制の観点から分析を行っている。Miller, *supra* note 144 at para. 5.

[176]　エドワーズ事件では1867年憲法の解釈において「生ける樹」理論を用いたが、そもそも「生ける樹」とはカナダ憲法そのものであって、1867年憲法の解釈だけに用いられるわけではない。そのため、憲章解釈においても目的的解釈や進歩的解釈は用いられる。

方法ⓑ′については、エドワーズ事件以来さらに明確化されることになった。

まずⓐ′については、特に1867年憲法が制定されてから現在までのカナダにおける憲法観を示したものであるといえる。すなわち、カナダ憲法は「1867年に理解されていた認識」(「起草者の意図」、英国で確立された判例、そしてコモン・ロー上の定義) に拘束されない (「凍結概念」を否定する) ということが示されている。ここで「生ける樹」理論は、過去の意図や認識に拘束されないということを意味しているが、果たしてこの縛りは全く存在しないのだろうか。つまり、過去の意図や認識には含まれない歴史的な文書などは、カナダの憲法解釈を拘束することはないのであろうか。この点は、「生ける樹」理論に基づく進歩的解釈ともかかわってくるため、後述する。まずは新たに生まれた憲法解釈方法である、ⓑ′の目的的解釈と進歩的解釈について、その意義を整理しておきたい。

(2) 目的的解釈と進歩的解釈の意義

まずカナダにおける目的的解釈は、ハンター事件において用いられた解釈方法であり、その解釈は「合理的な制限の下で、権利や自由の行使を保障かつ保護することである」とされている。ただしハンター事件ではこれ以上の具体的な解釈手法は導かれていない。そこで、この目的的解釈については、1985年のビッグエム薬事会社事件[177]において詳細に述べられているため、まずはそれを確認する。同事件でディクソン裁判官は、ハンター事件を引用しながら、目的的解釈について次のように述べている。

> 憲章によって保護される権利または自由の意義はその保護の目的の分析によって確認される。つまりそれは、憲章が保護しようとしている利益に照らして理解される。
> そして私の見解では、問題となる権利または自由の目的は、憲章そのものの性格とその広い対象、具体的な権利または自由を明確に表現するために選ばれた言葉、記録された概念の歴史的起源、そして憲章の文言に関連するその他の具体的な権利または自由の意味や目的への言及に求められるべきである。解釈は……憲章の保護による利益を個人に保障し確保することを実現することに努めるべきである。[178]

---

177) *Big M, supra* note 21.
178) *Ibid.* at paras. 116-117.

この言及を整理すれば、憲法解釈は「憲章が保護しようとしている利益」に照らして、広く「権利または自由の意味や目的」に言及しなければならないということになる。つまり目的的解釈とは、ある憲法条文の解釈にあたって、その条文で保障される「権利または自由の意味や目的」に言及しながら、広く解釈するということになる。このような目的的解釈は、その後の憲法判例においても用いられており、カナダ憲法判例においては非常に重要な解釈方法のひとつとなっている[179]。この点でホッグは、目的的解釈とエドワーズ事件で示された「寛大な解釈（generous interpretation）」（ホッグによる表現）とはほぼ同一のものであり、少なくとも両者は矛盾しないと考えられている[180]。このようにエドワーズ事件において示された「生ける樹」理論、そして「広くリベラルな解釈」は、目的的解釈として、現在まで裁判所の憲法解釈手法として継承されており、カナダ憲法解釈において重要な解釈手法を提供している。

　一方で進歩的解釈については、2004年同性婚に関する照会事件で示された解釈方法であるが、ホッグによれば、この源流はエドワーズ事件に遡るとされている[181]。確かに同事件において「生ける樹」理論が引用されていることからも、この解釈手法はエドワーズ事件をその源流としていると考えられる[182]。ただしこ

---

179) 特に詳細に引用された事例として、憲章第10条の解釈において用いられ、ハンター事件が引用されたテレンス事件（*R. v. Therens,* [1985] 1 S. C. R. 613）、憲章第7条の解釈において用いられ、ビッグエム薬事会社事件が引用された自動車法照会事件（*Re B. C. Motor Vehicle Act,* [1985] 2 S. C. R. 486 [*Motor Vehicle*]）がある。ただしいずれの判決においても、エドワーズ事件についての言及はない。

180) Peter W. Hogg, *Constitutional Law of Canada,* student ed. (Toront: Carswell, 2011) c. 36 at 30-31. またシャープとローチはこの手法を「目的的手法（purposive method）」と表現しているが、同様の手法である。Robert J. Sharpe & Kent Roacn, *The Charter of Rights and Freedoms* (Toronto: Irwin Law, 2005) at 50-53.

181) Hogg, *Ibid.* c. 36 at 25-27. また同趣旨として、次のものを参照。Miller, *supra* note 144 at para. 7.

182) ただしエドワーズ事件以外にも、進歩的解釈を行った事例は存在する。たとえば、次のようなものがある。*Toronto v. Electric Despatch Co. of Toronto v. Bell Telephone Co. of Canada,* (1891) 20 S. C. R. 83, *Proprietary Articles Trade Association v. Attorney General of Canada,* [1931] A. C. 310, *A. G. Alberta v. A. G. Canada* [1947] A. C. 503. See Hogg, *supra* note 180 c. 15 at 48.

の解釈の詳細について、同性婚に関する照会事件では「概念凍結」を伴わない「進歩的な解釈」という点しか述べられておらず、またその後も本解釈は引用されているが、その詳細については明確に述べられていない。この点で、これまでの判例上の考え方からすれば「概念凍結」とは、前述したように、1867年に理解されていた認識（「起草者の意図」、英国で確立された判例、そしてコモン・ロー上の定義）に凍結（frozen）されないことを意味すると考えられる。

5 「生ける樹」理論と国際法規範の「参照」

以上、若干詳細にではあるが、「生ける樹」理論の起源から現代的な意義についての検討を行ってきた。それではこうした「生ける樹」理論に基づく進歩的解釈や目的的解釈は、国際法規範の「参照」とどのようにかかわるのであろうか。

（1）国際法規範の「参照」における「生ける樹」理論

まず確認しておかなければならない重要な点は、最高裁が行ってきた国際法規範（特に国際的義務のない国際法規範）の「参照」の場面において、「生ける樹」理論に関する直接的な言及がなされた事例は存在しないことである。そのため、判例の理解において、直接的に国際法規範の「参照」と「生ける樹」理論が関連するとは考えられない。しかし、国際法規範は憲章上保障される権利の確定場面や、その制限の検討場面おいて、その指針や結論の補強として「参照」されてきたのであり、憲章解釈手法に大きな影響を与えてきたようにも思

---

183) *Reference re Employment Insurance Act* (Can.), ss. 22 and 23, 2005 SCC 56, [2005] 2 S. C. R. 669. 同事件は解釈の手法として、「裁判所は新たな現実社会に適応するために進歩的なアプローチを採用する。裁判所は何度も『生ける樹』を引用しているが、我々はそれを再検討する必要はない」としている（at paras. 9-10）。

184) なお、「もし憲章に植えられた『生ける樹』が、通時的に成長し適応する可能性を持つならば、議事録や特別合同委員会の証拠などのような歴史的文書はその成長を阻害しないことを保証することが必要である」とされているため、過去の議事録等の「参照」は進歩的解釈を阻害することにはならないと考えられている。*Motor Vehicle, supra* note 179 at para. 53.

185) もっとも、第2章で検討するように、正当化議論の場面においてこれらは関連してくる。

われる。そのため、その関連性について直接的な言及がないからといって、全く無関係であると判断することは、尚早であるように思われる。この点で重要となるのは、ディクソン・ドクトリンの起源である。

(2) ディクソン・ドクトリンの起源

第1部で紹介したように、ディクソン・ドクトリンの起源は、公務員労働関係法照会事件におけるディクソン裁判官の反対意見である。そこで同裁判官は、「国際人権法の法源」は「憲章の重要で説得的な解釈源」であり、「不明確な概念を明確にする補助」であるとし、その解釈にあたって、「憲章は、カナダが批准した国際人権文書による保護と、少なくとも同程度の保護を提供しているものと推定すべきである」とした。そしてその理由として、「憲章解釈における一般原則は、それらが憲章解釈において重要で説得的な要因になることを要求」しているとし、さらに「憲章解釈は『憲章の保護による利益を個人に保障し確保することを実現』しなければならない」としたビッグエム薬事会社事件を引用した。つまりディクソン・ドクトリンは、ビッグエム薬事会社事件で示された目的的解釈が土台となって生み出されたものである。

また、その後のACC事件においてバスタラシェ裁判官は、この裁判所がすべきことはヨーロッパ人権条約を引用するなど欲深く引用することではなく、判断を慎重に行い、分別（prudent）をつけることが必要であるとし、憲法上の救済はそれを実現するための強力な道具であるが、もしその救済を実現すべき場合には、目的的手法（purposive manner）によって適用されるべきであるとした。つまり、ある憲法条文の解釈にあたって、その条文で保障される「権利または自由の意味や目的」に言及しながら、憲章を広く解釈するために、国際法規範の「参照」が行われてきたと考えられる。

このように、最高裁による国際法規範の「参照」については、直接的な言及はないものの、ディクソン・ドクトリンの起源において「生ける樹」理論との

---

186) *PSERA, supra* note 101.
187) *Ibid.* at paras. 57-58.
188) *R. v. Advance Cutting & Coring Ltd.*, [2001] 3 S. C. R. 209.
189) *Ibid.* at paras. 74-75.

接合が見られ、その後の判断においてもそれが継承されていると考えられる。ただし、進歩的解釈については明示的な言及がなく、目的的解釈を行うことが国際法規範の「参照」を後押しするとしても、進歩的解釈を行うことができるかどうかは、最高裁による国際法規範の「参照」からは明らかにならない。前節で指摘したように、様々な新しい権利を生み出し、最高裁の司法積極主義を支えてきた要素として、進歩的解釈が国際法規範の「参照」を支えてきたと推測できるが、最高裁の判断において、進歩的解釈に関する明示的言及がない点に関しては留意が必要である。

（3）「生ける樹」理論の限界とディクソン・ドクトリン

進歩的解釈については、「1867年憲法の文言が1867年に理解されていた認識に凍結されること」というよりも、むしろ「新たな状況や考え方に継続的に適応していくこと」を意味するとされている[190]。ただし、ジャクソンは、「『生ける樹』は、憲法解釈の有機的な観念を伝達することで、現在の憲法上の決定とある特定の過去を結び付けている[191]」としている[192]。つまり「生ける樹」理論によれば、カナダ憲法は過去と現在を結び付ける「樹」であるということであり[193]、彼女の表現によれば、カナダ憲法は過去の認識や意図にも拘束される場合があるように考えられる。ここで、「生ける樹」理論は過去の認識や意図に全く拘束されないということまで求めているのか、という点が問題となる。

そもそも「生ける樹」理論については、「その本質的範囲内において、カナダにその成長と拡大が可能な生ける樹を植えた」とされるように、「本質的範囲内」での進歩的解釈が求められることから、ある程度の限界があるように思

---

[190] Hogg, *supra* note 180 c. 60.1(f).
[191] Jackson, *supra* note 112 at 958.
[192] また大林・前掲注3）142頁は、ジャクソンを引用しながら、「憲法解釈は過去からまったく拘束されないわけでもないし、過去にきつく縛りつけられているわけでもない」とし、また「憲法は、植物のように、憲法典という根に基づきながら成長していくものである」とする。
[193] ただし最高裁はハンター事件において、過去については触れておらず、「憲法は……将来（future）を見据えて起草されたもの」であるとしか述べていない。*Hunter, supra* note 20 at 155-156.

われる。また2003年のブライス事件[194]で最高裁は、進歩的解釈に言及しつつ、「この裁判所は問題となる規定の本来の目的のために、異質の新たな義務を発見する自由がない。この分析はその条文の歴史的文脈（historical context）に根付いた（anchored）ものでなければならない」とした[195]。つまり、憲法の解釈を行う際には、「条文の歴史的文脈に根付いたもの」に依拠しなければならないとされている。ここで「歴史的文脈」がその限界であるとすれば、国際法規範の「参照」は「歴史的文脈」を限界として、直接的には目的的解釈が、黙示的には進歩的解釈が行えることを暗に示しているようにも思われる。つまり、「生ける樹」理論に基づく進歩的解釈にもかかわらず、憲章起草者の文脈を考慮する判断が最高裁において行われており、それが国際法規範の「参照」にも影響している可能性がある。

いずれにしても、最高裁の判断からは、ディクソン・ドクトリンと「生ける樹」理論が接合しうる反面、憲章起草者の意図が国際法規範の「参照」を限界づける要素ともなりうると考えられる。もっとも、こうした「生ける樹」理論や進歩的解釈が「参照」を支える重要な要因として機能していたとしても、ここまでの議論では、具体的にどのような限界（「本質的範囲内」の具体的内容）が明らかになっていないため、まずはこの点を明らかにする必要がある。

6　本節のまとめ

以上、エドワーズ事件で示された「生ける樹」理論を起源としながら、目的的解釈と進歩的解釈などの新たな憲法解釈手法が用いられていること、そして「生ける樹」理論に基づく進歩的解釈においては、過去の認識や意図をその内容とする原意に拘束されることはないということを明らかにした。そして国際

---

194) *R. v. Blais*, [2003] 2 S. C. R. 236 [*Blais*]. 本件は天然資源に関する協定上の「インディアン（Indians）」という文言の中に、メティスが含まれるか否かが争われた事件である。なおカナダ憲法上のメティスの権利について同判決を考察したものとして、守谷賢輔「カナダ憲法上の『メティス（Métis）』の法的地位と権利――先住民の定義の予備的考察として」福岡大学法学論叢56巻4号（2012年）579頁を参照。

195) *Ibid.* at para. 44.

法規範の「参照」との関係では、「生ける樹」理論についての直接的な言及はないものの、ディクソン・ドクトリンと「生ける樹」理論との接合点を見出すことができ、さらに同理論と進歩的解釈が国際法規範の「参照」を支える重要な要因であると考えられることを指摘した。

ただし最後に指摘したように、そもそも「生ける樹」理論に基づく目的的解釈や進歩的解釈がどこまで可能なのか、言い換えれば、国際法規範の「参照」がどこまで可能なのかという点が明確ではない。その解決のための糸口は、「本質的範囲内」という文言の特定を行うことにあり、「起草者の意図」にどの程度縛られるかという議論と関連する。もっとも憲章起草者の意図のような原意に裁判所が拘束されることについて、最高裁は明確に否定しており、また前述してきたように最高裁は、起草者の意図等に拘束されることを否定している。しかし、第１部第２章で取り上げた1995年の児童支援協会事件におけるラマー裁判官（当時の長官）の賛成補足意見のように、「起草者の意図」が国際法規範の「参照」に大きくかかわることが指摘されている。このように、国際法規範の「参照」にあたって進歩的解釈が可能であるとしても、憲章起草者の意図に基づく「参照」が否定されていないことから、どこまで進歩的解釈に基づく「参照」が可能であるかが、最高裁判決においては明確になっていない。そこで、次節においては、「生ける樹」理論と憲章起草者の意図との関係を検討し、それを国際法規範の「参照」において議論することの意義と限界を明らかにする。

3　裁判官による国際法規範の「参照」の限界

1　国際法規範の「参照」と「生ける樹」理論の限界

前節で見てきたように、1930年のエドワーズ事件枢密院司法委員会判決で唱えられた「生ける樹」理論は、1867年憲法や憲章の条文について、その意義を広くリベラルに解釈する手法として最高裁においてたびたび用いられてきた。

---

196)　*R. v. Tessling*, [2004] 3 S. C. R. 432 at para. 61.
197)　*CASMT, supra* note 109.
198)　*Persons Case, supra* note 129.

そしてこうした解釈理論を背景として、国際法規範が「参照」されてきたと考えられる。この点で、「憲法の人権規範」と特定の制度を超えた「国際人権規範」の「連関」を検討する場面において、進歩的解釈は非常に有益な示唆を与えてくれる解釈手法であるようにも思われる。ただし、カナダ最高裁による国際法規範の積極的な「参照」については、そもそも国際的な義務がないため「緊張関係」や「有権解釈」が存在せず、むしろ国内法上は民主的な正当性といった点や最高裁による恣意的な判断の問題があるように思われる。

　もっとも本章第1節において検討したように、「生ける樹」理論に対してはこれまで、民主的正統性をめぐる問題が提起されてきた。モートンやノップフは、「生ける樹」理論に基づく解釈手法により、最高裁は憲法規定の意味を拡大し、また多数派の要求や民主的に選挙された政府の意向や起草者の意図を無視することになるとし、さらにそれによって裁判官の恣意的な判断が許容されることになり、まさに最高裁は「事実上の第三の立法府」となると批判する。さらに司法は議会主権への敬譲が必要であり、「生ける樹」理論に基づく進歩的解釈により、文言の意味の拡充や権利の創設を行うことや司法に最終的な決定権を付与することは、民主主義へのコミットメントを弱めることになると指摘する。またマンフレディも同様に、裁判所が「起草者の意図」や憲法の文言に明確な意義を見出さず、裁判官が自らの政策的な好みによって判決を書くことを批判する。こうした批判において指摘されるように、「生ける樹」理論は憲法の「起草者の意図」に拘束されないことをその内容に含んでおり、アメリカで議論されてきた原意主義を同理論は否定しているようにも見える。

---

199) 薬師寺公夫「国際人権法から見た憲法規範の『限界』と可能性」法律時報84巻5号（2012年）24頁。
200) 薬師寺公夫「日本における人権条約の解釈適用」ジュリスト1387号（2009年）54-55頁。
201) Morton & Knopff, *supra* note 46 at 58.
202) *Ibid.* at 149-166.
203) Manfredi, *supra* note 83 at 60, 147.
204) アメリカにおける原意主義をめぐる議論については、多くの論考があるが、前掲注13）14）に掲げた論文などを参照。

ただし前節でも触れたように同理論には限界も存在する。つまり、憲法条文を広く解釈する手法を用いることができるのは、多義的な憲法条文を解釈する場合とその憲法条文の「本質的範囲内」に限られ、憲法条文中に規定されている明確な文言を逸脱するような解釈はできない。後述するように、こうした限界には原意主義が含まれているという指摘がなされており[205]、さらに憲法条文の「本来の意味（original meaning）」が憲法解釈において様々な役割を果たすことが含まれていると指摘されている[206]。さらに国際法規範の「参照」の場面で、1995年の児童支援協会事件におけるラマー裁判官（当時の長官）の賛成補足意見[207]で、「起草者の意図」が国際法規範の「参照」に大きくかかわることが指摘されている。国際法規範の「参照」の場面において、憲章が解釈によって成長し発展するとしても、その「司法解釈を通した成長や発展による拡大の正当性」を検討する必要があるであろう[208]。

そこで本節は、こうした「生ける樹」理論と原意主義の関係に焦点を当てることにより、同理論を背景とした国際法規範の「参照」について、判例上の限界について把握することを目的とする。まずは、エドワーズ事件における「生ける樹」理論の原点を探りながら、原意主義との関係性を検討する。その上で、そうした傾向が近年の判例においてどのように受け止められているかという点を検討し、裁判官による国際法規範の「参照」について、その背景にある「生ける樹」理論の限界の把握を目指したい。

2 「生ける樹」理論の原点と原意主義

「生ける樹」理論の原点となったのは、枢密院司法委員会における判断であるが、エドワーズ事件においては、「起草者の意図」を重視するか否かについて、最高裁の判断と枢密院司法委員会の判断が対立している。そのためまず

---

[205] Miller, *supra* note 112 at 17-18.
[206] Miller, *supra* note 144.
[207] *CASMT, supra* note 109 at para. 38.
[208] Grant Huscroft, "A Constitutional 'Work in Progress'? The Charter and the Limits of Progressive Interpretation" (2004) 23 S. C. L. Rev. (2d) 413 at 417.

は、エドワーズ事件におけるこうした対立の内容を明らかにし、対立する２つの判断の意義とその相違点を明らかにする。

(１)1928年最高裁の意見と「起草者の意図」
①最高裁の判断過程

エドワーズ事件は、上院議員の「資格ある人（qualified persons）」について規定する1867年憲法第24条について、その「人（persons）」という文言の中に、女性を含むか否かという点が争われた事件である。[209]なお当時の政府は、「法務長官は、幾度となく、1867年憲法の規定に基づき、男性が唯一上院に召喚されるという見解を表明している」[210]と主張していた。最高裁は結論として、同規定の「人」という文言には女性は含まれないという結論を示したが、その判断過程をまとめると次のようになる。

まず最高裁は、1867年憲法の「人」という意義が多義的であることを確認し、一見するとその文言の意味に女性が含まれるということには疑いがないとする[211]。しかし、その多義性は「起草者の意図（intentions）」によって解消されるとした上で、1867年憲法第24条が上院に女性を召致することが認められるかという問いに対して、次のように説明した。まず、内閣総理大臣が1867年から上院には女性を指名したことがないという歴史的な事実は、同条の原意には女性の指名が含まれていないということの証明になるとした[212]。さらに、コモン・ロー上の解釈推定に従い、明確な憲法上の文言がない限り、コモン・ローに従うものとして理解すべきであるとした上で、1867年の段階で女性は公職に就くことができず、またそれが明確に憲法上の文言として存在していないことから、コモン・ローを超える意図を見出すことはできないとした[213]。そして最終的に最高裁は、同条の「人」という文言には女性は含まれないとし、上院に女性

---

209) 事件の詳細については、次のものを参照。Miller, *supra* note 112, Reid, *supra* note 144, Sharpe & McMahon, *supra* note 121 at 74-103.
210) *Edwards, supra* note 94 at 288.
211) *Ibid.* at 285.
212) *Ibid.* at 284-285.
213) *Ibid.*

が就任することは認められないとした。

②最高裁による「起草者の意図」の判断——古典的原意主義

このように最高裁は、「起草者の意図」を重視し、その意図の内容はそれまでの適用実態によって判断されるとした。特に「起草者の意図」の判断については、女性の公職就任の不適格性がコモン・ローと一致するため、もし申立人の主張を解決するためには、明確な意図が証明されなければならないとされた。しかしなぜ本件では、その条文の解釈において「起草者の意図」が判断されたのであろうか。またその意図は、どのように特定されるのであろうか。

まず最高裁によれば、裁判所の役割は制定法解釈の純粋な問題を検討することであるとされ、「上院に女性の存在が望ましいか否かという問題、またはこの問題の政治的側面に懸念を示すことは賢明ではな」く、裁判所の義務は、「最大限の能力を使って、1867年憲法の関連する規定を解釈し、結論の基礎を構築することである」とされた。そしてその上で、「1867年憲法は1867年に議会を通過したが、……（その構造は）裁判所が制定以降与えてきた構造と同じであ」り、「もし現在、第24条の『資格ある人』という文言に女性を含めるのならば、同条は1867年からその条文に女性を含めていたということになる」とした。そして文字通りの意味以上に、「起草者の意図」を優先させる根拠について、ストレイドリング事件を引用しながら次のように述べた。「法に詳しい賢人（sages）は、これまで、見た目の文言とは全く異なる法の解釈を行ってきた……法の解釈は議会の意図（intent）によって導かれ、常に物事の必要性に応じて、そして根拠とよき裁量とを一致させるように用いられてきた」とした。すなわち最高裁の判断によれば、まず「条文の意味（meaning）」は起草された当時に固定され（fixed）、1867年憲法第24条の意味は、現在と起草時とで同じ意味を持つものとして解釈されなければならず、起草時に固定された意味と一致しない解釈をすることはできないとした。

---

214) *Ibid.* at 281-282.
215) *Ibid.* at 282.
216) *Stradling v. Morgan*, (1560) 1 Plowd. 203.
217) *Edwards, supra* note 94 at 282.

第1章 「参照」を支える憲法解釈理論とその限界

　それではここでいう固定された意味は、どのように判断されるのであろうか。最高裁はこの点について、まず1867年憲法で使われる文言の一般的な意味、つまり「一般的で世俗的な意味（the ordinary and popular sense）」の検討がなされるとして、次のように述べた。「我々は議会の法の文言だけではなく、……法が作られた要因と必要性、そのいくつかの部分の比較、……外国の状況から得られる議会の意図も解釈する必要がある」とした。すなわち、起草者は一般的な意味論上の意味（ordinary semantic meaning）を意図したと期待されるため、その意図は言葉の選択で証明されるが、条文の意味は文脈とともに与えられるため、その意味を決定するために、裁判所は法の文脈（いくつかの部分の比較）全体と立法目的（法が作られる要因と必要性）を考察しなければならないとした。そして裁判所は、1867年憲法の解釈は「起草者の意図」によって制限することができ、文脈的要素はその意図の内容を明らかにするのに役立つとした。

　このように最高裁は、まず1867年憲法の条文の多義性を確認した上で、その条文の多義性は1867年に固定された「起草者の意図」（すなわち、その条文を起草し投票した人々の主観的意図）によって判断されるが、その意図はたいていが文脈的要素から明らかにされるとした。ここでミラーは、文言の多義性の判断において、最高裁がその意味は1867年に固定されるとした点について、これは「文言主義者（textualist）」による分析であるとする。また最高裁が依拠したような、1867年憲法の文言の意味が起草者の「主観的意図」によって判断されるとした点については、「古典的」または「意図的」原意主義と同義であるとする。

---

218)　*Ibid.* at 282, citing *Chorlton v. Lings,* (1868) L. R. 4 C. P. 374 at 298.
219)　*Ibid.* citing *Hawkins v. Gathercole,* (1855) 6 DeG. M. & G. 1.
220)　Miller, *supra* note 112 at 9.
221)　古典的の原意主義については、金澤孝「アメリカ憲法理論の近年の動向——グランド・セオリーの退場」比較法学46巻3号（2013年）165-171頁、大林・前掲注113) 98-104頁などを参照。
222)　Miller, *supra* note 112 at 6.

(2)枢密院司法委員会の判断――「生ける樹」理論の原点

最高裁において、1867年憲法第24条の「人」に女性は含まれないとの決定がなされたことから、エドワーズらは枢密院司法委員会に上訴した。なお、その弁護人であったローウェル（Newton Rowell）は、同法の多くの条文には「人」という文言があり、ほとんどそこには女性が含まれることや、同法によりカナダは自己統治能力を備えていること、「起草者の意図」から自由であることなどを強調した[223]。これに対してカナダの法務長官は、最高裁のアングリン長官の意見をほぼすべて引用する文書を提出した[224]。

①枢密院司法委員会による判断過程

枢密院司法委員会は、上院に女性を召喚することが可能であるかという問題について、1867年憲法第24条の「人」の意味論上の意味の探究を行うべきであるとして、その判断は次の点に依拠するとした[225]。つまり、①「本件以前の法律や判例のような外来の状況から導かれる外的証拠」と②「法それ自身から導かれる内的証拠」をもとに、同条の「人」の意味論上の意味を判断するものとした。

①について同委員会は、まず最高裁と同様に「人」の意味論上の意味の多義性を指摘し、女性を公職に召喚することについては、同条の「人」という文言の下で判断するべきであるとした上で、「人」という文言の「本来の意味（original meaning）」の考察を行った[226]。そして「その本来の意味は疑いなくいずれかの性別をその一員として含んで」おり[227]、その多義性を検討する際に、ローマ法や女性を公職に就かせないとする19世紀の判例、女性の投票権を拒否したカナダの州法などを検討した[228]。しかし同委員会は、「ローマ法や早期の英国の判決が1867年憲法の解釈を構築するための安全な基盤とはならない」[229]とし、それら

---

223) "Privy Council Is Puzzled Whether Women 'Persons' *Toronto Daily Star*, (25 July 1929) quoted in Sharpe & McMahon, *supra* note 121 at 175.
224) *Ibid*. at 175-176.
225) *Persons Case, supra* note 129 at 127.
226) *Ibid*. at 133-134.
227) *Ibid*. at 134.
228) *Ibid*. at 128-133.

第1章 「参照」を支える憲法解釈理論とその限界

の歴史は、1867年において用いられた「人」という文言の意味の解釈をするには有用では無いとした。またこうした「外来の状況」は、法によって設置された機関の仕事に従事することから女性を排除するという、コモン・ロー上の解釈推定を構成しないとした[230]。

　こうして①の証明が不可能であることから、同委員会は②の検討に移行したが、その序章部分で1867年憲法の制定に至った理由に言及しながら、「本委員会は、習慣や伝統に厳格に追従することによって、ひとつのコミュニティにのみ適用されるように、立法上の意味を解釈しないよう細心の注意を払う必要がある」として、コモンウェルス間の社会的・政治的・経済的コミュニティの違いを強調した[231]。そしてその上で、「1867年憲法はその本質的範囲内において、カナダにその成長と拡大が可能な生ける樹を植えた[232]」とし、裁判所が行うべき解釈方法は、「起草者の意図」の言明を探ることや、「何が意図されたと想定されるかではなく、何が述べられてきたか[233]」を探ることであるとした。

　同委員会は、こうした解釈方法を明示した上で、1867年憲法のその他の規定を収集して、②の内的証拠の検討を行った。すなわち、1867年憲法第11条と第133条は男性と女性を指し示す言葉で用いられていること[234]、第41条や第84条のように男性に限定する場合には明確にその制限が用いられていること[235]、第23条が規定する上院の資格はリスト化されているが、その資格者として男性がリストアップされていないこと[236]を指摘した。そこで、「もし議会が第24条の『人』という文言に男性という制限を加える意図があった場合、そのように限定する表現によって確実にその意図を明確にしていただろう[237]」と指摘した。そして同

---

229) *Ibid*. at 135.
230) *Ibid*.
231) *Ibid*.
232) *Ibid*. at 136.
233) *Ibid*. at 137, citing *Brophy v. A-G Manitoba*, [1895] A. C. 202, 216.
234) *Persons Case, ibid*. at 140-141.
235) *Ibid*. at 141.
236) *Ibid*. at 141-142.
237) *Ibid*. at 141.

173

委員会は結論として、「第24条の『人』という文言は男性と女性の両方を含むものとし、そのため女性はカナダの上院に召集され、その一員となることができる」[238]と述べた。

②枢密院司法委員会の判断の意義

以上のように、枢密院司法委員会は1867年憲法の「人」という文言の意味の探究を行うために、外的証拠と内的証拠についての検討を行い、前者は有益では無く、後者の検討を通じて得た示唆、つまり、憲法上の他の規定を検討した上で、「人」という文言を男性に限るという明確な「起草者の意図」がないために、その文言に女性を含めるべきであるとした。同委員会のこうした判断について、グリーンは次の4つの意義を指摘している[239]。同委員会の判断によって、まず最高裁の判断が覆され、女性の上院に参加する権利が付与されたこと、そして2つ目に、州と連邦議会の主権を並列関係に描き、委員会は州の立法権限の優越というバイアスを取り除いたこと、3つ目に枢密院司法委員会がカナダの内政における自立性を尊重したこと、最後に、1867年憲法はその条文の意味が「起草者の意図」や司法解釈によって、普遍的に固定される解釈はなされないことが確認されたことである。

ここで、枢密院司法委員会が「生ける樹」理論に言及した意義は、どこに見出されるだろうか。この点で、グリーンの指摘の内、特に3つ目の点が重要になる。特に同委員会がカナダの自立とイギリスの先例の最小化を行った点である。同委員会の判断によれば、「裁判官は、その欲望に従うのではなく、狭く専門的な解釈によって同法の規定の意味を縮小することを本委員会の責務としてはならず、むしろ広くリベラルな解釈を与えることをその責務としなければならない。そのため、州が一定の範囲内でその州を支配するように、自治領が一定の範囲内でその領域を支配することになるだろう」[240]とした。つまり、イギリスの議会法である1867年憲法がカナダに「生ける樹」を植えたのであり、枢

---

238) *Ibid.* at 143.
239) Jamal Greene, "On the Origins of Originalism, forthcoming" (2009) 88 Tex. L. Rev., Online: SSRN 〈http://ssrn.com/abstract=1357541〉 at 18-19 [*Jamal*].
240) *Persons Case, supra* note 129 at 136.

密院司法委員会はカナダの自立性を尊重し、その文脈と一定の範囲内で、広く解釈しなければならないとしたのである。この点に関して同委員会は、明らかにコモン・ローの制限的な効果を縮小化しようとしていたとし、「生ける樹」理論はこの正当化のために用いられたとする指摘がなされている。

③枢密院司法委員会の判断における文言主義

もっとも枢密院司法委員会の判断によれば、こうした「生ける樹」理論への言及を行う前に、1867年憲法の「人」という文言の「本来の意味」の探究の必要性が指摘された。この点についてミラーは、裁判所の役割は文言の「本来の意味」の確定であることが確認されたが、その方法は「徹底的に文言主義」であり、その文言の「本来の意味」は制定時に固定されたとする。すなわち、同委員会が「人」の意味論上の意味を確かめることによって、その憲法的意味を解釈したことを指摘する。また同委員会の判断によれば、女性が上院に召喚されるか否かの判断は、1867年憲法第24条の文言の意味の探究により行うべきであり、具体的には「人」という文言の「本来の意味」の判断にあたって、外的証拠は有用ではないとされた。しかし一方で、そのような「本来の意味」の判断を行うにあたって、内的証拠の検討がなされたかどうかは定かではない。それは内的証拠の検討にあたって、同委員会は「本来の意味」の検討が必要であるとの明示的な説明をしていないためである。ただし、少なくともその内的証拠の検討にあたり、「人」という文言の解釈方法としては、「生ける樹」理論に基づき、「起草者の意図」の言明ではなく、「何が述べられてきたか」という客観的な意味を探るべきであるとされた。

④「生ける樹」理論の内実と限界

ここで、枢密院司法委員会においてサンキー卿が述べた内的証拠の検討にお

---

241) なお、1867年憲法が植えたものはカナダ憲法（成文、不文、条約など）であって、1867年憲法はその一部であり、その他に「慣習や伝統」を含むとされる。*Ibid.* at 136.
242) Miller, *supra* note 112 at 14.
243) *Ibid.* at 11.
244) *Ibid.* at 22. ミラーによれば枢密院の判断は、「文言の固定された意味は起草者の意図によって決定されないが、むしろ原意の一般的理解（original public meaning）によって決定される」ことを意味していたとする。

ける「生ける樹」理論に基づく解釈は、次のような内容である。つまり「裁判官はその欲望に従うのではなく、また狭く専門的な解釈によって同法の規定の意味を縮小することを本委員会の責務としてはならず、むしろ広くリベラルな解釈を与えることをその責務としなければならない」ということである。この解釈手法については、様々な評価がなされているが、シャープとマクマホンによれば、サンキー卿の述べた「生ける樹」理論は、アメリカ最高裁の元裁判官であったホームズ（Oliver Wendell Holmes Jr.）の見解に酷似しているとする。つまり、憲法は「英国の土壌から移植された有機的に生ける文書であり、その意味は辞書の使用によって判断されない」が、その起源や成長の軌跡の考慮によって判断されるとするアプローチと同義であると評価する。また彼らは、サンキー卿の憲法解釈におけるアプローチは、「憲法がカナダ社会の変化するニーズに応えるために、時間をかけて適用することが可能な恒久的な文書（timeless document）であるという考え」を示したものであり、「裁判所は現在、社会状況の変化を根拠として、憲法が起草されたときに明確に禁止されていたことを許容することができる」と評価する。しかしこれに対してミラーは、憲法の明確な文言で否定されていることについては、それと異なる解釈を行うことはできないとする。つまり枢密院司法委員会は、1867年憲法第24条の「人」という文言が「本来の意味」において「男性」に限定されていたにもかかわらず、男性と女性を「人」として含むように解釈したわけではないのであり、憲法が起草されたときに明確に禁止する意図があったことを許容することまでは認められないとする。

　ここで問題となるのは、「生ける樹」理論の限界である。枢密院司法委員会は「1867年憲法はその本質的範囲内において、カナダにその成長と拡大が可能

---

245) *Persons Case, supra* note 129 at 136.
246) *Gompers v. United States,*（1914）233 U. S. 604 at 610.
247) Sharpe & McMahon, *supra* note 121 at 56.
248) *Ibid.* at 202.
249) *Ibid.*
250) Miller, *supra* note 112 at 20-21.

な生ける樹を植えた」とするが、これに対してレイドは、「生ける樹」の成長の本質的限界はその樹が植えられた1867年に存在したものであり、つまりその限界は、1867年憲法の固定された意味の範囲内にあるとする。同委員会の言及に対する同様の理解は、ミラーにも見られる。彼によれば、同委員会は1867年憲法の条文の意味は、1867年における「本来の意味」に固定されることから、その「本質的範囲」とは、おのずと1867年における「本来の意味」の範囲内ということになる。こうした議論は、1867年憲法の文言の意味が、1867年当時の「本来の意味」に固定されるのかという問題ともかかわっている。それは、1867年憲法の文言の意味を判断するにあたり、その内的証拠の検討について、その文言の意味が「本来の意味」に固定されるかを同委員会が明示していないためである。この点についてミラー、ブラウン、レイドらは、最高裁と同委員会の判断は、いずれも1867年憲法の文言の意味の検討を行った点について共通点を見出せるが、その違いは、原意主義の内部での違いにあるとして、前者は意図主義（intentionalism、もしくは本来の意図原意主義（original intentions originalism））を採用し、後者は一般的意味原意主義（original public meaning originalism）を採用したものであると評価する。

3　カナダ最高裁における「生ける樹」理論と原意主義

このように枢密院司法委員会において示された「生ける樹」理論については、カナダの自立性の尊重という意義を見出すことができ、さらにその限界として「本質的範囲内」での解釈を求めており、憲法条文の意味は「本来の意味」に固定されるという指摘がなされている。「生ける樹」理論は、同委員会の判断以降も最高裁において継承され進展することになるが、これまで見てきたような意義はその後どのように受け止められているのであろうか。特に「生

---

251) Reid, *supra* note 144 at 4.
252) Miller, *supra* note 112 at 12.
253) David M. Brown, "Tradition and Change in Constitutional Interpretation: Do Living Trees have Roots？" (2005) 19 National J. Con. Law 33, Miller, *ibid.*, Reid, *supra* note 144.

ける樹」理論の限界として、憲法条文の意味は「本来の意味」に固定されるという指摘は、その後の「生ける樹」理論の理解として妥当するのであろうか。以降では、その後の「生ける樹」理論の継承を踏まえて、これらの問題を検討する上で重要となる原意主義との関係を中心に検討していく。

(1) エドワーズ事件以降の「生ける樹」理論の継承
① 枢密院司法委員会における継承の内容

枢密院司法委員会におけるサンキー卿による解釈手法は、その後も同委員会の事例において、連邦権限の解釈の場面で用いられた[254]。たとえば1931年のラジオ・コミュニケーション規制照会事件[255]では、同規制は1867年憲法の制定時には想定されていなかったが、同委員会はカナダ連邦政府による同規制の権限を認めた。またより詳細に「生ける樹」理論を継承した事例として、刑事事件を同委員会に上訴することを禁じるカナダ議会の権限の有無が問題となった、1935年のブリティッシュ石炭株式会社事件[256]がある。本件でも判決文を執筆したサンキー卿は、カナダ議会による上訴禁止という立法行為が、1867年憲法に基づく権限の範囲に含まれるかという問題の検討を行った。そこでサンキー卿は、同法の解釈にあたって、「構成法または組織法の解釈については、その権限の範囲で可能な限り広い最も有効な解釈がなされなければならない」とし、この原則がエドワーズ事件枢密院司法委員会判決において、明示的に用いられたことを指摘した[257]。そしてそれを根拠に、カナダ連邦議会の立法権限は広く解釈することができ、同議会が同委員会への上訴を禁止する権限を有すると判断した。なお、1947年の上訴廃止事件[258]においても「生ける樹」理論が継承されており、同委員会は憲法の柔軟な (flexible) 解釈を認めた。ただし、1935年のブリティッシュ石炭株式会社事件後にサンキー卿の後を継いだアトキン卿 (James

---

254) Jackson, *supra* note 112 at 946-947.
255) *Reference re Jurisdiction of Parliament to Regulate & Control Radio Commc'n*, [1932] A. C. 304.
256) *British Coal Corporation v. the King*, [1935] A. C. 500.
257) *Ibid.* at 518.
258) *Attorney-General for Ontario v. Attorney-General for Canada*, [1947] A. C. 127.

第 1 章　「参照」を支える憲法解釈理論とその限界

Richard Atkin) は、「生ける樹」理論に消極的であり、1937年の労働条約事件[259]において同理論を用いることはなかった。[260]

②カナダ最高裁における継承の内容

枢密院司法委員会における上訴が廃止されて以降も、カナダ最高裁においては、言語権、連邦主義、憲章上の権利をめぐる事件で、「生ける樹」理論は継承されている。[261]その中でも、特に1867年憲法の解釈に関して、エドワーズ事件を参照しながら「広い解釈」や「柔軟な解釈」を継承したものとして、1979年のブライキー事件[262]と1980年のカナダトラスト会社事件[263]がある。前者は1867年憲法の解釈には「状況の変化に対応した広い解釈[264]」が必要であるとし、後者は「憲法の条文は柔軟性と弾力性を維持しなければならず」、「カナダの憲法には、静的な、凍結した、狭い、技術的なものは存在しない」とした。[265]また、翌年の1981年の住宅借用法照会事件[266]で最高裁は、委員会の報告書などのような裁判に「関連する事項は、エドワーズ事件でサンキー卿の表現した言葉である『生ける樹』としての憲法の幅広い目的に影響を与えるものである」とし、それらの事項を解釈の補助的要素として採用するべきであるとしている。[267]

1982年に制定された憲章上の権利に関しては、1984年のスカピンカー事件[268]において、憲章は柔軟性と予見可能性をもって解釈しなければならず、「狭く専門的な解釈は、もし将来の未知の認識によって変更されないのであれば、法の成長と社会からの影響を阻害する」とした。[269]さらに、1991年の州選挙区に関する照会事件[270]では、まず憲章解釈の前提として、「カナダ憲法である生ける樹の

---

259) *Canada (AG) v Ontario (AG)*, [1937] A. C. 326.
260) *Jamal, supra* note 239 at 19-20.
261) *Jackson, supra* note 112 at 947.
262) *Blaikie, supra* note 96.
263) *Canada Trust, supra* note 96.
264) *Blaikie, supra* note 96 at 1029.
265) *Canada Trust, supra* note 96 at 478.
266) *Residential Tenancies act, supra* note 96.
267) *Ibid.* at 723-724.
268) *Skapinker, supra* note 19.
269) *Ibid.* at para 11.

上に憲章は移植された（engrafted）」とし、憲章は「その本質的範囲内において、カナダにその成長と拡大が可能な生ける樹」として審査されなければならないとした[270]。また「生ける樹理論は狭く専門的なアプローチを避けなければならないことを示し」、「それは憲章によって保障された権利と自由の内容を決定する際に重要かつ排他的ではない役割を演じるもの」であり、「その樹は過去と現在の機関（institutions）に根差しているが、その将来に向かって成長するものでなければならない」とした[271]。このように「生ける樹」理論は、「柔軟な解釈」「広い解釈」など様々な解釈をその内実として継承されてきた。また「生ける樹」の上に憲章は移植されたことから、憲章解釈においてもそのような解釈が継承されることとされた。

　その一方で、本節の問題意識に大きくかかわる指摘がなされた事例として、1984年のハンター事件[273]、1985年の自動車法照会事件[274]、2004年の同性婚照会事件[275]がある。まず1984年のハンター事件で最高裁は、憲法解釈は「多くの場合、起草者が想定していなかった新たな社会的、政治的、歴史的な現実と出会うたびに、成長し発展していくことができなければならない」とした[276]。またこうした「起草者の意図」についての言及は、翌年の1985年の自動車法照会事件で明確に否定された。最高裁は、憲章解釈に付随する危険性は、憲章制定期の議論に縛られることにより、「社会のニーズの変化への調整や成長、発展の可能性をほぼ皆無にするとともに、憲章が採用された時点に凍結される」ことにあるとし、「もし憲章が時間をかけて成長、調整する可能性を持つものであるという『生ける樹』が植えられたとするならば、議事録や特別合同委員会の証拠などのような歴史的文書には、その成長を妨げないことを確実にさせるケアが必要になる」とした[277]。またこうした理解は、2004年の同性婚照会事件においても

---

270) *Reference Re Provincial Electoral Boundaries, supra* note 95.
271) *Ibid.* at 180.
272) *Ibid.*
273) *Hunter, supra* note 20.
274) *Motor Vehicle, supra* note 179.
275) *Re Same-Sex Marriage, supra* note 39.
276) *Hunter, supra* note 20 at 155.

見られる。最高裁は、1867年憲法の解釈につき、「『凍結概念』は、カナダの憲法解釈における最も根本的な原則のひとつに反する。つまり我々の憲法は、進歩的な解釈の方法によって現代生活の現実を取り入れ、またはその現実に対処する生ける樹である」とした。[278]

こうした「生ける樹」理論の継承事例の整理から明らかになることは、「柔軟な解釈」「広い解釈」など様々な解釈だけではなく、憲法解釈は「起草者の意図」に拘束されず、また起草当時に保障されていた権利に「凍結」されることなく、「進歩的な解釈」を行うことを最高裁は明示してきたということである。

(2) カナダにおける原意主義

①カナダにおける原意主義をめぐる議論

以上のように、「生ける樹」理論はカナダ最高裁において継承され、またその対象には1867年憲法だけではなく、憲章も含まれるようになった。ただし前述のように、「生ける樹」理論の限界として、憲法条文の意味は「本来の意味」に固定されるという指摘があり、これがこれまで見てきたエドワーズ事件以降の判例にも妥当するかという問題がある。そこでこの問題を検討するために、まずはカナダにおいて原意主義がどのように受け止められてきたかを分析する。そしてそうした議論が「生ける樹」理論とどのような関係にあるのかを検討することで、「生ける樹」理論の限界に迫りたい。

「カナダの憲法において原意主義は禁句（dirty word）である」[279]と指摘されるように、カナダにおいて原意主義はあまり支持されてこなかった。またカナダで原意主義は無視または批判の対象とされ、それは単に「起草者の意図」や、権利や自由が制定時に凍結されるとする「概念凍結」理論と同一視されてきたとされる。[280] それは、前述の最高裁判例の展開を見ても明らかなように、憲法の[281]

---

277) *Motor Vehicle*, *supra* note 179 at para. 53.
278) *Re Same-Sex Marriage*, *supra* note 39 at paras. 21-22.
279) Adam M. Dodek, "The Dutiful Conscript: An Originalist View of Justice Wilson's Conception of Charter Rights and Their Limits" (2008) 41 S. C. L. Rev. (2d) 331 at 333.

「起草者の意図」を探ることが否定されているからであり、また同性婚照会事件で「概念凍結」が否定されたためである。またドーデックは、自動車照会事件における「起草者の意図」の否定は、アメリカにおける原意主義の議論の過熱と逆行する形でカナダにおける沈黙をもたらし、その結果として、原意主義と最高裁判例との調和可能性を説明することに失敗する状況、又はその説明を拒絶する状況が生み出されたとする[282]。もっとも原意主義に関して、何らの議論もなかったわけでは無く、たとえばホッグは、原意主義とは「憲法の文言の『本来の理解（original understanding）』によって裁判所は拘束される」という概念であり、裁判所は憲法条文の立法的な歴史と「起草者の意図」に重点を置くべきであるとする考え方をいうとする[283]。このように、カナダにおいて原意主義は、「起草者の意図」や「概念凍結」、さらに「本来の理解」といった意味で理解され、否定または批判されてきたことがわかる。それでは、それらは具体的にどのようになされてきたのであろうか。

②カナダにおける原意主義批判

まず最高裁において原意主義は、前述のように1985年の自動車照会事件や

---

280) この理論は、1960年に連邦議会で制定された権利章典によって保障される権利は、それ以前から存在する法律とは矛盾せず、1960年に保障されていた権利のみが保障されるとするものである。そのため、権利章典制定時に成立していた法律は権利章典には違反しないということになる。詳細については、野上修市「1982年『カナダ人権憲章』とカナダ最高裁判所——カナダ憲法審査制の一考察として」法律論叢58巻4・5号（1986年）287頁を参照。

281) Dodek, *supra* note 279 at 334.

282) *Ibid.* at 335-336. なおドーデックは、ジャック・レイコブ（Jack N. Rakove, *Original Meanings : Politics and Ideas in the Making of the Constitution* (New York: Vintage Books, 1997)）を引用しながら、原意（original meaning）と本来の意図（original intent）と本来の理解（original understanding）の違いを、次のように説明している。つまり、原意は憲法の多くの規定の字義通りの表現（言語）を埋め合わせる試みに言及すること、本来の意図は問題となる憲法上の言語の意味について、その言語を起草した者、すなわち起草者に言及すること、本来の理解は、本来の読み手（憲法の起草において何らかの方法で参加した市民や議員など）によって形成される憲法の印象や解釈のことをいうとされる（at 337）。

283) Hogg, *supra* note 180 c. 15.9(f) at 49.

第 1 章　「参照」を支える憲法解釈理論とその限界

2004年の同性婚照会事件で否定されている。また1993年のオンタリオ・ハイドロ事件で最高裁は「憲法起草者の本来の意図に憲法解釈を基礎付けるアメリカで普及している判断を一度も採用してこなかった」としている。

　一方、研究者による批判として、たとえばジャウォースキーによれば、カナダにおける原意主義に対する批判には、次の3つが考えられるという。ひとつ目は「概念凍結」の批判であり、これは2004年の同性婚照会事件において否定されているとする。2つ目の批判は、原意主義は「死者の拘束（dead hand）」であり、「墓場からの規則」に拘束されることに対する批判である。3つ目の批判は、「現代的価値」の実現であり、我々の憲法文書は現代的なカナダ人の価値と連続的に接触する必要があるとする。こうした批判以外にも、最高裁の元裁判官であったビニーは、原意主義はカナダ憲法とは調和しないとする。彼は、原意主義の問題は「起草者の意図」や「本来の理解」を確定することができないことにあり、憲法改正においては様々な主体がそれに参画するが、「起草者の意図」とはそのうち誰の意図であり、どれが重要であるかが特定できないためであるとする。またホッグによれば、「憲法の文言は……『適切な言語的、哲学的、そして歴史的文脈に位置付け』られなければならない」が、「本来の理解」は正当では無く、それどころか憲法解釈はその規定の歴史的文脈に依拠する必要があるとした。

　以上のようにカナダにおける原意主義の議論状況とその批判を概観して明らかになることは、カナダにおける原意主義の理解は、極めて限られたものを原意主義として認識し、批判しているように思われる。そのため原意主義批判

---

284) *Ontario Hydro v. Ontario（Labour Relations Board）*, [1993] 3 S. C. R. 327 [*Ontario Hydro*].

285) *Ibid.* at 409.

286) Peter M. Jaworski, "Originalism All the Way Down. Or: The Explosion of Progressivism"（2013）26 Can. J. L. & Juris. 313 at paras. 34-47.

287) Ian Binnie, "Constitutional Interpretation and Original Intent"（2004）S. C. L. Rev.（2d）345 at 348. ビニーは、アメリカとの原意主義理解の違いを前提としながら、カナダではアメリカほど原意主義が説得的ではなかったとする。At 381.

288) Hogg, *supra* note 180 c. 15.9(f) at 50.

は、憲法の文言が主観的な「起草者の意図」や「概念凍結」、「本来の理解」といった点に関する批判に集中している。つまり、エドワーズ事件以降、特に近年における「生ける樹」理論の継承は、憲法の文言が主観的な「起草者の意図」や「概念凍結」、「本来の理解」といった意味で理解され、そういった意味で原意主義を批判するものと理解することができる。しかし、こうした「生ける樹」理論に基づく原意主義の批判に対しては、そもそもそれが原意主義と調和するものであるとの指摘もなされている。

(3)「生ける樹」理論と原意主義との調和の可能性

①「生ける樹」理論と「起草者の意図」との不和

前述のように、エドワーズ事件における最高裁の意見は、「起草者の意図」を1867年憲法の文言の意味を判断する際に参照した。しかし、こうした「起草者の意図」を重視する原意主義の立場は、その後の最高裁において本当に否定されてきたのであろうか。この点についてミラーは、「連邦協定」事例、「反対意見と判例変更」、「根拠のない参照」事例において、「起草者の意図」が参照されてきたと指摘する。まず「連邦協定」事例とは、歴史的な妥協の産物として規定された憲法規定（少数者言語権や宗教教育などの規定）が問題となった事例であり、それらの事例において「起草者の意図」が参照されてきたとする。また数件の反対意見においては、民主的根拠を提示するなどの理由から「起草者の意図」が、そして極めてまれな判例変更の事例においても同様に、それが参照されているとする。最後に「根拠のない参照」事例では、最も「起草者の意図」の参照が多いとされるが、たいていが他の理由によって結論が導かれている場合であり、裁判所の結論を補強するために「起草者の意図」が参照されているとする。この点でビニーは、1867年憲法にかかわったカナダの政治家の意

---

289) ミラーは、裁判所や研究者による原意主義の理解は不十分で、それを疑う必要があるとまで指摘している。Miller, *supra* note 144 at 5, 36.

290) *Ibid.* at 23-29.

291) *Ibid.* at 23-25, citing *A. G. (Que.) v. Quebec Protestant School Boards*, [1984] 2 S. C. R. 66 at 79, *Société des Acadiens v. Association of Parents*, [1986] 1 S. C. R. 549 at 578.

第1章　「参照」を支える憲法解釈理論とその限界

図は、最高裁における憲法事例で驚くべき頻度で参照されることを認めているが、それらは他の手段を補うためのレトリックであるとする[293]。

　もっともエドワーズ事件以降、特に近年における「生ける樹」理論を継承した判例は、前述のように主観的な「起草者の意図」や「概念凍結」「本来の理解」といった意味を否定していたのであり、「生ける樹」理論とその意味での原意主義は調和しえないように思われる。つまりミラーが指摘するように、最高裁が「起草者の意図」を参照する事例があったとしても、それと「生ける樹」理論が調和するかという論点は別であり、少なくとも前述のように「生ける樹」理論を継承した判例において、「起草者の意図」が明確に否定されていることから、その限りで両者は調和しえないと考えられる。しかし一方でこうした「起草者の意図」ではなく、起草時の「本来の意味」を探るために客観的な意図を参照するような解釈は、「生ける樹」理論とどのような関係にあるのであろうか。

②「生ける樹」理論の「本来の意味」との調和

　憲法解釈におけるアドホックな解釈の危険性を主張するミラーによれば、エドワーズ事件において枢密院司法委員会は、1867年当時の「人」という文言の意味の確認に従事し、1867年憲法制定時にその文言の意味を固定していたと指摘する[294]。もっとも同委員会は、意味論上の意味は時代によって変遷するとし、数百年かけて1867年憲法以前に存在していた制定法解釈によって「人」という文言の解釈をすることを明示的に否定し（外的証拠の否定）、さらに17、8世紀において「人」という文言は「男性」を意味するものであったことを許容するが、裁判所の仕事は1867年における「人」という文言の意味を決めることであ

---

292) Miller, *ibid.* at 25-27. ミラーによれば反対意見として次の事例を挙げる。*Ontario Hydro, supra* note 284 at 409. (Iaccobucci J. (dissent)), *R. v. Prosper*, [1994] 3 S. C. R. 236 at 287 [*Prosper*], *Weber v. Ontario Hydro*, [1995] 2 S. C. R. 929 at para. 5 (Iaccobucci J. (dissent)). また判例変更の事例について、次の事例を挙げる。*Health Services and Support Facilities Subsector Bargaining Assn. v. British Columbia*, [2007] 2 S. C. R. 391.

293) Binnie, *supra* note 287 at 375.

294) 以下、その仮説については次のものを参照。Miller, *supra* note 112 at 12-13.

るとした。ここでミラーは様々な考慮要素を判断し、「起草者の意図」を探ることは否定しつつも、結局のところ、同委員会が判断の対象としたのは、1867年当時の意味の内容を明らかにすることであったと指摘する。

またミラーによれば、同委員会は広くリベラルな解釈を容認しつつも、その判断においては、1867年から「人」という文言の意味論上の意味の変化があったことを示しておらず、またその変化を信じることを示唆するような理由を提示しなかったことを指摘する。つまり、1867年から1929年にかけて「人」という文言の意味が変化した示唆がないため、言語的な慣習の変化が解釈に影響を与えていることを同委員会は許容していないとする。そして以上のことから彼は、「文言の固定された意味は起草者の意図によってではなく、むしろ原意の一般的理解（original public meaning）によって決定される」ということを同委員会は示しており、こうした手法は、アメリカ最高裁のスカリア元裁判官の主張する新原意主義の手法であるとする。

ここで、スカリア裁判官の手法とはどのようなものであろうか。すでに多くの紹介がなされているところではあるが、彼はその内容について次のように述べている。つまり、原意主義の「基本的な内容は次の２つのような内容である。まず（１）文言（text）に準拠し、そして（２）その文言が採用された時に与えられた意味（meaning）を文言に与えること」であるとする。またその「本来の意味」を探るためには、条文が「公正な意味を持つように合理的に解釈されなければなら」ず、また起草者の主観的な意図では無く、「客観的意図」を参照することでその意味を明らかにするという解釈手法である。ミラーによれば、こうしたスカリアの手法がエドワーズ事件の枢密院司法委員会における

---

295) *Ibid.* at 22.

296) *Ibid.* at 17-18, 29-30.

297) スカリア裁判官の法解釈や新原意主義についての論考は多岐にわたるが、松井茂記「アントニン・スカリア裁判官の司法哲学・憲法理論」アメリカ法1994巻２号（1994年）263頁、大林啓吾・横大道聡「連邦最高裁裁判官と法解釈――スカリア判事とブライヤー判事の法解釈観」帝京法学25巻２号（2008年）160頁以下、団上智也「A．スカリアの原意主義における理論と実践――ヘラー判決を素材として」憲法論叢18号（2011年）55頁、大林・前掲注113) 105頁以下などを参照。

判断において用いられていたとする。つまり同委員会は、条文の意味を探るために、最高裁のように主観的な「起草者の意図」を参照するのではなく、憲法のその他の規定の内容からその「客観的意図」を参照したとする。

それでは、こうしたエドワーズ事件における同委員会の判断に対する理解は、その後の判例ではどのように理解することが可能なのであろうか。また、近年まで継承されている「生ける樹」理論について、ミラーの提示するような新原意主義的な理解を行うことは可能なのであろうか。

この点でホッグは、ビッグエム薬事会社事件最高裁判決を引用しながら、「憲法の文言は……『適切な言語的、哲学的、そして歴史的文脈に位置付け』られなければならない」とし、さらにブライス事件を引用しながら、憲法条文の解釈は「その規定の歴史的文脈に固定(anchored)されなければならない」とする。またビニーは、原意主義は「たとえばビッグエム薬事会社事件最高裁判決のような憲章事例においてよく強調される『文脈的解釈』」と一致する」とし、その意味で「原意主義者」と「進化論者(evolutionalists)」は同様のことをいっているとする。彼らの主張をまとめるならば、エドワーズ事件における枢密院司法委員会の判断で示された「生ける樹」理論は、新原意主義と類似した(もしくは同様の)ものであり、またその後の継承によってその内容は、憲法

---

298) Justice Antonin Scalia, "Romancing the Constitution: Interpretation as Invention" (2004) 23 S. C. L. R. (2d) 337 at 337. なおビニーは、スカリアの多数派の正当化に対して、次のような批判を行っている。「カナダの憲章は少数者の権利を規定しているが、多数者の手から少数者の権利を保護することを憲章起草者は意図(intended)していたのであり、もし起草者が少数者の権利を議会の多数派に手渡そうとしていたなら、彼らがそれを制定した理由がない」とする。Binnie, *supra* note 287 at 377.

299) 大林・前掲注113、105頁。

300) *Big M, supra* note 21 at 344. 本判決では、「重要なことは問題に関する権利や自由の実際の目的に過度な期待をすることでは無く、憲章が真空の中で起草されたものではないということを想起させることであり、そのため、この裁判所がスカピンカー事件最高裁判決で示したように、適切な言語的、哲学的、そして歴史的文脈に位置付けられなければならない」とされた(傍点、筆者)。

301) *Blais, supra* note 194.

302) Hogg, *supra* note 180 c15.9(f) at 50.

303) Binnie, *supra* note 287 at 346.

条文の「本来の意味」を判断するために、起草時における「適切な言語的、哲学的、そして歴史的文脈」を考慮することを含むものとされたということになる。こうした指摘を踏まえるならば、エドワーズ事件以降のカナダ最高裁において用いられる「生ける樹」理論は、少なくともまずは、起草者の主観的意図を否定するものとして理解できるであろう。ただし、同理論の限界として示された「本質的範囲内」における憲法解釈とは、憲法条文の「本来の意味」を客観的意図により判断することにあり、その意図には歴史的文脈などが含まれるということになるであろう。

4　国際法規範の「参照」との調和

以上のように、「生ける樹」理論の限界はその「本質的範囲内」にあるが、その内容である憲法条文の「本来の意味」を判断するためには、起草時における「適切な言語的、哲学的、そして歴史的文脈」を考慮することが求められるということになる。言い換えれば、「生ける樹」理論に基づく目的的解釈や進歩的解釈を行う場合、主観的意図に拘束されることはないが、「適切な言語的、哲学的、そして歴史的文脈」に拘束される場合があり、裁判官はその意味での原意に拘束される可能性がある。まさにこの部分（「本質的範囲内」＝「適切な言語的、哲学的、そして歴史的文脈」）が「樹」ということになり、目的的解釈や進歩的解釈がその「枝葉」ということになるのであろう。この点で、国際法規範の「参照」をめぐって、最高裁が（少なくとも目的的解釈を接合点とする）「生ける樹」理論を背景としたものであったとすると、前述した児童支援協会事件におけるラマー裁判官の原意主義的理解が、こうした理解と調和するかどうかが問題となる。

同事件でラマー裁判官は、憲章起草時の法務大臣クレティエンの言葉を引用しながら、憲章条文がヨーロッパ人権条約の影響を受けていることを指摘した。つまり、ここで同裁判官は「歴史的文脈」に依拠したのであり、その限り

---

304) たとえば、こうした見解に近い最高裁判例は、前述した1981年の住宅借用法照会事件（*Residential Tenacies act, supra* note 96）であるように思われる。

305) *CASMT, supra* note 109.

において「生ける樹」理論と調和しうる。別の見方をすれば、国際法規範の「参照」の場面において、裁判官は目的的解釈や進歩的解釈を行ったとしても、それは「適切な言語的、哲学的、そして歴史的文脈」の範囲内の「参照」に拘束されるのであり、裁判官はそうした「樹」を無視した「枝葉」を伸ばすことはできないということになるであろう。より具体的に言えば、カナダ最高裁における国際法規範の「参照」、特に国際的義務のない国際法規範の「参照」は「適切な言語的、哲学的、そして歴史的文脈」のある国際法規範の「参照」をいうのであり、そうした「文脈」のない国際法規範は「参照」の対象としてはならないということになる。この点が、国際法規範の「参照」の背景にある、「生ける樹」理論の限界ということになろう。

5 本節のまとめ

以上のように、本節ではエドワーズ事件における最高裁の意見と枢密院司法委員会の判断に焦点を当て、前者を主観的な「起草者の意図」を否定した事例として、後者を起草時の「本来の意味」を探るために「客観的意図」を参照した事例として理解されていること、そして1867年憲法の固定された意味が「生ける樹」理論の成長の本質的限界として理解しうることを指摘した。そもそもカナダにおいて原意主義は、アメリカとは対照的に無視又は批判の対象とされ、その意義については明確な定義付けがなされなかったものの、少なくとも最高裁は「起草者の意図」によって憲法条文の意味を探る点については否定をしており、学説もそうした点を説明してきた。ただし、「生ける樹」理論は原意主義との関係において、憲法条文の「本来の意味」を判断するために、起草時における「適切な言語的、哲学的、そして歴史的文脈」を考慮することを含むものとして発展し、そうした理解は新原意主義と調和する可能性があると指摘されている。そしてこのことを比喩的に表現すれば、「適切な言語的、哲学的、そして歴史的文脈」が「根」（原意）ということになり、目的的解釈や進歩的解釈がその「枝葉」ということになろう。

また国際法規範の「参照」を支える最高裁の傾向については、「生ける樹」理論による背景があることを前提としつつも、その限界として原意主義的な理

解の可能性があることを指摘した。その上で、「適切な言語的、哲学的、そして歴史的文脈」のある国際法規範の「参照」は可能であっても、そうした文脈から外れた国際法規範の「参照」を裁判官が行うことには限界がありうることを指摘した。

　カナダ最高裁による国際法規範の「参照」については、こうした憲法解釈理論やその限界に関する理解によって捉えることが可能であるが、そもそもこうした最高裁の理解については、カナダの憲法および国際法学界から、様々な批判がなされている。次章において紹介するように、最高裁の混乱や不明確性などを理由として、研究者による正当化議論が示されている。そこで次章以降では、こうした正当化議論を紹介しつつ、本章で検討した最高裁の傾向や国際法規範の「参照」を支える要因、そして憲法解釈理論を検討する一方で、第1部を踏まえた参照の類型や対象、さらに素材を含めた複合的な検討を行っていく。

第2章

憲法解釈における「参照」の正当性とその限界

1 憲法解釈における「参照」の正当化議論

1 憲法解釈における「参照」の正当性をめぐる前提
(1) カナダにおける国際化の意識

　第1部で見てきたように、1982年に憲章が制定されて以降、カナダ最高裁は、国際法規範を憲章解釈において「参照」してきた。こうした「参照」の方法としては、「解釈の指針」とするものから「結論の補強」「単なる言及」など、様々なものがある[1]。そして前章で検討してきたように、こうした「参照」の背景として司法積極主義が関連し、また伝統的な憲法解釈理論である「生ける樹」理論に基づいてそれがなされた可能性があること、そしてそこには原意主義との関係で限界があると考えられる。

　他方で、こうした最高裁の傾向については、カナダの研究者によって様々な評価がなされている。たとえばラフォレによれば、人権原理は「国際的な視野とともに、そして国際的な経験に基づいて、一貫して適用される。我々の裁判所（そして多くの国の裁判所）は法の支配を含む多くの分野で真に国際的な裁判所となってきている」[2]との評価がなされている。またスキャバスは、「今から

---

1) カナダ最高裁が行ってきた「参照」は、主に解釈指針としての「参照」、裁判官の結論を補強するための「参照」、区別するための「参照」である。このうちディクソン・ドクトリン（修正されたものも含む）の内実は前二者を含むものであり、区別や否定のための「参照」は含まれていない。ただし第1部で見てきたように、こうした区別や否定のための「参照」もカナダ最高裁は行ってきた。

四半世紀後には、我々は司法グローバル化の幕開けとしてこの話をするであろう」とし、さらにルベルとチャオは、最高裁による国際法規範への言及は増加傾向にあり、国際法規範の関連性と有用性の意識の高まりは、全法律家の間で共有されているとしている。より積極的な評価としては、アーバーらが、マイケル・イグナティエフの言葉を引用しながら、「カナダは自家製人権システムと解決方法の輸出国であり、国際的かつ外国の人権実践や基準についての成長する輸入国である」としているところである。こうした指摘を踏まえるならば、カナダ最高裁はその一面として、国際的な視点を有した裁判所となっていると評価しうるであろう。

(2) カナダ最高裁における国際法規範の「参照」と国内的効力

もっとも、カナダにおける国際法規範の「参照」を議論の対象とするとき、国内的効力を前提とした「適用」ではなく、「参照」といった国内的効力との関連性が曖昧な用語による分類をする必然性がどこにあるのかという問題がある。

この点で、カナダ最高裁における国際法規範への言及を検討対象としたのは、そうした国内的効力をもともと有しない、国際的義務のない国際法規範の「参照」をカナダ最高裁が行ってきたことにある。ただし、国際的義務のある

---

2) Gérard V. La Forest, "The Expanding Role of the Supreme Court of Canada in International Law Issues" (1996) 34 Can. Y. B. I. L. 89 at 100.

3) William A. Schabas, "Twenty-Five Years of Public International Law at the Supreme Court of Canada" (2000) 79 Can. Bar Rev. 174 at 195.

4) Louis LeBel & Gloria Chao, "The Rise of International Law in Canadian Constitutional Litigation: Fugue or Fusion? Recent Developments and Challenges in Internalizing International Law" (2002) 16 S. C. L. Rev. (2d) 23.

5) Michael Ignatieff, "Challenges for the Future" (2001) Can. Bar Rev. 209 at 211-212.

6) Louise Arbour & Fannie Lafontaine, "Beyond Self-congratulation: The Charter at 25 in an International Perspective" (2007) 45 Osgoode Hall L. J. 239 at para. 7.

7) 国内法の条約適合的解釈については「間接適用」などと呼ばれることがある。「間接適用」については、特に寺谷広司『「間接適用」論再考——日本における国際人権法「適用」の一断面」坂元茂樹編『国際立法の最前線　藤田久一先生古稀記念』（有信堂高文社、2009年）165-207頁を参照。

国際法規範の場合であっても、こうした「参照」という用語を用いる理由はある。それは、カナダが伝統的に二元論を採用しており、国際法規範は国内法化されない限り、国内的効力を有しないとされているためである。国内法と国際法の関係について、カナダが二元論を採用している根拠は権力分立にあるとされるが、内閣の助言を受けて総督は、カナダを国際的に拘束する条約を締結する憲法上の権限を有しているものの、実際にそれが国内法化されるためには、議会において立法化されていなければならない。そのため、二元論に基づく変型理論を前提とする以上は、国際法規範は国内法化されない限り「適用」することはできないと考えられる。ただし、国際法規範の国内的効力の有無に関してのみいえば、各国の裁判所による実行を重視すべきであり、「国際法学上の一元論と二元論のいずれを採るかを決定する必要は」ないことや、「条約の国内的効力あるいはその実効性確保の問題を検討する場合、憲法学において、国際法学上の一元論と二元論のいずれを採るかを決定することは必須ではない」とされることから、「国際法秩序と国内法秩序との間の抽象的・一般的な関係について『一元論』と『二元論』のいずれの見解を支持すべきかという問題と、ある国の国内実定法秩序の中で条約が国内法的効力を持つと捉えるべきか否かという問題とは、２つの異なる次元の問題として理解する必要がある」と考えられる。

---

8) *Francis v. The Queen*, [1956] S. C. R. 618 at 621. なお、カナダの二元論については、第１部第１章を参照。
9) 国際法と国内法の関係については、特に小寺彰他編『講義国際法〔第２版〕』（有斐閣、2010年）105-132頁〔岩沢雄司執筆〕を参照。
10) Peter W. Hogg, *Constitutional Law of Canada*, student ed. (Toront: Carswell, 2011) c. 11 at 1-11, William A. Schabas, *International Human Rights Law and the Canadian Charter*, 2d ed. (Toronto: Carswell, 1996) at 21-22.
11) 齊藤正彰『国法体系における憲法と条約』（信山社、2002年）13頁。なお、同書によれば、一元論における「国際法優位説」と「国内法優位説」との対立が「条約と憲法との効力関係の問題」と同視されることや、「一元論と二元論という問題が、条約に国内的効力が認められるか否かの問題として扱われることが多い」ことなどが指摘されている。
12) 齊藤正彰『憲法と国際規律』（信山社、2012年）41頁。
13) 植木俊哉「憲法と条約」ジュリスト1378号（2009年）87頁。

そこでカナダ最高裁による実際の言及を見てみると、特に近年の傾向においては、「結論の補強」として言及されており、それらは国際法規範の「適用」とは考えにくいものの[14]、国内的効力を全く否定しているということはできないであろう。そのため、カナダ最高裁による（国際的義務の有無にかかわらず）国際法規範への言及という実行を踏まえれば、二元論を前提とするものの、相対的な把握を行う必要性があり、それを前提とする「参照」といった把握とその内実およびその正当性の検討が必要であると考えられる[15]。

(3) 問題の所在

こうしたカナダ最高裁の国際法規範の「参照」については、グローバル化や前章で検討したカナダにおける憲章制定に至る制度的または政治的背景、最高裁の姿勢など、様々な要因が関連していると考えられる[16]。これらの外的な要因も国際法規範の「参照」を捉える上で非常に重要な要素であると考えられる一方で、より法理論的な根拠や「参照」の正当性についても検討する必要があるであろう。なぜならば、カナダの憲章解釈における国際法規範の「参照」は、それを取り巻く外的な要因のみによってその把握が試みられているわけではなく、むしろそうした最高裁の判断に対する批判を前提としつつ、その理論的な正当化が試みられているからである。すなわち、国際法規範の「参照」については、司法による混乱、結果思考、国法体系における条約適用の曖昧さ、国際法使用の方法論的不完全さなどの問題が指摘されているところであり、そうした問題を克服するための正当化議論がなされているところである[17]。本節ではこ

---

14) この点で、直接適用可能性については、「国際法が国内においてそれ以上の措置なしに直接適用されうるかという問題」とされ、間接適用とは、「国内で裁判所や行政庁が国際法を国内法の解釈基準として参照し、国内法を国際法に適合するように解釈すること」とされる。小寺他・前掲注9) 114-117頁。

15) なお、こうした二元論を前提とした国際法上の問題としては、連邦主義と権力分立の問題があることが指摘されている。Lorraine Weinrib, "A Primer on International Law and the Canadian Charter" (2006) 21 N. J. C. L. 313 at 318-322.

16) こうしたカナダの背景については、第2部第1章第1節を参照。

17) これらの批判は、日本においてもなされているところである。宍戸常寿他編『憲法学のゆくえ——諸法との対話で切り拓く新たな地平』（日本評論社、2016年）339-396頁を参照。

うした問題に対してまず、カナダでは国際法規範の「参照」についてどのような正当化議論がなされているのかを明らかにし、その上で、その正当化議論の問題点を検討する。

2 国際法規範の「参照」に関する正当化議論
(1) カナダ最高裁の混乱と積極的「参照」に対する批判

まずは、カナダ最高裁における国際法規範の積極的な「参照」に対する批判について整理しておきたい。最高裁において、国際法規範が憲章解釈において最も「参照」された年代は1980年代である[18]。そうした「参照」は、第1部で見てきたように、1990年までカナダ最高裁の長官を務めたディクソン裁判官による次のような言説を踏まえて行われてきた。つまり、「国際人権法の法源は、憲章の重要で説得的な解釈源でなくてはならないと考える。……憲章は、カナダが批准した国際人権文書による保護と少なくとも同程度の保護を提供しているものと推定すべきである[19]」としたものである。こうした傾向は、2000年代以降も見られるが、さらに特徴的なのは、条約機関の判断やヨーロッパ人権条約などの国際的義務のない国際法規範も「参照」されることになったことである。ただし、こうした最高裁における積極的な国際法規範の「参照」については、様々な視点からの批判が1990年代以降からなされるようになる。

①1980年代から2000年までの批判

まずは、こうした「参照」の根本的な論理の不在を指摘するものがある。たとえばモーガンによれば、そもそも国際法規範と国内法規範の共通部分（intersection）を決定するような根本的な論理は存在しないため、国際法規範の権威は、政治的環境や法律家の論理的技術、文脈的要素の幅に依拠せざるをえない

---

18) 1980年代の国際法規範の「参照」には、憲章が制定されたことも背景にはあるが、特に最高裁による司法積極的な姿勢が関係しているように思われる。この点については、第2部第1章第1節を参照。

19) *Reference Re Public Service Employee Relations Act (Alta.)*, [1987] 1 S. C. R. 313 at 348-349 [*PSERA*]. なお、この言及については、「ディクソン・ドクトリン」などと呼ばれている。Schabas, *supra* note 3.

とする。さらにベイヤフスキーらによれば、国際法規範の使用についての原則が確立されていないので、司法は不安定で不明確なものになっているとし、また特に国際人権法のインパクトは、「解釈上の問題に固有の有用性があるということよりも、むしろ決定者の結果思考（result-oriented）の傾向に依拠している」と批判した上で、最高裁は「結論の方向付けの支えとして」国際法規範を考慮していると分析する[21]。

こうした最高裁による「参照」への批判は、ベイヤフスキーらによるものだけではない。たとえばスキャバスによれば、「憲章事例において、国際人権法が重要な役割を演じている事例はごくわずかであり」、その適用は「うわべ（perfunctory）だけ」である[22]との指摘を行っており、裁判所は国際法規範を「カナダ法」の一部として使用していると指摘する。またトゥープによれば、国際法規範と憲法の関係性について、「裁判所はカナダ内の国際法規範の問題を扱うことを拒絶している」とし、最高裁によって国際法規範の問題が話されるとき、「その結果生まれた混乱は、司法を理解しにくくさせている」[23]との批判を行っている。またこうした裁判所の「参照」をめぐる理論的な議論の不在や裁判所の傾向に対する批判は、より憲法上の問題として実体的な批判へと及んでいる。たとえば、ジャックマンやポーターは、最高裁による国際的に保障される経済および社会的な権利に対する考察の拒絶傾向は、代表民主制や説明責任などの重要な価値の実現を阻害していると批判する[24]。

このように、最高裁による国際法規範の「参照」に関しては、①根本的論理

---

20) Ed Morgan, *International Law and the Canadian Courts* (Toronto: Carswell, 1990).
21) Anne F. Bayefsky, *International Human Rights Law : Use in Canadian Charter of Rights and Freedoms Litigation* (Toronto and Vancouver: Butterworths, 1992) at 95.
22) Schabas, *supra* note 3 at 174, Schabas, *supra* note 10 at 47.
23) Stephen J. Toope, "Keynote Address: Canada and International Law" in C. C. I. L., ed., *The Impact of International Law on the Practice of Law in Canada- Proceedings of the 27th Annual Conference of the Canadian Council on International Law Ottawa, October 15-7, 1998* (Hague: Kluwer Law International, 1999) 33 at 37.
24) Martha Jackman, "What's Wrong with Social and Economic Rights ?" (2000) 11 N. J. C. L. 235, Bruce Porter, "Judging Poverty: Using International Human Rights Law to Refine the Scope of Charter Rights" (2000) 15 J. Law & Social Pol'y 117.

第 2 章　憲法解釈における「参照」の正当性とその限界

の不在、②司法の結果志向に対する批判、③司法による混乱などといった批判がなされているところである。これを1980年代から2000年ごろにかけての国際法規範の「参照」事例と比較してみると、次のようになる。まず最も早く国際法規範が「参照」された1985年のビッグエム薬事会社事件では、主日法第4条が信教遵守を強制するものであり、憲章第2条a号の信教の自由を侵害すると結論付ける際に、ヨーロッパ人権条約第9条2項における保障と同旨であることを述べた。また翌年のジョーンズ事件では、公立学校に子どもを通わせる義務を規定するアルバータ州学校法第142条1項は、信教の自由を侵害しないとの結論を導くにあたり、親の教育権の解釈において同条約第8条1項が同旨であることを述べた。いずれの最高裁判決においても、その根拠についての言及はなされておらず、単なる言及または結論の補強として国際法規範を用いた可能性がある。ただし、翌年の公務員労働関係法照会事件で、前述のディクソン・ドクトリンが提起され、一定の「参照」に関する示唆がなされた。また1990年のキーグストラ事件では、憎悪助長表現を禁止する刑法典第319条2項は表現の自由を侵害するが、同法には説得的な立法目的があり合理性があるため合憲であるとの見解を述べる過程で、ヨーロッパ人権条約およびヨーロッパ人権委員会の決定が国際社会の方向性を示す補助であり、そうした保護と同程度の保護をするべきであるとした。また1991年以降では、同年の死刑執行国への逃亡犯罪人引渡しを違憲と判断したキンドラー事件、漠然性の法理についてECHRの判決を指針（guide）としたノヴァスコシア薬学協会事件、自殺幇助の合憲性についてヨーロッパ人権委員会の決定に言及したロドリゲズ事件、宗教

---

25) これらの判例の展開とその傾向については、第1部第2章第3節を参照。
26) *R. v. Big M Drug Mart Ltd.*, [1985] 1 S. C. R. 295 [*Big M*].
27) *R. v. Jones*, [1986] 2 S. C. R. 284.
28) *PSERA*, *supra* note 19 at paras. 57-58.
29) 「ディクソン・ドクトリン」の意義については第1部第1章第1節を参照。
30) *R. v. Keegstra*, [1990] 3 S. C. R. 697 [*Keegstra*].
31) *Kindler v. Canada (Minister of Justice)*, [1991] 2 S. C. R. 779.
32) *R. v. Nova Scotia Pharmaceutical Society*, [1992] 2 S. C. R. 606.
33) *Rodriguez v. British Columbia (Attorney General)*, [1993] 3 S. C. R. 519.

上の理由による親の医療選択権の否定を合憲と判断した児童支援協会事件[34]、ECHR の判決に言及しながら世論調査結果の公表制限を違憲としたトムソン新聞社事件[35]などの最高裁判決がある[36]。

このように、1990年代から2000年までの最高裁の姿勢に対する批判について、まず①に対してはディクソン・ドクトリンが提示されたものの、なぜそれが正当化されるかは明らかにされていない。また②や③の点については、たとえばキーグストラ事件のように解釈指針としての「参照」がなされたものもあれば、ビッグエム薬事会社事件やジョーンズ事件などのように、単なる言及もあり、一貫していない。こうした最高裁の傾向を踏まえれば、上記の①〜③のような批判は確かに当てはまる。

②2000年以降の批判

2000年以降になると、カナダ最高裁による国際法規範の「参照」は、結論の補強といった手法に特化するようになっていく[37]。こうした傾向については、いかなる批判がなされてきたのであろうか。

まずヴァン・アートによれば、そもそも国際法規範は解釈の補助としてのみ用いられるのであって、独立した要素として用いられてこなかったことを指摘する[38]。同様の指摘として、ブルニーとトゥープは、司法判断における国際法規範のインパクトは、「関連性および説得性の権威」としてのみ国際法規範の形式的な拘束性を取り扱う司法により、最小化されてしまった[39]と批判する。また

---

34) *B. (R.) v. Children's Aid Society of Metropolitan Toronto*, [1995] 1 S. C. R. 315.
35) *Thomson Newspapers Co. v. Canada (Attorney General)*, [1998] 1 S. C. R. 877.
36) この点については、特に第1部第2章第3節の「表」を参照願いたい。
37) 最高裁は積極的な「参照」というよりも、むしろ「結論の補強」として「参照」する傾向がある。この点については第1部を参照。
38) Gibran Van Ert, *Using International Law in Canadian Courts* (Hague: Kluwer Law International, 2002) at 255-264. なお、彼による裁判所のアプローチの整理によれば、①「関連性および説得性のアプローチ」、②「最小限の保護の推定」、③「文脈と価値アプローチ」が提示されている（at 332-348）。
39) Stephen J. Toope & Jutta Brunnee, "A Hesitant Embrace: Baker and the Application of International Law by Canadian Courts" in David Dyzenhaus, ed., *The Unity of Public Law* (Oxford: Hart, 2004) at 357-361.

第 2 章　憲法解釈における「参照」の正当性とその限界

2000年以前の批判と同様に、方法論の不完全性を指摘するものとして、アーバーとラフォンテーヌは「国際法規範（を国内で用いるための）の方法論的枠組みは、現在では、最高に不完全であり、最悪に即席のものである」((　)内筆者)と批判する[40]。最近でも、オリファントはカナダ最高裁が憲章解釈の文脈において国際法規範に言及してきたこと、さらにカナダを拘束しない国際法規範にも傾倒してきたことを指摘する[41]。ただし、フレイザー事件のように、「カナダの価値やカナダの国際人権へのコミットメントに焦点を当てて解釈されるべきである」との判断もあれば[42]、ACC事件のように国際法規範を適切な法規範であるとみなさないような事件もあり、一貫性が無いと批判する[43]。また一方で拘束力のない国際法規範の解釈における「参照」方法も明確になっていないとする[44]。

このように、2000年以降の批判は、それ以前の評価とほぼ同様ではあるが、特に重要なのは、①解釈の「補助」であることの確認がなされていること、さらにはその②方法論の不完全性が指摘されていることであろう。2000年以降の判例については、前記批判の中にもあるように、結社しない自由の定義付けの際にヨーロッパ人権条約の「参照」を行った2001年のACC事件、死刑執行国への逃亡犯罪人引渡しを違憲と判断する際にヨーロッパ人権条約などを「参照」した2001年のバーンズ事件[45]、ECHRの判断を「参照」して矯正目的の体罰を合憲とした2004年のCFCYL事件[46]、同裁判所の判決を「参照」しながら拷問国への送還を違憲と判断した2007年のシャルカウィ事件[47]、同裁判所の判決を

---

40) Arbour & Lafontaine, *supra* note 6 at para. 27.
41) Benjamin Oliphant, "Interpreting the Charter with International Law: Pitfalls & Principles" (2014) 19 Appeal 105 at para 18.
42) *Fraser v. Ontario (AG)*, [2011] 2 S. C. R. 3.
43) *R. v. Advance Cutting & Coring Ltd.*, [2001] 3 S. C. R. 209.
44) Oliphant, *supra* note 41 at paras. 16-17.
45) *United States v. Burns*, [2001] 1 S. C. R. 283.
46) *Canadian Foundation for Children, Youth and the Law v. Canada (Attorney General)*, [2004] 1 S. C. R. 76.
47) *Charkaoui v. Canada (Citizenship and Immigration)*, [2007] 1 S. C. R. 350.

「参照」してジャーナリストの情報源の秘匿性について憲章上の特権を否定した2010年のナショナルポスト事件などがある[48]。これらの判決を概観すると、前述した批判にもあるような司法による混乱が見られる。特にヨーロッパ人権条約やECHRの判断について、憲章解釈の「補助」として用いる事例が多数あるが、それに対しての理論的な根拠がないばかりではなく、その方法について一貫性がない。こうした点を踏まえるならば、前述したような批判は的を射た批判であるとの評価ができるであろう。

それでは、こうした批判に対して、カナダの学説はいかなる応答をしてきたのであろうか。以下では、こうした批判に対する応答として、国際法規範の「参照」を正当化しようとする試みを紹介したい。

(2)初期の正当化議論

「国際人権規範を実施またはその他の方法を通じてカナダ法に組み込むという考えは、憲章制定当初、学者によって『熱狂的に進んだ[49]』」と指摘されるように、憲章が制定されて以降、国際法規範を国内的に用いることに関する議論は非常に多くなされている。そこで、憲章制定当初の正当化議論について、理論的整理を試みたのがヘイワードである。彼女の整理によれば、憲章解釈における国際法規範の使用（use）が正当化されることについては、いくつかの理由があるとする。そしてその使用には4つの正当化議論があったとする。

まずひとつ目は、「実施理論（Implementation Theory）」であるが、この理論はもともとコーヘンとベイヤフスキーにより提唱されたものである。彼らは、憲章それ自体が国際法規範を実施したものと理解する。そして、カナダの国際的なコミットメントは、憲章を通して有効に実施されたものであり、国際法規範と一致するように解釈されるべきであるとする[50]。しかしこれに対してヘイワードは、憲章が制定された背景としてそうした事実がないことから、実施理論は裁判所によって採用されたとは考えにくいと評価する[51]。2つ目の正当化議

---

48) *R. v. National Post*, [2010] 1 S. C. R. 477.
49) Oliphant, *supra* note 41 at para. 21.
50) Maxwell Cohen & Anne F. Bayefsky, "The Canadian Charter of Rights and Freedoms and Public International Law" (1983) 61 Can. Bar Rev. 265 at 301-308.

論としてヘイワードは、「派生理論（Derivative Theory）」を挙げる。この理論は、憲章制定にかかる憲法合同委員会の議事録によれば、いくつかの憲章規定が国際人権規約やヨーロッパ人権条約に直接または間接的に由来しており、国際人権委員会やECHRの判断が、カナダの裁判所の努力を援助するとするものである。[52]その起源についての指摘がある[53]一方で、憲法を時代状況に適合するように解釈することを求める「生ける樹」理論との整合性が問題となるとも指摘されている。[54]なお、この点については後で検討する。3つ目の正当化議論は、「一致の推定」である。これは国際法規範の適用はカナダの国際的義務の一部であるとするものである。これは、議会が国際的義務に違反する意図はないと推定することで、当該立法を国際的義務と一致するように解釈しなければならないとするものである。[55]そもそもカナダは議会主権の伝統があり、こうした伝統の積み重ねから正当化されるとする。そして最後の正当化議論は、「文言の類似性」である。ヘイワードによれば、国際人権規約と憲章の文言や主要問題の類似性があることから、憲章解釈に用いることに説得性を見出すことができるとする。

（3）2000年以降の議論状況

① 「派生理論」の進展

こうした憲章制定当初の議論は、その後どのように進展してきたのであろうか。次にヘイワードによる整理に基づく初期の議論が、その後どのように変遷していったかを整理していきたい。なお、彼女によって否定された「実施理論」については、ルベル裁判官が「憲章はカナダの国際法上の義務に効力を与えるものと理解することができ、それ故に、それらの義務と一致する方法で解

---

51) M. Ann Hayward, "International Law and the Interpretation of the Canadian Charter of Rights and Freedoms: Use and Justifications" (1984) 23 U. W. Ontario L. Rev. 9 at 9.
52) *Ibid*. at 9.
53) *Ibid*. at 11. その起源として次の判決が引用されている。*Re Regina and Carter*, (1984) 8 D. L. R. (4th) 156.
54) Hayward, *supra* note 51 at 13.
55) *Ibid*. at 10.

釈されるべきである」としており、これを支持する見解も見られる[56]。さらにマクレンによれば、「忍び寄る一元論」として様々な国際的義務が、憲章の司法による解釈を通じて国内法秩序の中に持ち込まれたとするような見解もあり[57]「実施理論」を支持するような見解は近年でも見られる。

「派生理論」についても、類似するような理解が近年においてなされている。たとえばアーバーらによれば、憲章はカナダの国際的変化に対する「触媒」として機能していると評価している。すなわち「根本的に憲章は、……国際的指向性のある文書である」とする[58]。そして「憲章は明らかに、戦後の権利革命によって口火を切った、国際レベルの発展に合わせて、カナダの社会変化を導くための積極的な触媒となっている」とし、「同時に、憲章の一部の機能はカナダの独自のアプローチを示し、25年間で社会の変化に大きく貢献してきた。確かに（財産権の不在のように注目すべき例外はあるものの）、規定内容の多くは国際的な基準に沿うものであり、憲章の実施体制は創造的であり、その早期かつ永続的な影響に大きく貢献している[59]」と評価する。このように、憲章はそもそも国際的な基準に沿うものとして制定された「国際的志向性のある文書」であり、国際的な影響をカナダ社会に導く「触媒」であると理解するものがある。

② 「一致の推定」の進展

一方で、初期の議論のうち、「一致の推定」を主張する見解を継承したと見られる見解が近年において見られる。ヴァン・アートによる「消極的編入（passive incorporation）[60]」を踏まえた見解である[61]。彼は、変形理論において[62]、国

---

56) Karen Knop, "Here and There: International Law in Domestic Court" (1999-2000) 32 N. Y. U. J. Int'l L & Pol. 501 at 518, citing Antonio Lamer, "The Treaty System in the 21st Century", (International Conference on Enforcing International Human Rights Law, delivered at York University, 22 June 1997).

57) Oliphant, *supra* note 41 at para 20, citing Patrick Macklem, "The International Constitution" in Fay Faraday & Judy Fudge & Eric Tucker, eds., *Constitutional Labour Rights in Canada : Farm Workers and the Fraser Case* (Toronto: Irwin Law, 2012).

58) Arbour & Lafontaine, *supra* note 6 at paras. 8-9.

59) *Ibid.* at para. 11.

際法規範の尊重と自己統治の原則はそれぞれ対立することを前提としつつも、その均衡を維持するためには、立法府と裁判所にそれぞれの役割があるとする[63]。たとえば議会主権の結果として、国際法規範に違反するようなひどい政治権力が立法府によって形成された場合、議会は国際法規範からの逸脱を正当化する民主的な「徳」によって保護されるが、そうして生まれる議会と国際法規範との競合を調整する役割が裁判所にはあるとする。そしてその役割こそが、「コモン・ローにより慣習国際法を編入すること、また可能な限りカナダの国際法上の義務と一致するように法律を解釈すること」であるとする[64]。すなわち、議会主権との対立を調整するための裁判所の役割を、①権力分立を尊重する目的で、変型理論を通して劣悪な政治権力を調査し、締結している条約について立法府が重要な役割があることを認識させること、そして②「一致の推定」を通して、議会主権や連邦制を脅かすことなく国際法規範の尊重を行うこと、に見出している[65]。このように彼は、議会による明確な国際的な義務の実施がなくとも、裁判所による国際法規範と一致した解釈により、自己統治と国際法規範の尊重という対立は解消されるという。

③伝統的な二元論の維持

こうした従来の見解を維持する姿勢に対して、それとは異なる議論を展開するのが、ステファン・ボーラックである。彼によれば、既存の法解釈手法によって国際法規範の国内的影響を容易にすることは可能であると指摘する[66]。まず前提として彼は、国内法による統治とは異なる形態で「現実」を統治することになるため、国際法規範は国内裁判所を拘束しないとする二元論的アプロー

---

60) Stephane Beaulac, "National Application of International Law: The Statutory Interpretation Perspective" (2003) 41 Can. Y. B. Int'l L. 225 at 245-248.
61) Van Ert, *supra* note 38 at 7-9.
62) 変型理論については、山本草二『国際法〔新版〕』(有斐閣、2003年) 92頁、小寺他・前掲注9) 113頁などを参照。
63) Van Ert, *supra* note 38 at 10-11.
64) *Ibid*. at 11.
65) *Ibid*. at 185, 207-214, 227-229.
66) Beaulac, *supra* note 60.

チを支持しており、それを前提とした上で、立法を通じて国内法化された国際法規範は、裁判所によって解釈的使用が可能となるとする[67]。ただし、カナダの国内裁判所はカナダ法に管轄が及んでおり、国際法規範には及んでいないことから、国際法規範はカナダの法制度を拘束しないと指摘する[68]。そのため、国際法規範が国内的影響を持つ前提として、それが国家を拘束している、およびそれが国内法化されていることが前提となるということに注意が必要であるとする。彼の見解は、あくまでも国際法規範がカナダ国内の裁判所を拘束しないことを前提として、もし国際法規範が国内裁判所に「影響」を与えるとするならば、それはカナダが拘束された国際法規範、またはカナダに国内法化されたそれの解釈の場合に限られるということになる。こうした点から、あくまでも彼の見解は、国際法規範と国内法規範との関係を二元的に捉えている。

④新たな視点からの正当化議論

(ⅰ)外国法との同視と「説得的権威」

こうした従来の見解を踏襲するような議論に対して、全く新たな視点から正当化を試みる議論もなされている。たとえばノップは、国際法規範に強制力を持たせようとし、それを裁判所の役割であるとする考え方は時代遅れであり、国内裁判所において国際法規範が「参照」される場合、それは説得的権威のある外国法としてみなすことが最適であるとする[69]。つまり彼女は、国際法規範を外国法のように、または、国内的な規範や価値、アイデンティティをより完全に批判もしくは正当化できるような優位性のあるものとして、取り扱うべきであるとする[70]。そしてさらに、まさに外国法のように、国際法規範は「外部からの規範の翻訳」であり、比較法の中に新たなインスピレーションを見出さなければならないと指摘する[71]。

そもそもノップは、前述したボーラックのように国際法規範と国内法規範の

---

67) *Ibid.* at 237-241.
68) Beaulac, *supra* note 60 at 240.
69) Knop, *supra* note 56.
70) *Ibid.* at 531-532.
71) *Ibid.* at 535.

明確な区別を前提とせず、既存の理論的枠組みから離れた方法論に依存している。こうしたノップの見解は、グレンのいう「説得的権威」という考え方を踏まえたものであるとされている[72]。グレンによれば、カナダの法的伝統は「説得的権威（persuasive authority）」によって影響を受けるべきであり、むしろ法源によってのみ拘束されるのではないと主張する[73]。ノップによれば、こうした「説得的権威」という議論をさらに踏まえた上で、国際法規範を外国法とみなすことで、その説得的権威性を見出している。

なおこの点について、ノップの意見に共感を示すトゥープは、「我々は主権とトランスナショナリズムというメタファーの境界に住んでいる点で、ノップの意見は正しいと考えている」とし、「もしそれが真実であるならば、カナダ最高裁は国際法と結合する2つの異なる役割を担うことになる」と指摘する。そしてその2つの役割とは、①ベイカー事件[74]やプッシュパナサン事件[75]で示されたように[76]、カナダの国内法規範を形成する過程において、国際的な価値の説得性に理解を示すこと、②「国家主権」が崩壊しつつあることと「国家の法制度」を外に向けさせ続ける方法を明確に形作ることであるとし、次のような3つの希望を述べている。すなわち、裁判所がカナダ法の一部としての慣習国際法を検討すること、裁判所が国際法規範に従うことでカナダ人がいかなる恩恵を受けるかという厄介な問題に取り組むこと、裁判所がカナダ法を形作るべきである国際的義務と、カナダ法を形作ることができる国際法規範の価値の選択をすることであるとする[77]。

---

72) Stephen J. Toope, "The Uses of Metaphor: International Law and the Supreme Court of Canada" (2001) 80 Can. Bar Rev. 534.

73) H. P. Glenn, "Persuasive Authority" (1987) 32 McGill L. J. 261.

74) *Baker v. Canada (Minister of Citizenship and Immigration)*, [1999] 2 S. C. R. 817 [*Baker*].

75) *Pushpanathan v. Canada (Minister of Citizenship and Immigration)*, [1998] 1 S. C. R. 982.

76) これらの事件で共通することは、退去強制の事例における裁量統制が問題となった点である。なお、両事件については、拙稿「カナダにおけるテロと行政裁量統制——Suresh事件最高裁判決の考察」慶應義塾大学大学院法学研究科論文集48号（2008年）43-77頁を参照願いたい。

第 2 部　国際法規範の「参照」の正当性とその限界

(ⅱ)「公法の統一」と「影響的権威」

　一方で、法は特定の法制度上に存在する実定法を越え、そして様々な管轄区域内の法的アクターに接続するものであると指摘する、「公法の統一 (the unity of public law)」という概念が示されている[78]。この点でモランは、外国の裁判例などの説得力のある権威は裁判官による国際法規範の「参照」には有用であるが、彼女はそれ以外の権威もあるとする。つまり、裁判官が「参照」可能な権威として、「拘束的権威 (binding authority)」にも極端な「説得的権威 (persuasive authority)」にも含まれない、国際法規範の「影響的権威 (influential authority)」があるとする[79]。彼女によれば、「拘束的権威」のように「影響的権威」の「効果 (effect)」は本質的に強制的であるとしつつ、そうした強制が義務づけられるのは、その用語とは対照的に、裁量の場面における価値の考慮にあるとする[80]。そのため、「強制的影響」は「直接的な影響」ではなく、「影響的権威」は明確な法的権利を生み出すことも、実際の強制も要求するものではないが、その代わりに、権限のある機関が負う決定を正当化する過程においては、重視されなければならないとする[81]。そしてこうした「影響的権威」が用いられた例として、ベイカー事件を挙げる[82]。同事件は、国外退去命令を下す裁量権の行使にあたって、カナダでは国内法化されていない、子どもの権利条約上

---

77)　Toope, *supra* note 72 at 297.
78)　Dyzenhaus, *supra* note 39.
79)　Mayo Moran, "Authority, Influence and Persuasion: Baker, Charter Values and the Puzzle of Method" in *ibid.* 389 at 389-390 [*Authority, Influence and Persuasion*], Mayo Moran, "Shifting Boundaries: The Authority of International Law" in André Nollkaemper & Janne Elisabeth Nijman, *New Perspectives on the Divide Between National and International Law* (New York: Oxford University Press, 2007) 163 at 166 [*Shifting Boundaries*]. なお、モランの議論とダイゼンハウスの議論については、山元一「グローバル化世界と人権法源論の展開」小谷順子他編『現代アメリカの司法と憲法——理論的対話の試み』(尚学社、2013年) 350-352頁を参照。
80)　Mayo Moran "Influential Authority and the Estoppel: Like Effect of International Law" in Hilary Charlesworth et al. eds., *The Fluid State: International Law and National Legal Systems* (Sydney, The Federation Press, 2005) 156 at 166.
81)　*Ibid.* at 169.
82)　*Baker, supra* note 74.

の「最善の利益」を裁判所が考慮しなければならないとしたものである。このようにモランは、カナダの二元論を厳格に捉える議論（positivist）が主張するような「拘束的権威」と「説得的権威」（非拘束的権威）の二分化を否定しながら、両者にも含まれない「影響的権威」がありうることを提唱する。そして、こうした「影響的権威」がある場合には、結論に対する義務的な「効果」を与えることから、裁判所は「影響的権威」を考慮しなければならないとする。

(ⅲ)「ディクソン・ドクトリン」再考

このように国際法規範の「参照」をめぐって二元論とどのように調和するか、またはそれをどのように捉えるか、そしてどのように乗り越えるかといった議論がなされている一方で、最高裁が採用してきた「ディクソン・ドクトリン」に着目した議論もなされている。ディクソン・ドクトリンを再考することに関心を向けるオリファントは、トゥープの見解に依拠しながら、1982年以降の最高裁判決における国際法規範の「参照」の理論的基礎付けについて、これまでの理解には混乱があると指摘する。つまり、これまで多くの判例や学説は、国際法規範の「参照」について、1987年の公務員労働関係法照会事件におけるディクソン・ドクトリンに依拠してきた。オリファントによれば、このディクソン・ドクトリンには、①カナダに関連する国際人権規範が憲章に効果的に編入されるという「推定」を裁判所が行わなければならないという示唆と、②国際法規範の解釈を「関連性および説得性」の観点で考察するべきであるという示唆が含まれているが、これらはそれぞれ異なる意義であり、これらを同視することに混乱があるとする。そして、①の「一致の推定」については、「我々は一致の推定がもっともらしいことを認めたとしても、それを採用

---

83) なお、同事件で問題となったのは、行政権による裁量行使に対する国際法規範の「参照」であり、憲章解釈における「参照」ではないことに注意が必要である。

84) Stephen J Toope, "Inside and Out: The Stories of International Law and Domestic Law" (2001) U. N. B. L. J. 11 at 17. See also Schabas, *supra* note 10 at 231-232.

85) Oliphant, *supra* note 41 at para. 20.

86) *PSERA*, *supra* note 19 at 348-349.

87) なお、この点についてヴァン・アートも、同様の分類を行っている。Van Ert, *supra* note 38 at 253-254.

しない理由が存在する。特に、このような推定の適用については、カナダの憲法秩序の2つの重要な柱を損なう恐れがある。つまり連邦主義と三権分立である」とする[88]。そして、こうした「一致の推定」の問題点を回避するアプローチこそが、ディクソン・ドクトリンが指摘する②のアプローチ、すなわち、「関連性および説得性」のアプローチ（The Relevant and Persuasive Approach）であるとする。

⑤「一致の推定」の難点と「関連性および説得性」

オリファントの指摘する「関連性および説得性」アプローチについては、まずその意義をある程度明確にした上で、その正当性に関する指摘を検討したい。なお彼は、ディクソン・ドクトリンを「参照」の正当化根拠の出発点として、その意義を「一致の推定」と「関連性および説得性」に分類した上で、後者のアプローチが適切であるとする。

（ⅰ）「関連性および説得性」の意義

オリファントは、1990年のキーグストラ事件においてマクラクリン裁判官が、国際法規範は憲章解釈に有用であるが、「その保護の範囲や限界を決定するためにこれらの義務を検討すること」は誤りであるとした見解[89]を踏まえながら、次のように指摘する[90]。つまり、憲章はカナダ特有のものであり、その保護は国際法規範とは異なるのであり、裁判所の役割は、それを「カナダ特有の法規範」に変換することであり、「忍び寄る一元論」や後述するような問題点を抱える「一致の推定」による正当化は避けるべきであるとする[91]。そしてそのためにも、「関連性および説得性」による正当化がよいとする。オリファントによれば、国際法規範は憲章規定の意味を解釈する上で「有用（helpful）」であり、その解釈において「関連し、かつ説得的」であるということに「参照」の根拠があると指摘する[92]。

---

88) Oliphant, *supra* note 41 at para. 21.
89) *Keegstra, supra* note 30.
90) *Ibid.* at 837-838.
91) Oliphant, *supra* note 41 at para. 28.
92) *Ibid.* at para. 29.

第 2 章　憲法解釈における「参照」の正当性とその限界

ここでヴァン・アートは、こうした裁判所のアプローチを「国際法の究極的に脆弱なアプローチ」であり、コモン・ローの伝統的なシステムから逸脱するものであると批判し、カナダの裁判所に対して国際法規範を無視または逸脱する裁量を与えることにより、自己統治と国際法規範の尊重のバランスを崩すものであると批判する[93]。しかしオリファントは、「一致の推定」のアプローチの方が、「過剰な自己統治と過少な国際法尊重を招くもの」になりうるし、憲章を他の国内法と同視することになるばかりか、立法府の活動を明確に否定し、国際法規範と一致しない法律を無効とすることになりかねないとする[94]。ただ彼によれば、これらの主張は「一致の推定」を強く否定するものではなく、むしろ国際法規範の遵守は称賛されることであり、民主的に選ばれた議員はそうした義務を真剣に受け止めるべきであり、また国際法規範に適合的な解釈を行うことはより良いものであろうとする。しかしこのアプローチは国内的な均衡を崩すものであり、「関連性および説得性」によるアプローチの方がより適切であろうと指摘する[95]。

(ⅱ)「関連性および説得性」の内容

もっともこうした「関連性および説得性」については、国際法規範をどこまで裁判官が解釈の際に「参照」して良いのか、最高裁の裁量がどこまで認められるのかという問題があり、この点をオリファント自身も指摘している。つまり、こうしたアプローチを採用すると「チェリーピッキング (cherry-picking)[96]」になるため、裁判所は「関連性」と「説得性」を明示する必要があるとする[97]。こうした点は、まさに前述した最高裁の姿勢に対する批判に応えるための議論、すなわち「結果思考」のアプローチであるという批判に対して、裁判官の裁量をどのように統制するかといった議論にかかわる。この点でオリファント

---

93) Van Ert, *supra* note 38 at 341.
94) Oliphant, *supra* note 41 at para 30.
95) *Ibid.* at para. 31.
96) 「チェリーピッキング」とは、「あらかじめ決められた結論を導くために妥当な国際法や規則、解釈のみを行うこと」であるとされている。*Ibid.* at para. 32.
97) *Ibid.* at para. 32.

は、裁判所が国際法規範の「参照」の際に依拠すべき「関連性」と「説得性」の内容について、それぞれ次のように説明する。

まず「関連性」については、裁判所は憲章解釈の文脈において、どのような国際法規範が関連するとみなされるかという点について、正確に特定する必要があるとする[98]。なお、そもそも多くの裁判官や学者は、カナダが締結している国際法規範は締結していないそれよりも、憲章解釈において重視されていると指摘する（そうであれば「一致の推定」は妥当する）が、裁判所は厳格にそれらを分けてはおらず、もし国際法規範が関連し、かつ説得的である場合にのみ有用であるとすれば、拘束性は大きな問題とはならないとする[99]。

一方で、「説得性」についてオリファントは、法または規範の説得性を評価する方法として、起草時の議論と現時点の憲法秩序における説得力を判断することが有益であるが、裁判所による「起草者の意図」への依拠に対する躊躇を踏まえると、そうした「意図」が効果的であるかは明らかではないとする[100]。ただし裁判所は、それらの法または規範を指針として、「権威的解釈（authoritative interpretations）」を行う可能性があり、そうした権威性が「説得性」を裏付けるとする。そしてその際に裁判所は、解釈主体の任務と機能、およびそれらの決定が行われた状況を慎重に判断すること、また憲章規定の背後にあるカナダの憲法秩序や目的と合致するかを判断することが重要であるとされる[101]。こうしたことから、「説得性」の判断にあたっては、国際的な場面における解釈の実際の重要性、永続性、権威性が重要となるとする[102]。なお、たとえば国連の規約人権委員会の決定などは、こうした「説得性」を有するものであるとされている。

---

98) *Ibid*. at para. 32.
99) *Ibid*. at para. 34.
100) *Ibid*. at para. 41.
101) *Ibid*. at paras. 42-45. ただしその反面、国際的な権威性がなく意見の不一致のある規範は、憲章の解釈において「説得性」を有しないとされる（at para. 47）。
102) *Ibid*. at para. 48. なお、これは拘束力のある「ハード・ロー」だけが有用という意味ではなく、「ソフト・ロー」も含まれるとされる。

第 2 章　憲法解釈における「参照」の正当性とその限界

3　本節のまとめ

　以上のように、カナダでは憲章制定以降、（特に人権に関する）国際法規範が最高裁において「参照」され、初期の積極的な「参照」に対して多くの学説の応答があり、近年の最高裁の「参照」に至る過程で、そうした学説も様々に発展してきたことを明らかにした。具体的には、初期の正当化議論から近年にかけての議論に大きな展開があること、そしてカナダの議論は二元論を前提とした理解の場合、「拘束的権威」「影響的権威」「説得的権威」などといった議論があり、特にカナダにおいては「影響的権威」や「説得的権威」などの議論が注目されていることを紹介した。特に二元論を前提とした、またはそれを厳格に捉える学説と、それとは対照的に、「拘束的権威」や「説得的権威」、さらには「影響的権威」を見出し、それらに裁判所が依拠することを認めることについて学説の対立がある。さらに近年においては、ディクソン・ドクトリンが提起した「一致の推定」と「関連性および説得性」に着目する議論があることを紹介した。そしてその違いを踏まえた両者の議論状況と、特に後者における議論について、若干の指摘を行った。このようにカナダにおいては、「参照」にかかわる様々な提言がなされてきたところであるが、「一致の推定」に対する批判のように、こうした「参照」の正当化議論は、「参照」の対象や素材との関係でどのように評価できるのであろうか、またそもそも憲法解釈理論との関係ではどのように把握することができるのであろうか。次節では、こうした正当化議論それ自体に関する検討を行いたい。

2　国際法規範の「参照」の正当性とその限界

1　「参照」の正当性を論じる前提

　本節においては、国際法規範の「参照」の正当化議論を検討するが、その検討に入る前に、序章において検討したような「前提」を踏まえておく必要がある。そこでまずは、「参照」の正当性を論じる前提を検討しておきたい。

（1）「参照」の正当性を論じる意義

　まず、そもそもこうした「参照」自体の正当性を論じる意義、つまり、裁判

第 2 部　国際法規範の「参照」の正当性とその限界

所が国際法規範を「参照」する必要性はどういった点に見出されるのであろうか。この点については、国際法規範の「参照」自体が有意義であるということの理由付けが必要であろう。ここで重要なのは、国際法規範の「参照」により保障される人権の範囲である[103]。この点については、日本における議論においても、「国際人権の保障範囲が日本国憲法の明示的な保障範囲よりも広い場合には、憲法の趣旨と矛盾しない限り、国際人権を援用し、憲法の保障する人権の内容を豊富化するべき」とする見解や、「実際問題として憲法との矛盾が疑われている人権条約は存在しないようであるから、現実に生じうる論点としては、憲法の保障を超える保障をした条約の効力をどう考えるかが中心となろう」とする見解[104]、さらに「条約による保障が憲法による保障を上回ると解される場合には、国内法が憲法の人権条項に違反しないとしても、条約に違反し、そのことはひいては憲法98条 2 項を介して憲法上許されない事態と判断されなければならない」とする見解[105]などが一般的である。つまり、国際法規範の「参照」[106]は、問題となる人権の救済にとって必要であるものであれば、よりその正当化議論の必要性が求められると考えられるのであり[107]、そもそも人権の保障範囲を狭めるような場面では、国際法規範が「参照」されることについて、その意義は少なくなるであろう。また、1982年の憲章制定当初のカナダのように、その保障範囲を裁判において具体化する際に国際的規範を「参照」してきたこと、すなわち、憲章規定の具体化や保障範囲の確定の場面における「参照」も有意義なものといえよう。そのため、「参照」の正当性については、憲章が保

---

103)　憲法優位説に立った場合に、憲法の保障範囲よりも国際法規範の方がその保障範囲が広い場合にその意義を見出すものとして、高橋和之「国際人権論の基本構造――憲法学の視点から」国際人権17号（2006年）53-54頁、齊藤・前掲注12）85-86頁などを参照。

104)　横田耕一「人権の国際的保障と国際人権の国内的保障」ジュリスト1022号（1993年）26-27頁。

105)　高橋・前掲注103）53-54頁。

106)　佐藤幸治「憲法秩序と国際人権」芹田健太郎他編『講座国際人権法 1　国際人権法と憲法』（信山社、2006年）39頁。

107)　この点については、「憲法は、いわば敗訴を恐れる当事者にとっての切り札である。このことは、国際人権法にもあてはまろう」との指摘がある。小山剛「基本権保護義務論と国際人権規範」国際人権22号（2011年）45-46頁を参照。

障する人権よりも保障範囲が広い場合やより具体化する場面において検討する必要があるであろう。もっとも、序章で指摘したように、こうした理解にも問題がある。つまり、裁判当事者の一方の人権を厚く保障することによって、他方の人権の保障が薄くなるという問題である。本書においては、さしあたり、「参照」の必要性は、当事者の主張や裁判所の判断の「選択肢」を広げ、多層的人権保障の「機会」や「選択肢」をそれらに提供することに意義を見出している。つまり、これによって当事者や裁判所は、自らに有利な国際法規範の「参照」を選択できる機会を与えられるだけでなく、それを否定するための「参照」をも正当化でき、国際法規範との実質的な「対話」ができると考えている。

なお、カナダにおいて憲章が保障する人権よりも保障範囲が広い場合や具体化のために「参照」が必要である場合とは、どのような場面であろうか。カナダの憲章の条文中には、漠然とした表現が多々ある一方で、明文で経済的自由権や社会権が保障されていない[108]などの特徴がある。こうした点について、たとえば憲章制定当初においては、休日労働の禁止[109]や公務員の結社の自由[110]をはじめ、ヘイトスピーチをめぐる規制[111]などが問題となっている。また近年では、たとえば死刑[112]、テロにかかわる拷問の禁止と送還[113]などの分野において、国際法規範の方がその保障範囲が広い場合がある。こうした権利が問題となる場面においては、保障範囲が広い国際法規範もあり、そうした規範の「参照」を正当化する議論は、より手厚い権利保障の観点からすればまた、有益であろう。

（2）「参照」の意義と国内的効力

一方で、そもそも「参照」といった場合、その方法としては様々な手法が用いられているのが現状である。このとき、理論的に問題となるのは、ある「参[114]

---

108) この点については、中島徹「カナダ憲法における財産権条項の欠如」比較法学32巻1号（1998年）133-172頁を参照。
109) *Big M, supra* note 26.
110) *PSERA, supra* note 19.
111) *Keegstra, supra* note 30.
112) *Kindler v. Canada, supra* note 31.
113) *Suresh v. Canada (Minister of Citizenship and Immigration),* [2002] 1 S. C. R. 3.

照」手法によって国際法規範が国内的な効力を有する場合に、それぞれの国内的効力の正当化をいかにして行うかということになるであろう。この点で、カナダ最高裁による「参照」に対する批判を見れば、そもそもそうした「参照」は、結論の補強としての「参照」であり、解釈指針の場合と異なる[115]。つまり、たとえば憲章の解釈指針として国際法規範が「参照」される場合、裁判官は憲章解釈において、国際法適合的解釈を行うことになり、国内的な効力を見出すことができる。しかしながら、あらかじめ決められた結論に対する補強のための「参照」の場合、解釈指針と比較して国際法規範(ここでは国際的義務の有無は問わない)の効力は薄くなる。また否定のための「参照」である場合にも同じことがいえる(解釈指針として否定する場合も結論の補強として否定する場合もある)。そうであるなら、「参照」については、解釈指針としての「参照」と、結論の補強としての「参照」などを区別しながら論じる必要がある。そのため、「参照」の正当化議論については、「参照」の意義に応じた検討が必要であろう。

(3)「参照」の対象

「参照」の前提問題としては、「参照」の対象となる国内的な法規範についても議論を分ける必要があるであろう。すなわち、「参照」の対象としては、①憲章解釈の場合、②法律解釈の場合、③裁量統制や私人間の問題に対する場合などが挙げられる。本書の対象はこのうちの①であるが、憲章や法律の解釈にあたって国際法規範を「参照」する場合には、その文言との関係性などが問題となるのに対して、裁量統制や私人間の問題については、必ずしもそういった「参照」とは限らない。特に、前述した「影響的権威」にかかわる議論に関しては、その前提となるベイカー事件は、退去強制という裁量権行使に対する国

---

114) 序章においても触れたように、「参照」の手法としては、次のように分類できるであろう。解釈指針としての「参照」、区別を前提とした追従裁判官の結論を補強するための「参照」、単なる言及にとどまる「参照」、外国法・外国判例・条約と区別するための「参照」、判例法理の黙示の「参照」などである。

115) こうした「参照」を単なる「事実レベル」のものとする指摘がある。特に宍戸他・前掲注17) 378-379頁を参照。

116) *Baker, supra* note 74.

第2章　憲法解釈における「参照」の正当性とその限界

際法規範による統制が問題となった事例であり、憲章解釈において国際法規範を「参照」した事例ではない。またそれ以外の問題として、国際法規範を国内法化した場合であっても、憲法解釈の際に、そうした国内法化された国際法規範に適合的に解釈する際には、そもそも国法体系上の問題が残されている。すなわち、憲法の解釈を下位法の解釈に従って解釈することの問題である。[117]

（4）「参照」の素材

また一方で、「参照」については、その素材となる国際法規範の場合分けも必要であろう。すなわち、裁判所には国際法規範を考慮する義務がそもそもあるものなのかどうかという前提問題を、あらかじめ分類しておかなければならない。これまでも指摘してきたように、カナダ最高裁は国際的義務のある国際法規範の「参照」だけではなく、国際的義務のない国際法規範（たとえば、ヨーロッパ人権条約）をも「参照」の素材としている。そのため「参照」の正当性をめぐる問題については、これら「参照」の素材を分類した上で、検討を行う必要がある。この点でアーバーらも、最高裁における「参照」に関して、その未解決の議論として次の2つの問題を指摘する。「そのひとつが、国法のひとつである慣習国際法の取扱いに関する不明確な状況、そしてもうひとつは、国内法システムにおける国際法の使用を制御する不安定な規則である」とする。そして「このことはたとえば、解釈アプローチの違いや、相関的に、法律によって（一部または全体的に）国内法化された国際法規範と、国内法化されていない条約、または、ヨーロッパ人権条約のようにカナダが批准していない条約と批准した条約を区別する必要性に表れている[118]」と指摘する。このように、

---

117) この点で、日本においても同様の問題がある。すなわち、国際法規範が日本国憲法よりも下位にあるとした場合、それに適合的な解釈を行うことがそもそも許されるかという問題である。この点については、憲法それ自体が国際法規範の適合的な解釈を求めていると考えられる。齊藤・前掲注12) 80頁を参照。ただし国際的義務のない国際法規範の場合、そもそもこうした問題が発生しうるかという問題もある。国際的義務のない国際法規範の場合には、そもそも憲法解釈において解釈指針や結論の補強などとして「参照」とすること自体が問題となる。しかし、これが認められるのであれば、国際的義務のある国際法規範の場合も「参照」が認められうるため、国法体系との関係を視野に入れた検討が必要であるように思われる。

「参照」の正当性を検討する際には、その素材の分類が必要であるように思われる。なお、前述の「参照」の意義との関係でいえば、国際的義務のない国際法規範を解釈指針として「参照」することは、本来的に考慮義務のない国際法規範について、国内的効力を認めることにもなりかねないため、特にその正当性の議論に関しては問題となる。

(5) カナダの正当化議論の理論的前提

　もっとも前述したように、カナダは議会主権を採用し、イギリスの伝統をもとに、二元論を採用しているとされており、国際法規範（ここでは国際的義務のない国際法規範は含まない）は国内において「実施」または「変型」されない限りは国内的効力を有しないとされてきた。[119] すなわち、国際法規範による国家に対する義務は、国際的には発生するものの、立法権によって国内法化されない限り、国内的な効力は発生せず、その限りにおいて裁判所には国際法規範の考慮義務はない。それを前提としてもなお、カナダ最高裁は国際的義務のない国際法規範をも「参照」しているのであり、国内的効力を有していない国際法規範を「参照」している。すなわち、カナダ最高裁における国際法規範の「参照」は、そもそも国内的効力が前提とされていないように思われる。こうした点を踏まえるならば、カナダ最高裁における「参照」の正当化議論を検討する際には、その前提として国内的効力をある程度柔軟に捉える必要もある。

2　「参照」にかかわる正当化議論の個別の検討

　以上のように、「参照」の正当化議論を検討するにあたっては、「参照」の類型、素材の分類などを踏まえた上で行う必要がある。またそうした正当化議論の分析にあたっては、正当化議論の射程を絞る必要がある。そこでまずは、「参照」の類型、素材を踏まえた正当化議論の射程について検討を行った上で、カナダで提唱される正当化議論の分析を行いたい。

---

118)　Arbour & Lafontaine, *supra* note 6 at para 28.
119)　Anne Warnar La Forest, "Domestic Application of International Law in Charter Cases: Are We There Yet ?" (2004) 37 U. B. C. L. Rev. 157 at 162-163.

第 2 章　憲法解釈における「参照」の正当性とその限界

(1)「参照」の類型および素材に基づく正当化議論の射程

　前にも指摘したように、正当化議論の検討は、「参照」の意義の分析における類型[120]と素材を踏まえて行う必要がある。つまり、①国際的義務のある国際法規範を解釈指針とする場合、②国際的義務のある国際法規範を結論の補強などとして国際法規範を「参照」する場合、③国際的義務のない国際法規範を解釈指針とする場合、④国際的義務のない国際法規範を結論の補強などとして「参照」する場合である。なお、国際法規範を否定するために解釈指針や結論の補強として「参照」する場合もありうるため、いずれの場合においても、区別のための「参照」が含まれる。まずは、正当化議論がその射程とする「参照」の類型および素材を整理してみたい。[121]

①国際的義務のある国際法規範を解釈指針とする場合

　カナダの場合、前提として二元論を採用していることから、国際法規範は「変型」または「実施」されない限りは、国内的効力を有しないとされている。そのため、国際法規範を解釈指針として「参照」する場合、こうした前提を否定することになるため、最高裁における「参照」を正当化するための議論が必要になる。ここで、そもそもカナダが締結している国際法規範について、それが国内法化されている場合であれば、国内法の解釈の問題になることから、カナダが国際的に負っている義務について、議会がそれを国内法化した場合、裁判所がそうした法律の解釈を国際法規範に適合的に解釈することについては、異論はないであろう。ただしカナダにおいて問題となるのは、国際法規範が国内法化されていない場合である。[122]つまり、国際的な義務と国内法上の義務を二

---

120) こうした類型を前提とした最高裁判例の分析を行ったものとして、次のようなものがある。Bayefsky, *supra* note 21 at 67-109, 111-128.
121) なお脚注117) で指摘したように、「参照」の対象にかかわる議論は、カナダの場合、国際法規範が国内法化されたときに問題が発生すると考えられるが、そうした国法体系上の問題については、別途検討が必要であろう。
122) この問題は、日本でも憲法と国際法規範の関係を二元的に理解した際に問題となりうる。つまり、憲法上の義務と国際法規範上の義務を二元的に理解した場合、国際的義務のある国際法規範について、どのように国内適用するかという問題である。こうした二元的理解をした場合においては特に、カナダにおける正当化議論が参考になるであろう。

元的に捉える以上、国内法化されていない国際法規範を解釈指針として国内的な効力を認める場合、そこには民主的正統性がないことから、それに相応する正当化根拠が必要となる。こうした前提を踏まえるならば、カナダにおいて議論されてきた正当化議論は、国際的義務のある国際法規範を解釈指針とする場合においても妥当するものであるといえよう。

　もっとも、国際的な義務がある以上は、その国際的義務を正当化根拠の中で用いればよい[123]と考えられるため、「説得的権威」を主張するグレンの議論をもとにした主張[124]は、むしろそうした国際的義務のない「参照」の際に妥当するものであろう。そうした意味で、外国法との同視[125]や「公法の統一」[126]といった議論も、国際的義務が「説得的権威」を裏付けるものとしてその議論を展開することは可能であろうが、むしろ国際的義務の存在を背景とした「一致の推定」[127]やボーラックの議論[128]の方が、「参照」を正当化する議論としては、より有用であるように思われる。

②国際的義務のある国際法規範を結論の補強などとする場合

　解釈指針の場合と同様に、国際的な義務がある場合（さらにそれが国内法化されていない場合）においては、国際法規範を結論の補強などとする場合も、国際的義務の存在を背景とした「一致の推定」や二元論を前提とした議論の方が、有用であるように思われる。ただしこの場合は、解釈指針との関係でいえば、国際法規範の国内における濃度は比較的薄いものであり、そもそもそうした「参照」について、正当化が必要であるかが問題となるであろう。この点

---

123) そもそも国際的な義務が発生している前提がある場合、その国際的義務を正当化議論の背景的根拠として用いる方が、「説得的権威」性を国際法規範から導くよりも、より積極的に「参照」の正当性を見出しうると考えられる。

124) Glenn, *supra* note 73.

125) Knop, *supra* note 56.

126) Dyzenhaus, *supra* note 39.

127) Van Ert, *supra* note 38 at 7-9.

128) 二元的な議論を前提としつつ、そうした国際的義務がある以上、議会における実施を踏まえた国際法規範に適合的な解釈が妥当するであろう。Beaulac, *supra* note 60 at 237-241.

で、「間接的な適用にすぎない、参照にすぎないといった言葉を用いることで、実際には、国際法規範が、国内裁判所限りの判断によって、無制約に国内法秩序へと流入することを許してしまうことになれば、大きな問題となろう」との指摘を踏まえるならば、やはり「参照」の正当性を論ずる必要性はあるであろう。そうであるならば、国際的義務のある国際法規範を結論の補強などとする場合においても、正当性は論じられるべきであり、国際的義務の存在を背景とした「一致の推定」や二元論を前提とした議論の方が、有用であるように思われる。

③国際法的義務のない国際法規範を解釈指針とする場合

本書が主に対象としてきたのがこの場合であるが、より国際法規範の「参照」の正当化をめぐる議論の中で、その正当性を裏付けることが困難であるのが、この場合であろう。それは、国際的な義務がないにもかかわらず、裁判所が積極的に解釈指針として、国内的な効力を導くためであり、民主的な正統性がない法規範を裁判所が「指針」として用いることの正当性が問題となるためである。この点は、二元論を前提とするかしないかにかかわらない。

こうした場合の正当化議論について、まずは国際的義務が前提とされていないことから、そうした義務を背景とする「参照」の正当化を行うことはできない。そのため、ボーラックの見解のように、二元論に基づく変型理論を前提とするような議論は、この場合には用いることができない。また、「一致の推定」についても同様のことがいえる。初期のディクソン・ドクトリンの中でも述べ

---

129) 山田哲史「国内法の国際法適合的解釈と権力分立——米国における Charming Betsy Canon の紹介を中心に」岡山大学法学会雑誌65巻3・4号（2016年）401頁。

130) この点で、もしそのような「参照」が裁判所の考慮義務ありとして正当化されるのであれば「大激震」が起こるとの指摘がなされている。宍戸他編・前掲注17) 379頁〔曽我部真裕発言〕。

131) このため、国際的義務のない国際法規範を裁判所が「参照」する場合には、いずれの国においても（国際法と国内法の関係について、一元論や二元論など、どのように捉えたとしても）、この点が問題となる。

132) Beaulac, *supra* note 60 at 240.

133) 1987年の公務員労働関係法照会事件（*PSERA, supra* note 110 at 348-349）で示された初期のディクソン・ドクトリンは、「批准した国際人権文書」を対象としている。

られていることであるが、「憲章は、カナダが批准した国際人権文書による保護と少なくとも同程度の保護を提供しているものと推定すべき」であるため、前提として国際的な義務が発生していない国際法規範については、基本的に「一致の推定」を正当化議論として用いることはできない[134]。そうなると、この場合における正当化議論として有用となる議論は、外国法との同視[135]、「公法の統一」論[136]や「影響的権威」に関する議論[137]、さらに「派生理論」や「関連性および説得性」[139]ということになるであろう。

④国際的義務のない国際法規範を結論の補強などとする場合

国際的義務のない国際法規範を結論の補強などとする場合も、本書が対象としてきたものであるが、前述したように、それが「無制約に国内法秩序へと流入することを許してしまうことになれば、大きな問題」であると考えられる。また解釈指針とする場合と同様に、この場合には、「一致の推定」や二元論を前提とする議論は有用ではない。たとえ結論の補強などとする場合であっても、「派生理論」や「関連性および説得性」などによる正当化議論が有用であると思われる。

（2）「参照」と正当化議論の架橋

以上のように、カナダにおいて提唱される正当化議論は、「参照」の類型や素材によってその射程が異なることがわかる。そしてそれを踏まえるならば、それぞれの場合に応じた正当化議論を用いることが有用であろう。つまり、この点については、国際法規範の拘束性や「参照」の程度を基準に判断すること

---

134) 「一致の推定」については、前述したように、裁判所が行政権や立法権との関係で、国際的義務のない国際法規範を「参照」することを正当化する上で、難点を抱えており、そうした点からも「一致の推定」はこの場合には正当性を説明できていないということになろう。

135) *Knop, supra* note 56.

136) Dyzenhaus, *supra* note 39.

137) Moran, *Authority, Influence and Persuasion, supra* note 79 at 389-390, Moran, *Shifting Boundaries, supra* note 79 at 166.

138) Hayward, *supra* note 51 at 9.

139) Oliphant, *supra* note 41 at para. 29.

第 2 章 憲法解釈における「参照」の正当性とその限界

ができると考えられる。ただし、そもそもカナダにおいて提唱されるそれぞれの正当化議論は、それぞれ「参照」を正当化する議論足りえているのであろうか。次にこの点の検討を行いたい。

① 二元論厳格理解と最高裁の判断の矛盾

そもそもカナダが伝統的に採用してきた二元論に対しては、学説上それを厳格に捉えるか、または柔軟に捉えるかといった点に争いがある。カナダ最高裁が伝統的に捉えてきた二元論は、国際法規範が国内法化されない限りは、国内的な効力は生じないとするものであるが、その根本には、イギリスから継受した議会主権の原則がある[140]。こうした前提を覆すこと自体は、カナダ憲法と矛盾するものではないのだろうか。

この点で、前述したボーラックが、「国際法規範はカナダのような主権国家を『拘束』することは決してできず、より正確にいえば、カナダの国内裁判所は国際法規範ではなくカナダ法を管轄しているため、国際法規範はカナダの法制度の内部を厳格に『拘束』することはない[141]」とするように、二元論を厳格に理解する立場は、まさにこうしたカナダ憲法上の矛盾を回避することを前提としている。もっとも、こうした二元論的理解を前提とした議論は、憲章制定当初になされている。つまり、「実施理論」は憲章自体が国際法規範を国内的に実施したものであるとするものであるが、最高裁はこれまでもそうした理解を明確に示していない。また、仮にこうした国際法規範の憲章による実施という理解について、最高裁自身がそれを行ったとすれば、立法権や行政権との関係でも問題となるであろう。むしろ、初期の判例を分析する限りにおいては、国際的義務のない国際法規範を解釈指針としている判例もある[142]ことから、その国

---

140) この点については、第 1 部第 1 章第 1 節を参照。
141) Beaulac, *supra* note 60 at 240. ただしこのように理解するボーラックは、拘束的ではない国際法規範を解釈の要素、または「説得的権威」として理解しているように思われる。 At 241-248. See also, Stéphane Beaulac & John H. Currie, "Canada" in Dinah Shelton, *International Law and Domestic Legal Systems* (New York: Oxford University Press, 2011) at 134-137. こうした点を踏まえるならば、ボーラックに代表される二元論厳格理解は、国際的な拘束力のあるものを「拘束的権威」と理解し、そうではないものを「説得的権威」として理解しているようにも思われる。

内的効力を認めている点で、二元論的理解と最高裁の判断には矛盾があるように思われる。すなわち、最高裁は二元論を採用しつつも、国際法規範を解釈指針とするような場面において、そうした二元論的視点を無視しながら、国際法規範にある種の「権威」性を見出しているのではないかと思われる。さらにいえば、2000年以降は結論の補強などとして国際法規範を「参照」していることから、二元論的理解を踏まえずとも、最高裁は国内的な実施方法として、ある程度の「権威」を国際法規範に読み込んでいるように思われる。そうであるならば、カナダ最高裁における国際法規範の「参照」については、二元論的理解を厳密に採用していないのではないかという理解になる。そのため、ディクソン・ドクトリンの理解については、二元論を厳密に捉えるのではなく、いかに「国際法規範を国内的に実施するか」という問題について、一定の示唆を含めたものであると理解することが可能ではないだろうか。より直截的に言えば、二元論厳格理解を最高裁は採用しておらず、よりそれらを広く捉えて、国内的実施のための議論を行っているとする見解の方が、正確であるように思われる。またこうした理解は、国際法規範の国内的な実施によって国内的効力の説明は可能であり、「憲法学において、国際法学上の一元論と二元論のいずれを採るかを決定することは必須ではない」[143]という指摘とも親和的であるように思われる。

② 「拘束的権威」と「説得的権威」としての理解

このようにカナダにおいては、「国際的義務のある国際法規範を国内においてどのように適用するか」といった問題だけではなく、「国際的義務のない国際法規範をも国内においてどのように影響を及ぼすべきか」といった議論がなされている。この点で、ボーラックのような二元論厳格理解に立つと、「拘束的権威」と「説得的権威」とに分類されることになる[144]。

まず前者の「拘束的権威」に関連するものとして、「一致の推定」にかかわる議論がある。すなわち、「一致の推定」の議論は、カナダの国際的義務と一

---

142) *Keegstra, supra* note 30.
143) 齊藤・前掲注12) 41頁。
144) Beaulac & Currie, *supra* note 141 at 134-137.

致するような解釈を裁判所に求めるものであるため、「拘束的権威」や国際的義務が前提となる。たとえばベイヤフスキーは、「可能な限り国際法上の義務と一致するようにカナダ法を用いるという使い古した推定と結果として生じる注意」に依拠しつつも、裁判所がこの使い古した推定を適用する場合、そこには国際法と抵触する国内法が、明確に国際法に勝るということに「疑いはない」とする[145]。またホッグも、「裁判所はたとえ国内法が、カナダが拘束される条約に反する場合であっても、制定法やコモン・ローに基づく国内法を適用する」と指摘する[147]。しかしオリファントは、こうした指摘に対して、比較的有意義な議論ではないとして、「一致の推定」の難点を2つ指摘する。まずそれを前提とすると、裁判所は国際法規範から逸脱する権限を立法権から奪うことになるとする[148]。つまり、裁判所が国内法を国際法規範に違反しない形で解釈することは、議会との関係でいえば、たとえば行政権が締結した国際法規範から逸脱する立法権の権限を奪うことになるのであり、権力分立との関係で問題があると指摘する。また一方でオリファントは、国際法規範の締結は行政権が担うため、憲章解釈は行政権の行使と一致するように解釈しなければならなくなると指摘する[149]。裁判所の解釈は、行政権が憲章と一致すると判断して締結した国際法規範の解釈を用いなければならなくなるのであり、常に行政権による憲章解釈と一致する解釈をしなければならないという、これも権力分立にかかわる問題が提起されるとする。このように、二元論的理解を前提とした「拘束的権威」と、さらにそれを前提とした「一致の推定」としての理解については、権力分立上の問題がある。

もっとも二元論的理解を前提とするかは別として、前述のようにグレンは、「説得的権威」にその正当性を求める。彼は「法の源泉を増やすことは、法的対話の源泉を増やすことになる」とし、「説得的権威の利用は法それ自体に

---

145) Bayefsky, *supra* note 21 at 95.
146) *Ibid*. at 67-68.
147) Hogg, *supra* note 10 c. 11 at 6-9.
148) Oliphant, *supra* note 41 at para. 25.
149) *Ibid*. at para. 25.

とって不可欠であり、法の統一（uniformity of law）は、政界における日常的な法の実践の場面で、義務ではなく説得性によりもたらされる」とする[150]。また、トゥープやノップなどもまた、「説得的権威」による正当性について同調している[151]。さらにモランは、「拘束的権威」と「説得的権威」といった枠組みだけでは捉えきれない「影響的権威」を、裁判所の考慮対象とすべきであることを指摘している[152]。これらの正当化議論については、「説得的権威」や「影響的権威」を見出すことによって、国際的義務のない国際法規範の「参照」を正当化する試みであると考えられる[153]。

　ただし問題は、このように「拘束的権威」「影響的権威」「説得的権威」を国際的義務のない国際法規範の「参照」を正当化する議論として捉えたとしても、それらが民主的正統性を損なわないような理論的前提を備えているかどうかである。なぜなら、民主的な合意のない国際法規範によって国内法が解釈されることを無限定に認めてしまえば、逆に国内の人権保障水準よりも低い国際法規範を国内的に用いることをも容易にしてしまう可能性があるためである[154]。さらに、そうした裁量をすべて裁判官に敬譲してしまえば、権力分立上の問題も提起されうるからである。

　③国際的義務のない国際法規範の「参照」の民主的正統性

　それではこれらの「拘束的権威」「影響的権威」「説得的権威」といった議論は、民主的正統性の観点を克服する議論といえるのであろうか。「一致の推定」に関していえば、前述のように、権力分立上の問題をはらんでおり、民主的正

---

150) Glenn, *supra* note 73 at 297-298.
151) Toope, *supra* note 72.
152) Moran, *Authority, Influence and Persuasion, supra* note 79 at 389-390, Moran, *Shifting Boundaries, supra* note 79 at 166.
153) 「影響的権威」については、若干の注意が必要である。そもそもモランは、条文の解釈への「影響」ではなく、たとえばベイカー事件のような行政裁量の判断において、拘束力のない「影響」を考慮することを前提としている。つまり、前述したように、憲法解釈や法律解釈などにおける「参照」の場面とは別の「対象」であることに注意が必要である。
154) 山田・前掲注129)。

統性という観点からの批判がある。また一方で、国際的義務のない国際法規範について、「影響的権威」「説得的権威」を踏まえた議論は、裁判官の「参照」の正当化を行う議論ではあるものの、明確に裁判官の裁量を統制しうるような議論ではないように思われる[155]。つまり、これらの「権威」を用いた場合、どこまで司法裁量を統制できるかが判然としない。この点で、前述した初期の議論である「派生理論」や「関連性および説得性」が、その射程範囲をある程度設定している点に注目したい。「派生理論」は、憲章起草時に影響を受けた国際法規範に限定し、そうした点に民主的正統性を見出しているように思われる。またオリファントのいう「関連性および説得性」については、「チェリーピッキング」を制限するために、それぞれの意義を明確に絞った上で、民主的正統性に適うような分析がなされている。これらの議論は、前章で紹介した「生ける樹」理論ともかかわる議論であり、まさに民主的正統性からの批判に対する応答ともかかわる議論である。なお、そもそも「関連性および説得性」は、その「関連性」の判断にあたって憲章起草時の議論を踏まえていることから、「派生理論」を内包しているように思われる。そのため最後に、「国際的義務のない国際法規範」について、オリファントのいう「関連性および説得性」を分析したい。

④「関連性および説得性」の検討

裁判所が「国際的義務のない国際法規範」を憲章解釈の指針や結論の補強として「参照」する際に求められる「関連性」と「説得性」について、オリファントはまず、前者について裁判所は憲章解釈の文脈において、どのような国際法規範が「関連性」を有するかという点を正確に特定する必要があり[156]、後者については、「国際的な場面における解釈の実際の重要性、永続性、権威性が重要」であるとする[157]。

特に「関連性」の判断にあたってオリファントは、これまで最高裁がその拘

---

155) 特に議会主権や行政権、また連邦主義との関係でいえば、「影響的権威」「説得的権威」の民主的正統性の議論については、さらなる検討が必要であろう。
156) Oliphant, *supra* note 41 at para. 32.
157) *Ibid*. at para. 48.

束性を厳密に理解してきていないことから、国際法規範の拘束性は大きな問題ではないとする。もっとも、拘束性を問題視しないとしても、どの程度の「関連性」が必要であるかがある程度特定されない限り、結局のところ裁判官の裁量を統制することにはならない。そこでオリファントが重要視するのが、「起草者の意図」である。彼によれば、「起草者の意図は国際法規範の使用を正当化するために依拠されてきたが、この正当化の過度の強調は、おそらくカナダの憲法解釈の唯一のアンタッチャブルな教訓を危険にさらすことになる。つまり、文書はある時点で凍結されるのではなく『生ける樹』であるとするものである」とする。それにもかかわらず、たとえば「派生理論」にも見られるように、起草者の意図にその関連性を見出すような「意図主義」的な正統化が行われてきたと指摘する。[158] この点で、ブリティッシュ・コロンビア州健康扶助支援事件[159]で多数意見は、ILO が憲章起草時に議論の対象とされていたことを指摘しているものの[160]、プロスパー事件[161]のように逆に「起草者の意図」が排除された事例もあるとされており[162]、最高裁においても明確な結論が見出されていないようにも思われる。

そこで、「生ける樹」理論がどの程度の「起草者の意図」まで想定したものであるかが問題となる。この点でスキャバスが、ディクソン・ドクトリンにおいては、「国際的文書は憲章の起草過程において重要な役割を演じたことについて強く強調しなかったことは重要である」と指摘するように[163]、最高裁自身が「起草者の意図」に縛られるべきことを明示しておらず、むしろ起草者の主観的意図に拘束されることは明示的に否定されている。この点は前章で検討したように、「生ける樹」理論が必ずしもすべての「起草者の意図」を否定したものであるとも断定できず、同理論は少なくとも「起草時における『適切な言語

---

158) *Ibid.* at paras. 35-36.
159) Health Services and Support‐Facilities Subsector Bargaining Assn. v. British Columbia, [2007] 2 S. C. R. 391.
160) *Ibid.* at para. 78.
161) *R. v. Prosper*, [1994] 3 S. C. R. 236.
162) Oliphant, *supra* note 41 at para. 36.
163) Schabas, *supra* note 10 at 46.

的、哲学的、そして歴史的文脈』を考慮することを含むもの」と理解することができる[164]。こうした点を踏まえるならば、「関連性」を有する国際法規範であるかどうかの判断は、カナダの伝統的な憲法解釈理論である「生ける樹」理論の射程をどのように捉えるかという議論と大きくかかわる。すなわち、裁判官の憲章解釈は、「起草者の意図」に縛られ、起草時にかかわる国際法規範の「参照」は、たとえそれが国際的義務のない国際法規範であったとしても「関連性」を有するとされるのか、それとも、裁判官の憲章解釈は「時代状況の変化」に対応するように、憲章が成長し、発展することを可能とさせる国際法規範であれば「関連性」を有するとされるのかといった、正当性の付与にかかわる違いが見出される。前者のような理解であるとすれば、司法裁量はある程度統制されることになるであろう。

いずれにしても、オリファントは後者の立場に立っており、「国際法規範の解釈における関連性は、その起草時の議論や起草者の思考（contemplation）、またはカナダへの『拘束力』によって導かれない」とする[165]。また「ここで想定される関連性の問題は、カナダの憲章に国際法規範が真に関係性を有し、特定の事例の問題を明らかにしうるかどうかに大きく依存する」とし、それによって、「『一致の推定』を前提とすることなく、裁判所は、憲章の規定および問題の紛争に最も明確に関連する文書および解釈を特定することに焦点を当てることができる」とする[166]。

なお、こうした「関連性および説得性」を支持していると思われるのが、ホッグである。彼は次のように述べている[167]。

> カナダは多くの条約の締約国であり、それらに拘束されているが、最も重要なのは1976年に締結した自由権規約である。それらは国内法化されておらず、またカナダの裁判所においても実施可能とは判断されていないが、自由権規約はより詳細であるものの、憲章と同じ土台をカバーしており、それと似た言語が用いられている。そして

---

[164] この点については、第2部第1章第3節を参照。
[165] Oliphant, *supra* note 41 at para. 35.
[166] *Ibid*. at para. 40.
[167] Hogg, *supra* note 10 c. 36 at 39-43.

その文言は、できる限り国際法規範に一致するように解釈されるべきであると考えられてきたことから、憲章の解釈において関連性のある（relevant）ものである。……条約の文言は憲章の文言の適切な解釈を示すと考えられる。[168]

　……規約人権委員会の判断も憲章解釈において関連性のあるものである。なぜならカナダが締約国であるだけでなく、憲章に類似した文言や思想に基づく解釈が委員会においても検討されているためである。仮にカナダが規約の締約国ではなかったとしても、委員会の決定は、カナダの裁判所において外国の裁判所における判決と同様に、説得的価値（persuasive value）を有するものとなる。[169]

　……ヨーロッパ人権条約は、カナダの裁判所が憲章解釈をする上でのもうひとつの国際的資源である。カナダはその締約国でもないし、そうなることもできない。同条約は憲章と同じような市民的自由の多くを保障しているが、より詳細に規定されている。[170]

上記のホッグの指摘を踏まえるならば、文言の類似性も「関連性」の判断要素として含まれるように思われる。また、具体的にそうした要素を踏まえた国際法規範としては、自由権規約やヨーロッパ人権条約、さらには規約人権委員会の判断も「説得性」を有するものであるとされている。

このように、ディクソン・ドクトリンを背景とした「関連性および説得性」による正当化の議論については、特にその「関連性」の判断にあたって、「生ける樹」理論に依拠するのか、または「派生理論」のように起草時の議論に依拠するのかによって、裁判官の裁量をどの程度認めるかといった議論が分かれる。この議論は「生ける樹」理論そのものの意義や限界にかかわる問題であるが、この点については前章で検討したように、「適切な言語的、哲学的、そして歴史的文脈」に基づく国際法規範の「参照」が具体的な限界点となると考えられる。

3　本節のまとめ

以上のように、本節ではカナダ最高裁における国際法規範の「参照」につい

---

168) *Ibid.* at 39-40.
169) *Ibid.* at 41.
170) *Ibid.* at 41-42.

て、その正当化議論にかかわる検討を行った。そして、裁判官の裁量統制の文脈においては、「関連性および説得性」などのように、ある程度裁判官に「関連性」や「説得性」を求める議論が必要であるということ、また「生ける樹」理論の意義と限界、そして派生的議論を踏まえる必要があること、最後に、「生ける樹」理論そのものの意義についても注意深く検討する必要があることを指摘した。このように、国際法規範の憲法解釈における解釈指針や結論の補強としての「参照」を、国際的義務のない国際法規範を素材として行う場合、その正当性については、こうした「関連性および説得性」を支える「生ける樹」理論の内容とその射程、そしてその限界点を設定しうる憲章起草時の議論をどのように判断するかが問題となる。

補　論

外国法および外国判例の「参照」

1　カナダにおける外国法および外国判例の「参照」

　本書においては、特に国際的義務のない国際法規範について、憲法解釈における「参照」の場面に特定して検討を行ってきた。ただしカナダにおいては、外国法や外国判例の「参照」も頻繁に行われている。たとえば、1999年のベイカー事件[1]、2002年のスレッシュ事件[2]、さらに2002年のゾーブ事件[3]では、国際法規範が「参照」されるのと同時に、外国法や外国判例等も最高裁において「参照」されている。そこで本書を補う形で[4]、こうした1982年以降のカナダ最高裁における外国法や外国判例の「参照」状況を紹介し、「参照」の意義を明確化するとともに、そこで用いられている「参照」手法の類型化を試みたい。そして、そうした「参照」がどのように議論されているのかを紹介した上で、若干の検討を行いたい。

---

1 ）　*Baker v. Canada*（*Minister of Citizenship and Immigration*）, [1999] 2 S. C. R. 817.
2 ）　*Suresh v. Canada*（*Minister of Citizenship and Immigration*）, [2002] 1 S. C. R. 3.
3 ）　*Sauvé v. Canada*（*Chief Electoral Officer*）, [2002] 3 S. C. R. 519.
4 ）　国際法規範と外国法の「参照」は、そもそも区別して考える必要がある。その理由としては、その性質が異なることも考えられるが、「国際法は国内法の一部であるのに対し、外国法はどの国でも法源ではない」ことなどが考えられる。須網隆夫「『裁判官対話』とは何か──概念の概括的検討」法律時報89巻 2 号（2017年）62頁。ただし、本書は国際的義務のない国際法規範を対象としており、こうした規範も当該国にとってはまた「法源ではない」。そのため、本書の議論を補足する意味で、外国法・外国判例の「参照」を取り上げる。

2 外国法および外国判例の「参照」状況とその意義

1 カナダ最高裁による外国法および外国判例の「参照」状況

　まずはカナダにおける外国法および外国判例の「参照」状況を確認したい。カナダ最高裁において「参照」の対象とされているものは、前述したように、外国法とその判例をはじめ、国際法規範、国際機関の判決や決定などが含まれている[5]。一方で、こうした「参照」の際に用いられる法規範は、憲法その他の国内法などである。ここでは、本書の対象と同様に、その焦点を絞るために憲法解釈の場面に限定する。

　カナダ最高裁によって外国法、特に外国判例が「参照」された対象国別の件数は、1982年から2010年の統計によると、イギリスが502件（26.9%）、オーストラリアが81件（4.3%）、アメリカが1144件（61%）であり、圧倒的にアメリカが「参照」対象国となっていることがわかる[6]。さらに1982年に憲法が改正されて以降、カナダ最高裁で憲法が問題となった事例が最も多かった年は1990年であるが、外国判例を「参照」した事例が最も多かったのも1990年である。つまりカナダ最高裁においては、憲法が問題となる事例と比例して、外国法、特に外国判例を「参照」する事例が推移していることがわかる。さらに同じ統計によれば、1949年以降イギリスの「参照」が減り、アメリカの「参照」が増加している[7]。これについては、1949年が枢密院司法委員会への上訴廃止の年であ

---

5) 本書第1部を参照。
6) Gianluca Gentili, "Canada: Protecting Rights in a 'Worldwide Rights Culture'. An Empirical Study of the Use of Foreign Precedents by the Supreme Court of Canada (1982-2010)" in Tania Groppi, Marie-Claire Ponthoreau, eds., *The Use of Foreign Precedents by Constitutional Judges* (Oxford: Hart Publishing, 2013) 39 at 57-59. なお、2011年から2014年にかけては、イギリスが43件、オーストラリアが12件、アメリカが72件とされている。Gianluca Gentili & Elain Mak, "The Supreme Court of Canada's Transnational Judicial Communication on Human Rights (1982-2014)" in Amrei Müller, ed., *Judicial Dialogue on Human Rights* (Cambridge: Cambridge University Press, 2017) 114 at 131-132.
7) *Ibid.* at 53-55.

り、カナダ最高裁が実質的に最終審裁判所になった年であることが関係していると考えられる。このようにカナダ最高裁による「参照」件数は、1949年から増加し、1982年以降は特にアメリカの「参照」が増加していることがわかる。なお、別の統計によれば、1949年から2008年にかけて、もっとも外国の判例を「参照」した最高裁裁判官はディクソン裁判官であり、これに対して、外国法の判例よりも国内の判例を「参照」したのはマクラクリン裁判官である[8]。

2　カナダ最高裁による「参照」手法

このように、統計上の資料によれば、1982年以降カナダ最高裁は、外国法や外国判例、特にアメリカの判例をよく「参照」してきたことがわかる。しかし、こうした「参照」は様々な用法で用いられており、まずはそれらを分類し、「参照」手法自体を明確にする必要がある。そこでここでは、序章において分類方法を提示した際に依拠した、クリストファー・マククルーデン[9]やビジョン・ロイ[10]の分類に基づく類型化に従いたい。つまり、解釈の指針、区別を前提とした追従、結論の補強、単なる言及、区別である（なお、黙示の「参照」については、ここでは対象としない）。ここで、カナダ憲法上のリーディングケースとなっているような事例のうち、外国法や外国判例を「参照」した代表的な事例を、その類型にあてはめると次の表のようになる。なお、区別を前提とした追従にあてはまる判例はない。

---

8) Peter McCormick, "American Citations and the McLachlin Court: An Empirical Study" (2009) 47.1 Osgoode Hall L. J. 83 at 92.
9) Christopher McCrudden, "A Common Law of Human Rights? Transnational Judicial Conversations on Constitutional Rights" in Katherine O'Donovan & Gerry R. Rubin, eds., *Human Rights and Legal History* (Oxford: Oxford University Press, 2000) 29 at 30.
10) Bijon Roy, "An Empirical Survey of Foreign Jurisprudence and International Instruments in Charter Litigation" (2004) 62 U. Toronto Fac. L. Rev. 99.

補　論　外国法および外国判例の「参照」

表　外国法・外国判例の「参照」事例

「参照」類型	事　件	内　容
解釈の指針	シモンズ事件（R. v. Simmons, [1988] 2 S. C. R. 495.）	税関検査に伴う身体検査の合憲性について、アメリカの裁判所における経験はカナダ憲法解釈の指針となるとした。
結論の補強	ビッグエム薬事会社事件（R. v. Big M Drug Mart Ltd., [1985] 1 S. C. R. 295.）	個人の信仰や判断が民主的な政治伝統の核心にあることをアメリカの憲法に言及することで補強した。
	ルーカス事件（R. v. Lucas, [1998] 1 S. C. R. 439.）	国際人権規約やヨーロッパ人権条約、さらに米州人権条約などの規定の存在は国際社会のコンセンサスを反映し、名誉の保護は表現の自由を制限するために十分重要な目的であるとした。また合理的関連性の審査にあたり、アメリカの判例を「参照」した。
	Kマート事件（U. F. C. W., Local 1518 v. K Mart Canada, [1999] 2 S. C. R. 1083.）	アメリカ最高裁の表現の自由に対するアプローチはカナダと異なるものの、その経験などは有益であるとして、アメリカ最高裁の姿勢に賛同して、表現の自由の問題について、ピケはビラ配りと区別されるべきであるとした。
	バーンズ事件（United States v. Burns, [2001] 1 S. C. R. 283.）	死刑廃止に向かう国際的動向は、適切な結論を導くことを支援する（support）が、アメリカ合衆国（もしくは死刑を存続している国）は例外であるとした。
	ACC事件（R. v. Advance Cutting & Coring Ltd., [2001] 3 S. C. R. 209.）（ルベル裁判官の法廷意見）	結社の自由に結社しない自由を含めるべきであるという結論の補強のために、ヨーロッパ人権裁判所の判断を引用したが、それは判決に決定的な影響を与えるものではないとした。
	ゾーブ事件（Sauvé v. Canada (Attorney General), [2002] 3 S. C. R. 519.）（ゴンサー裁判官の反対意見）	在監者の選挙権はく奪は違憲であるとした下級審の判断は、民主的な国家観によって支えられているとし、その侵害が正当化されないという結論を導く際に、アメリカ、オーストラリアをはじめ、ヨーロッパ諸国の事例を「参照」した。
単なる言及	オークス事件（R. v. Oakes, [1986] 1 S. C. R. 103.）	無罪推定に関する判例法理を紹介する際に、ヨーロッパ人権条約とともにアメリカの判例に言及した。
	アーウィン・トイ事件（Irwin Toy Ltd. v. Quebec (Attorney General), [1989] 1 S. C. R. 92.）	表現の自由の重要性を述べる過程で、ECHRのハンディサイド判決とともにアメリカの判例に言及した。

	ロドリゲス事件（*Rodriguez v. British Columbia (Attorney General)*, [1993] 3 S. C. R. 519.）	生命維持装置を拒否する権利や消極的安楽死について、アメリカとイギリスの事例に言及した。
	シャープ事件（*R. v. Sharpe*, [2001] 1 S. C. R. 45.）	害悪から子どもを保護することに関する国際的動向を確認する過程で、子どもの権利条約、世界人権宣言をはじめ、アメリカ、イギリス、オーストラリア、ニュージーランドなどの法律や判例に言及した。
	ダンモア事件（*Dunmore v. Ontario (Attorney General)*, [2001] 3 S. C. R. 1016.）（ルールー・デュベ裁判官の賛成補足意見）	憲章第2条d号の結社概念については、国際人権法の発展と調和するように解釈する必要があるとして、アメリカの判例に言及した。
区　別	モーター・ビークル事件（*Re B. C. Motor Vehicle Act*, [1985] 2 S. C. R. 486.）	憲章第7条の基本的正義の諸原理について、アメリカの実体・手続二分論を単純に用いることはカナダの憲法に害を及ぼし、両国間の憲法の真の基本構造の相違を無視することになるとした。
	フォード事件（*Ford v. Quebec*, [1988] 2 S. C. R. 712.）	憲章第2条b号の営利的表現について、カナダではアメリカと異なり、他の表現と異なった取り扱いをしないとした。
	ラビーン事件（*Lavigne v. Ontario Public Service Employees Union*, [1991] 2 S. C. R. 211.）（ラフォレ裁判官の法廷意見）	アメリカと異なり、カナダ憲法は明文で結社の自由を保障しているため、その意義も異なるとした。
	ラビーン事件（ウィルソン裁判官の賛成補足意見）	裁判所は外国法や外国判例、決定などを採用する際には注意が必要であり、たとえアメリカや他の国の裁判所による憲法問題に対する決定の経験から、間違いなく利益を得られるとしても、その経験や判例に拘束されるわけではないとした。
	キーグストラ事件（*R. v. Keegstra*, [1990] 3 S. C. R. 697.）	ヘイトスピーチ規制について、アメリカと同様に理解することはできないが、その経験は有益であるとした（ただし修正第1条の議論を理由にカナダのヘイトスピーチ規制を違憲とすることはできない）。
	CCC事件（*Committee for the Commonwealth of Canada v. Canada*, [1991] 1 S. C. R. 139.）	カナダにおいては、アメリカの裁判所において発達した「パブリック・フォーラムの法理」の名目的なアプローチを単に用いることはできず、この法理を基礎においた利益衡量を行うべきであるとした。

	ノヴァスコシア薬学協会事件（R. v. Nova Scotia Pharmaceutical Society, [1992] 2 S. C. R. 606.）	「漠然性の法理」の意義をめぐって、アメリカの判例法理を「参照」しつつ、カナダにおける議論と結論において区別した。
	ACC事件（バスタラシェ裁判官の反対意見）	結社しない自由を定義付ける際に国際人権法は補強となるが、ヨーロッパの司法は含まれないとした。

3　外国法・外国判例の「参照」の背景と根拠

1　「参照」の背景

　以上のように、カナダ最高裁における外国法や外国判例の「参照」については、1949年の枢密院司法委員会への上訴廃止、そして1982年の憲章制定を契機として増加しているという特徴、そしてその「参照」手法は5つに類型化することができることを指摘した。それでは、こうした「参照」の背景にはどのようなことが影響しているのであろうか。

　まずカナダでは、制定法に加えて、議会の特権、判例法、国王大権、慣習、さらに、英国の先例や慣行のうちカナダが継受したもので憲法が構成されている。またコモン・ローも、新たな立法が無ければカナダの10州のうち9州には適用されることになっている。[11] 1867年から1949年までの長い間、実質的な最終審裁判所であった枢密院司法委員会によって、事実上コモン・ローの遵守は当然のこととされていた。ただし、実際のところカナダ国内の裁判所では、1867年憲法により自治領が形成されて以降から、アメリカの憲法判例などが「参照」されていた。しかし、最終的にはイギリスの枢密院司法委員会でアメリカの判例等を「参照」することはなかったため、1867年憲法の解釈は国内的な発展に終始することになる。こうした展開が大きく変わったのが、1949年の枢密院司法委員会への上訴廃止である。前述したように、1949年以降、イギリスの「参照」が減り、アメリカの「参照」が増加したことにはこうした背景がある

---

11) Stephen F. Clarke, *The Impact of Foreign Law on Domestic Judgments : Canada*, online: Library of Congress 〈http://www.loc.gov/law/help/domestic-judgment/canada.php〉.

と考えられる。そしてその後1982年に憲章が制定され、人権規定がカナダ憲法上導入されることになるが、その起草作業の段階で、アメリカの人権保障に関する経験が考慮されていたこと、アメリカの議論の影響を受けて草案が数回修正されていることが指摘されている[12]。

　一方でこうした「参照」の背景には、最高裁の長官を務めた裁判官の意向も影響していると考えられる。この点は国際法規範の「参照」と同様の要因が考えられるが、1982年に憲章が導入される前後、まさに人権保障の開拓期を支えたラスキン（Bora Laskin）裁判官（当時の長官）と、その意思を引き継いだディクソン裁判官の功績は、新たな人権保障の方向性を築き上げたことにある。アーウィン・トイ事件[13]やキーグストラ事件[14]のように、彼は表現の自由に関するリーディングケースとなっている判決を執筆した。そのため、新たな人権保障を行うために、様々な国の状況を「参照」することが、その当時のカナダにとっては必要なことであったとも考えられる。しかしその反面、キーグストラ事件で反対意見に回ったマクラクリン裁判官は、あまり外国法「参照」には積極的ではないように見受けられる。

　もっとも、カナダの憲法解釈については、制度上、そして判例上、様々なものが外国法や外国判例の「参照」に影響していると考えられる。そのひとつが、「生ける樹」理論である。本書第2部第1章で紹介したように、「生ける樹」理論によると、カナダ憲法は太い「幹」のように過去の認識に一定程度依拠しながら、まるで憲法が「枝葉」を延ばしていくように、進歩的に解釈されるべきであるという理論であり、判例上導き出されたものである。こうした最高裁によって培われた理論が、外国法や外国判例の「参照」にも少なくとも影響を与えていると考えられる。また他方で、憲章第27条により多文化主義的な要素を憲法解釈に一定程度取り込むことが要請されており、こうした影響も考

---

12)　憲章の制定に関しては、アメリカだけではなく国際人権規約やヨーロッパ人権条約なども影響を与えていることが指摘されている。See. Peter W. Hogg, *Constitutional Law of Canada*, student ed. (Toronto: Carswell, 2011) c. 38 at 2-3.
13)　*Irwin Toy Ltd. v. Quebec (Attorney General)*, [1989] 1 S. C. R. 927.
14)　*R. v. Keegstra*, [1990] 3 S. C. R. 697.

えられる。

2 「参照」をめぐる論争

それでは、こうした「参照」はどのような根拠によってなされているのであろうか。この点について、最高裁の裁判官による説明を参考に、その一端を垣間見たい。

まずアメリカの判例等を「参照」することについて、経験的な観点から説明を行うのが、ディクソン裁判官である。彼は次のように述べている。「我々は、もちろん、憲法解釈の枠組みにそぐわないようなアメリカ人の解釈を採用することについては慎重でなければならないが、アメリカの裁判所は憲法解釈において200年の経験を有している。この豊富な経験は、我が国の司法への指針（guidance）を提供することがある」としている。一方で、グローバル化の中で外国との対話を重視する考え方に依拠しているのが、ルールー・デュベ裁判官、ラフォレ裁判官、マクラクリン裁判官、バスタラシェ裁判官である。多少の差異は有るが、各裁判官に共通することは、グローバル化により外国との垣根が非常に曖昧になり、外国法や外国判例との「相互対話」を求めていることにあると考えられる。

ただし、こうした「参照」の議論については、否定的な見解もある。そのほんの一例ではあるが、国内法は特定の歴史的、政治的、社会的、文化的文脈から切り離すことができないその国の事情から発信されたものであり、「参照」

---

15) カナダの多文化主義については、田村武夫・菊池洋「憲法論からみた多文化主義——カナダ憲法を手がかりとして」茨城大学政経学会雑誌75号（2005年）37頁、佐々木雅寿「カナダ憲法における多文化主義条項」大阪市立大學法學雑誌53巻4号（2007年）969頁、菊池洋「多文化主義条項を持つ憲法の意義と可能性（1）——カナダ型多文化主義の憲法学的考察」成城法学80巻（2011年）142頁、同「多文化主義条項を持つ憲法の意義と可能性（2・完）——カナダ型多文化主義の憲法学的考察」成城法学81巻（2012年）366頁、高木康一「カナダ憲法における多文化主義」憲法問題23号（2012年）47頁、佐藤信行「憲法化された多文化主義とカナダ最高裁判所」法學新報119巻9・10号（2013年）381頁などを参照。

16) *R. v. Simmons*, [1988] 2 S. C. R. 495 at para. 26.

することは不適切とする見解、国内裁判官は少なくとも「民主的軌道 (democratic orbit)」内にあるが、外国法制定者はその外に存在しているとする見解がある[22]。こうした見解は、アメリカ合衆国最高裁のスカリア元裁判官の見解にも見られるところである[23]。

一方で、カナダ最高裁の判決でも否定的な議論は行われており、CCC事件[24]

---

17) Claire L'Heureux-Dubé, "The Importance of Dialogue: Globalization and the International Impact of the Rehnquist Court" (1998) 34 Tulsa L. J. 15 at 18. 同裁判官は次のように言及している。「植民地主義の終焉によって、アメリカ司法の興隆は世界中でなされている。これはとくに立憲主義と人権の分野において当てはまる。権利保障に従った司法審査という概念は、アメリカ連邦最高裁によって始まった」。また、「人権法の発展においては特に、対話が進んできている。人権にかかわる法の解釈において、憲法の解釈や新たな問題に対処する方法を決定する際に、裁判官は広いスペクトルに目を向けている。ますます広い分野まで、互いの参照を行い、互いの司法を議論して」おり、「外国の決定を考慮することは世界の多くの裁判所にとって標準的な基準となってきている。もはや外国の裁判所の影響や衝撃について語ることは適切ではなく、むしろすべての裁判所は、人権およびその他の一般的な法的問題に関するグローバルな対話を行う場であるということを語ることが適切であろう」。

18) Gérard V. La Forest, "The Use of American Precedents in Canadian Courts" (1994) 46 Me. L. Rev. 211 at 220. 同裁判官は、次のように言及している。カナダの最高裁判所が外国法を使用する (use) ことの理由は、「我々の抱えている問題について他の伝統がいかにしてその問題に対処しているかを学ぶため、つまり比較法アプローチにおいて、外国法の使用は純粋に利益となるためである。この種の法的なコスモポリタニズムは、充実と洗練という価値のある資源であ」り、「外国法の使用は、よりよい判断を構築するための道具や資源を与えてくれる。このような外国の資源に頼るのは、もちろん、すべてのケースで必要とされるわけではないが、時折新たな視点を提示してくれる。すべての国の裁判所や機関によって外国法の使用が行われることは、それらの有効性と洗練性を高めることにつながると私は考えている。グローバルな相互依存を高めるこの時代では……我々の法律や法律家の間での共有が増えることは、自明のようになるであろう」。

19) Beverley McLachlin, "Criminal Law: Towards an International Legal Order" (1999) 29 Hong Kong L. J. 448 at 448. 同裁判官は、次のように言及している。刑事法の文脈において、「21世紀に入って、刑法の伝統的な見方は、もはや完全に適切ではないことが明らかになってきている。犯罪は国境を超え、国際的な事件が増加してきている」。その重要な要因は、「国家の行動における国際的な最低基準が登場したことであ」り、また政府が重要な法的問題に対処するための唯一の方法は、グローバルな均一性を創造することであるとしている。

やACC事件[25]などでは、アメリカ法を「参照」しながらもカナダ憲法解釈におけるその不適切性を指摘しているところである。また「結果志向型」の「参照」については、いい所取りであるとの指摘もなされており、恣意的な「参照」に対して否定的な見解もある[26]。

---

20) Michel Bastarache, "The Challenge of the Law in the New Millenium" (1998) 25 Manitoba L. J. 411 at 413. 同裁判官は、次のように言及している。国家間の管轄権、国際法と国内法の線引きに揺らぎ（blurring）があり、「もっぱら国家を主体とする国際法の概念は、国際的な規制や内容が拡大し、また規制から生じる問題がますます緊急かつ不可避になっているために、フィクションとなりつつあり、その結果として、法の性質も変化してきている。いつになるかは分からないが、将来のある時点で、多くの慣習的な国際規範は、これまで想像もされなかった多様性の分野において認識されるようになる」として、グローバルな法的対話を求める声が広がっているとしている。

21) 外国法の「参照」について、肯定的または否定的な見解をまとめたものとして、次の文献などを参照。Rebecca A. Lefler, "Note, A Comparison of Comparison: Use of Foreign Case Law as Persuasive Authority by the United States Supreme Court, the Supreme Court of Canada, and the High Court of Australia" (2001) 11 S. Cal. Interdisc. L. J. 165, Michael Elliot, "Rethinking the Use of Foreign Law in Adjudicating Rights Claims: Paying Heed to the Importance of Analytical Methodology" (2012) 30 N. J. C. L. 107.

22) たとえば、次のものを参照。Richard Posner, *No Thanks, We Already Have Our Own Laws*, online: Legal Affairs 〈http://www.legalaffairs.org/issues/July-August-2004/feature_posner_julaug04.msp.〉.

23) なお、アメリカの議論については、会沢恒「〈法のクレオール〉と主体的法形成の研究へのアプローチ(2)：憲法裁判におけるトランスナショナルなソースの参照をめぐって——現代アメリカ法思考の開放性と閉鎖性」北大法学論集58巻4号（2007年）490頁、斉藤功高「米国最高裁ローパー対サイモンズ判決における国際人権法の影響」文教大学国際学部紀要第18巻1号（2007年）25頁、会沢恒「外国法・国際法の参照の広がりとこれをめぐる論争」比較法研究71号（2009年）119頁、勝田卓也「死刑をめぐる憲法判断における外国法参照の意義—— Roper v. Simmons事件判決（2005）を手掛かりとして」比較法研究71号（2009年）112頁、宮川成雄「コモンローの包摂性と国際人権法——外国人不法行為法と連邦コモンローとしての国際慣習法」比較法研究71号（2009年）135頁、村上正直「国際人権法と合衆国の国内裁判所—— Roper判決の国際法上の意義」比較法研究71号（2009年）126頁、平地秀哉「憲法裁判における外国法の参照——アメリカ合衆国における論争を素材に」法學新報119巻9・10号（2013年）537頁などを参照。

24) *Committee for the Commonwealth of Canada v. Canada*, [1991] 1 S. C. R. 139.

25) *R. v. Advance Cutting & Coring Ltd.*, [2001] 3 S. C. R. 209.

4　補論のまとめ

　以上のように、カナダでは外国法や外国判例の「参照」は1949年以降増加し、その「参照」手法は類型化できることを指摘した。そして、その背景には、カナダの法制度の歴史や1982年の憲章制定などがあり、また最高裁の裁判官による「対話」という認識があるということを紹介した。

　確かにこうした外国法や外国判例の「参照」手法は、グローバルな対話を行う手段としては有効かもしれない。たとえば、憲法解釈において複数の解釈が成り立つ場合に、裁判官の結論を補強するために、外国法や外国判例を補助として「参照」する手法は、「国際標準化」といった議論のために「使える」作法[27]であるかもしれない。[28]

　ただし、「参照」には否定的な見解や外国法との区別、そして独自性を強調する裁判例があることから、外国法や外国判例の「参照」を正当化し得るか否か、つまり、裁判官の判断をどこまで拘束するものなのかという、国内法の観点からの検討が必要であるように思われる。[29]

---

26)　Randy Ai, *The Use of Foreign Jurisprudence by the Supreme Court*, online: Osgoode Hall Law School blog 〈http://www.thecourt.ca/714/〉.
27)　泉徳治「婚外子相続分差別規定の違憲決定と『個人の尊厳』」世界849号（2013年）229頁。
28)　山本龍彦「憲法訴訟における外国法参照の作法」小谷順子他編『現代アメリカの司法と憲法――理論的対話の試み』（尚学社、2013年）342頁。
29)　もっとも、日本の「参照」の議論との関係性については、慎重な検討が必要であろう。中林暁生「『外国法』を参照する意味」論究ジュリスト9号（2014年）36頁。

終　章

1　国際法規範の「参照」の正当性

1　カナダにおける国際法規範の「参照」とその正当性

　これまで見てきたように、カナダでは1982年の憲章制定以降、公務員労働関係法照会事件の反対意見において、「関連性および説得性」を持つ国際法規範を「補助」として用いることと、その国際法規範との「一致の推定」を内実とするディクソン・ドクトリンが示された。そしてそれは、キーグストラ事件において修正され、国際的義務のない国際法規範の「参照」について、解釈指針としてそれを用いることができるとされた（⇒第1部第1章）。そしてこの修正されたディクソン・ドクトリンは、2000年以降、それに対する否定的な見解が示されることになる。特に2001年のACC事件でバスタラシェ裁判官が、憲章の保障で十分でありヨーロッパ司法の判断は憲章解釈を裏付けないと判断したことは、カナダ最高裁において国際的義務のない国際法規範が否定のために「参照」された初の事例である。ただし、同年のバーンズ事件において、修正されたディクソン・ドクトリンの明確な継承がなされ、その後、最高裁は主に国際的義務のない国際法規範を結論の補強として「参照」してきた。このように、カナダ最高裁は国際的義務のない国際法規範を、憲章解釈において指針や結論の補強、さらには区別（否定）のために「参照」してきた（⇒第1部第2章）。

　こうしたカナダ最高裁における国際的義務のない国際法規範の「参照」については、不明確であることや司法の混乱などとの批判がなされる一方で、様々

な正当化議論が考えられてきた。初期のころは「実施理論」や「派生理論」、さらには「一致の推定」に関する議論が、その後は、二元論を前提とした議論をはじめとして、外国法の同視や「説得的権威」、それと「拘束的権威」との間の「影響的権威」や「公法の統一」概念を論ずるものがある。さらに、ディクソン・ドクトリンに基づく「一致の推定」と「関連性および説得性」に着目した正当化議論が提起されている。そしてこれらの議論については、国際的義務のある国際法規範を「参照」する場合と国際的義務のない国際法規範の「参照」の場合（いずれも解釈指針や結論の補強などの「参照」を含む）で妥当する議論が異なる。前者については国際的義務が前提となることから、「説得的権威」に関する議論や「一致の推定」などの議論が特に有用であると考えられるが、本書が対象とする国際的義務のない国際法規範の「参照」をめぐる議論に関しては、若干の留意が必要である。それは、国際的義務がないことからその民主的正統性が問題になるためであるが、外国法との同視、「公法の統一」論や「影響的権威」に関する議論、さらに「派生理論」や「関連性および説得性」に関する議論であれば、国際的義務のない国際法規範の「参照」を正当化できると考えられる（⇒第2部第2章第1節）。

　ただし、「派生理論」や「関連性および説得性」以外の議論は、民主的な合意のない国際法規範によって国内法が解釈されることを無限定に認めてしまう可能性があり、逆に国内の人権保障水準よりも低い国際法規範を国内に認めることを容易にしてしまう可能性がある。そこで本書においては、国際的義務のない国際法規範の「参照」については、「派生理論」や「関連性および説得性」（特に関連性）での正当化が有用であると考える。ここで「派生理論」は、憲章が派生的に生まれたものであることを理由に、国際的義務のない国際法規範の「参照」をも正当化しうる議論である。また「関連性および説得性」を求める議論は、国際的義務のない国際法規範と憲章が「関連性および説得性」を有している場合に、「参照」を正当化しうる議論である。両者に共通することは、国際的義務のない国際法規範と憲章の関連性をその根拠（逆に関連性がなければ「参照」ができない）とすることであるが、その関連性については、憲章起草時の「適切な言語的、哲学的、そして歴史的文脈」（憲章が国際法規範による影響を

受けて起草されたこと）をいかに関連付けることができるかが重要となる（⇒第2部第2章第2節）。

　ところでカナダ最高裁は、憲章解釈において「生ける樹」理論に基づく目的的または進歩的解釈を行ってきたが、この理論はもともとディクソン・ドクトリンと接合点があり、最高裁における国際法規範の「参照」を支えてきた要因であると考えられる。そのため、「生ける樹」理論と国際的義務のない国際法規範の「参照」には関連性が見出される（⇒第2部第1章第2節）。しかし「生ける樹」理論については、「起草者の意図」に縛られないことが判例上明確にされており、「派生理論」や「関連性および説得性」が提示する（「参照」の限界でもある）起草時の議論と矛盾する可能性がある。ここで伝統的な「生ける樹」理論の解釈には「本質的範囲内」という限界があり、その内実として「適切な言語的、哲学的、そして歴史的文脈」を含む原意による拘束を認めていることから、同理論はこうした起草時の議論と整合することになる（⇒第2部第1章第3節）。こうした点から、「派生理論」や「関連性および説得性」の議論は、カナダの憲法解釈理論である「生ける樹」理論とも整合するものであると考えられる。ここでこれらの点をまとめると、「生ける樹」理論を背景とした最高裁における国際的義務のない国際法規範の「参照」は、「適切な言語的、哲学的、そして歴史的文脈」を含む「起草者の意図」と「関連性および説得性」を有する限りで、正当化できると考える。

　もっともこうした正当化「できるか」という問題の前提には、国際的義務のない国際法規範の「参照」をなぜ「すべきか」という問題がある。この点で、カナダでは最高裁における積極的な「参照」がなされており、その背景には、カナダ最高裁における司法積極主義が影響していると考えられる（⇒第2部第1章第1節）。またカナダは憲章が制定される以前から、外国法や外国判例の「参照」という土台があり、そうした歴史的状況がこれらの環境を整備していることも事実であろう（⇒第1部第2章第3節、補論）。ただしこの点は、最高裁が憲章上の権利の保障範囲を確定するため、またはその制限の正当性を判断するために、積極的に（または意図的に）「参照すべき」とした結果論であって、本質的には最高裁が国際的義務のない国際法規範をも「参照」すべき理由は、

必ずしも明らかではない。なぜなら、カナダが二元論を前提とした変型理論を採用していることも影響するが、日本と異なり、憲法上国際法規範の「参照」なり「適用」を行うことを規定する条文が存在せず、形式的にはそうした法的要請がないためである。しかし、カナダにおける「生ける樹」理論のように、憲章解釈において目的的または進歩的解釈が求められるならば、憲章起草時における「根」の議論を踏まえつつ、新たな憲章解釈の「枝葉」を伸ばすために、「根」と矛盾しない限りで、国際的義務のない国際法規範をも「参照すべき」との議論を導くことも可能であろう。

2　日本国憲法解釈との架橋

以上のように、本書では「参照」手法の類型化に基づいて、カナダにおける国際的義務のない国際法規範の憲章解釈における「参照」の場面（特に解釈指針、結論の補強、区別としての「参照」）に特定して、それぞれの場面における「参照」の正当化議論およびその限界に関する検討を行ってきた。こうした憲法解釈の検討において重要な点は、まさに司法権の国際化やグローバル化の場面において、なおその限界点を模索しつつ、その解釈の正当性を探ることであるように思われる[1]。

こうしたカナダの議論から示唆を得ながら、日本における議論との架橋を行う場合、次のような点が問題となると考えられる。まずひとつ目は、両国で採用されている国際法規範と国内法規範の関係や、国際法規範の国内的実施のあり方の違いについてである。カナダでは最高裁が二元論を前提とした変型理論を採用しつつも、国内法化されていない国際法規範や国際的義務のない国際法規範の「参照」をも憲法解釈において行ってきたが、これに対して日本では[2]、

1）　こうした正当性を検討する努力は、グローバル化世界への対応を考える上でも、重要であると考える。この点で、「グローバル化世界からの法的問いかけに常に誠実に向き合うことを通じてのみ、日本法のインテグリティが高められ、この国における法的営為、そしてその主要な担い手としての日本の裁判官はリスペクトされるはず」と指摘される。山元一「トランスナショナルとドメスティックの間で揺れる最高裁」法律時報88巻3号（2016年）3頁。

そもそも国際法規範と国内法規範の妥当根拠をめぐる問題についての理解が複数存在している。本書が主に対象とする国際的義務のない国際法規範の「参照」については、そもそも国内的効力が問題となるが、もし国内的効力があると考えられる場合には、こうした一般的な議論も問題となり、また国内法規範との優劣関係も問題となりうる。次に問題となるのは、こうした国際法規範の国内的実施のあり方が前提となるかは別として、国際的義務のない国際法規範の憲法解釈における「参照」について、それが正当化されうるかという問題[3]と、そうした「参照」が法的に要請されうるかという問題である。日本国憲法は第98条2項において、「締結した条約及び確立された国際法規」について、「誠実に遵守すること」を「必要」としているが、国際的義務のない国際法規範の「参照」がこの条文との関係で正当化されうるかが問題となる。そして最後に、仮に国際的義務のない国際法規の「参照」が正当化される場合に、そこに日本国憲法上の限界がありうるかという問題がある。本書ではカナダの「生ける樹」理論との関係で、憲法起草時の原意に「参照」の限界を見出したが、そうした理解が日本国憲法においても妥当するのかという点が問題となる。

2 国際法規範の「参照」と憲法の関係

そもそも国際法規範と憲法の関係をめぐっては、「一元論的な見地のもとに条約の国内法的効力を認めていると解する学説が、現時点では有力である[4]」とする見解もあるが、「国際生活と国内生活の相互交渉の進展を重視して一元論を採る説明……が優勢といっていいが、主権国家がなお併存し、実定国際法が世界法となっていないことを重視する見地からすれば、二元論もまた、それ以

---

2) 以降の「参照」という用語には、特に断りのない限り、いずれも解釈指針や結論の補強、さらに区別としての「参照」を意味するものとして使用する。
3) ただし、「事実レベル」での「参照」は、国内的効力を及ぼす「参照」とまではいえないため、憲法解釈における「参照」とは異なり、正当化を行う必要はないように思われる。
4) 野中俊彦他『憲法Ⅱ〔第5版〕』（有斐閣、2012年）429頁〔野中俊彦執筆〕。

上に説得的である⁵⁾」ともされている。一方で、「現在の支配的な見解は、基本的に二元論にたっている⁶⁾」とされるなど一致をみていない⁷⁾。さらに、「国内法と国際法を貫流する人権保障の統一的システムを形成する」ことは困難であり、国際人権と国内人権が「異なる論理に立脚しており、安易な調和を模索すれば、誤解と混乱を生み出し、行き着くところは論理的対立の表面化ということになりかねない⁸⁾」との理解もある。さらにそれをもとに、「実定国際法に組み込まれた国際人権がどのような特質をもつかが問題となるのであるが、国際人権については、さらに、①国際法レベルの国際人権と②国内法化された国際人権の二つの議論レベルを区別する必要がある⁹⁾」との二元的な理解が提示されている。ただしこの理解には、「人権条約が国内法上いかに実現されるか（あるいはされないか）という国際人権法の国内的実現の問題を、『国際人権の論理』と『国内人権の論理』を実体化した上で、それを峻別する二元論的対立の図式に無理にはめ込もうとするからこそ、両者が異なって見えるのである¹⁰⁾」（傍点原文）との痛烈な批判がある¹¹⁾。

もっとも、これまで繰り返し引用してきたように、国際法規範の国内的効力の有無に関してのみいえば、各国の裁判所による実行を重視すべきであり、

5）　樋口陽一『憲法Ⅰ』（青林書院、1998年）408頁。
6）　松井茂樹『日本国憲法〔第3版〕』（有斐閣、2007年）63頁。もっとも「国際法を直ちにすべて国内法秩序に編入する」立場をとる場合、「実質的に一元論と変わらない」とされる。
7）　また「参照」の議論は調整理論（等位理論）ともかかわると考えられるが、この点については、寺谷広司「『間接適用』論再考——日本における国際人権法「適用」の一断面」坂元茂樹編『国際立法の最前線　藤田久一先生古稀記念』（有信堂高文社、2009年）203頁を参照。
8）　高橋和之「国際人権の論理と国内人権の論理」ジュリスト1244号（2003年）69頁。
9）　高橋和之「国際人権論の基本構造——憲法学の視点から」国際人権17号（2006年）51頁。
10）　大沼保昭「人権の国内的保障と国際的保障——より普遍的な認識を求めて」国際人権17号（2006年）59頁。
11）　「国際法と国内法を次元のちがう別個の法体系と見るのが二元論、両者を同一の法体系に属すると見るのが一元論」であるとすれば、国際的義務のない国際法規範についても、二元論のように理解することが可能であろう。樋口・前掲注5）407頁。

「国際法学上の一元論と二元論のいずれを採るかを決定する必要は」ないと考えられる。また「二元論の説明を前提としたうえで、本来は国際法の法形式に属する規範を包括的に国内法秩序のなかにくみ入れたものとして理解することもでき、今日の国際法秩序のありように照らしてみるならば、その理解のほうが、むしろ実態に即している」との指摘のように、二元論を採用していることから一般的に、国際法規範について国内的効力が無いと論じることはできないと考えられる。そのため、仮に最高裁が二元論を採っていたとしても、「参照」という手法のような「相対的把握」が可能であると考えられ、「直接適用可能ではない条約は、国内法の解釈基準となることができる」（傍点原文）と考えられる。ただし問題は、こうした理解が日本国憲法上の法的な要請として捉えることができるか、またはそれを正当化できるかどうかである。

3 国際法規範の「参照」と憲法第98条2項の規範的意義

まず国際法規範を憲法解釈において「参照」する場合、それを「相対的把握」の観点から理解したとしても、日本国憲法上の要請としてそれを捉えることができるかが問題となる。この点で、まず批准し公布された条約に関しては、「日本国憲法第98条第2項は、第99条の憲法尊重擁護義務とも相俟って、最高法規である憲法の規定と矛盾するのではない限りにおいて、憲法解釈においても『日本国が締結した条約』を顧慮することを要請するもの」として、日

---

12) 齊藤正彰『国法体系における憲法と条約』（信山社、2002年）13頁。また、一元論における「国際法優位説」と「国内法優位説」との対立が「条約と憲法との効力関係の問題」と同視されることや、「一元論と二元論という問題が、条約に国内的効力が認められるか否かの問題として扱われることが多い」ことなどが指摘されている。
13) 樋口・前掲注5）408頁。
14) 国内的効力については、樋口・前掲注5）409頁、小寺彰他編『講義国際法〔第2版〕』（有斐閣、2010年）112頁〔岩沢雄司執筆〕、酒井啓亘他『国際法』（有斐閣、2014年）389頁〔森肇志執筆〕、宍戸常寿他編『憲法学のゆくえ――諸法との対話で切り拓く新たな地平』（日本評論社、2016年）350頁などを参照。
15) 岩沢雄司『条約の国内適用可能性』（有斐閣、1985年）330頁以下。
16) 同上、333頁。

本国憲法第98条2項からその義務を導く議論がある[18]。

ただしこの理解については、そもそも「国内法優位の判断を先取り」しており、またそうした憲法学の無自覚に問題があることを指摘した上で、「98条2項に過度に頼らざるをえないことで生じる、条約適合解釈義務の肯定論の困難にもつながっている」との批判がある[19]。そして、同条項は「あくまで国際規範が国内に及ぶ際のいわば通路、あるいは入れ物であり、具体的に何が義務となるかは関係する条約義務自体をみてはじめて確定できる」とされる[20]。後者の指摘に関しては、本書の立場も国際法規範の国際的義務の有無をその基準としていることから共通の理解といえる。しかしながら、国際的義務のある国際法規範に関していえば、その拘束義務が憲法第98条2項から発生するがゆえに、憲法第76条が「裁判官は……憲法及び法律にのみ拘束される」としている点と矛盾しないように思われる。つまり、裁判官が国際法規範に拘束されるのは、それを憲法が要請しているからであって、「国際義務の内容」によって決まるのではないと考えられる[21]。この点で、裁判官が国際法規範の「参照」が「できる」ことを正当化する議論とは区別するべきである。

---

17) 齊藤・前掲注12）402頁。
18) また齊藤は、それを背景として、最高裁への上訴も認めている。同上、403-408頁、同『憲法と国際規律』（信山社、2012年）82-85頁。その他、日本国憲法第98条2項にかかわる議論を行っているものとして、山田哲史『グローバル化と憲法——超国家的法秩序との緊張と調整』（弘文堂、2017年）455-458頁、寺谷・前掲注7）182-204頁などを参照。
19) 寺谷・前掲注7）188頁。
20) 同上。
21) もっとも、本書は主に国際的義務のない国際法規範を対象とするものであるが、憲法第98条2項は国内的効力に関しても不明な点が多く、裁判官による国際的義務のある国際法規範の「参照」義務を、同条から導くことが正当化されうるかは、さらに議論の余地があるように思われる。この点で、後述するような「生ける樹」理論に基づく理解は、こうした国際的義務のある国際法規範の「参照」の正当化を考える上でも有意義であると考えている。

4　国際的義務のない国際法規範の「参照」と憲法第98条2項

　それでは、本書が主に対象としてきた国際的義務の・ない国際法規範の「参照」と憲法第98条2項との関係では、どのように理解するべきなのであろうか。国際的義務のある国際法規範と同様に、その「援用は憲法第98条2項の要請として行われる[22]」として、同条からその法的な要請を導くことができるかが問題となる。一般的に、憲法第98条2項が規定するのは「日本国が締結した条約」であり、「日本が加わっていない条約は、つまり批准していない条約は、本条にいう『条約』ではない[23]」とされる。そのため、本書が主に対象としてきた国際的義務のない国際法規範に関しては、特に「確立された国際法規」の意義が問題となると考えられ、その国際法規範をこの中に含めて、憲法解釈におけるそれらの「参照」には法的要請があると理解しうるか、という問題がある。

1　「確立された国際法規」の意義

　憲法第98条2項が定める「確立された国際法規」とは、一般的に国際社会で承認され、実行されているような不文の慣習国際法を指すと解されている[24]。また政府見解も同様に解している[25]。この見解によれば、第1項が対象とする条約と、慣習国際法が成文化された条約は含まれないということになるが、一方で

---

22)　齊藤・前掲注12) 402頁。
23)　樋口陽一他『注釈　日本国憲法　下巻』(青林書院、1988年) 1493頁〔佐藤幸治執筆〕。
24)　清宮四郎『憲法Ⅰ〔第3版〕』(有斐閣、1979年) 449-450頁、佐藤功『ポケット注釈憲法 (下)〔新版〕』(有斐閣、1984年) 1287頁、小寺他・前掲注14) 121頁などを参照。
25)　1959年の参議院予算委員会での政府委員 (林修三) の答弁では、「国際自然法と申しますか、要するに確立された国際法規、そういったものはやはり憲法がその法秩序として受け入れている」とする。山内一夫編『政府の憲法解釈』(有信堂、1965年) 247-248頁。また1996年の参議院予算委員会での政府委員 (大森政輔) の答弁では、「確立された国際法規」を慣習国際法とした場合、「確立された国際法規と憲法との間でそもそも抵触というものは生じないはずであるというふうには解して」いるとされる。阪田雅裕『政府の憲法解釈』(有斐閣、2013年) 308-309頁。

「国際社会において一般に承認されている成文・不文の国際法規」とする見解がある[26]。ここで同項の意義の中に、慣習国際法を条約化したものを含むとするか、またそれを含めて第1項以外の条約も含まれるとするかが問題となる[27]。この点について、近年の多数国間で結ばれる国際法規範に着目しつつ、それらの中にはわが国が批准していないものもあるが、その「未批准条約のうちいくつか」は、「厳密には『日本国が締結した条約』以外の条約で国際社会において一般に承認・実行されているもの」に「該当する」とし、「確立された国際法規」に含まれるとする見解がある[28]。こうした理解に立てば、国際的義務のない国際法規範（特に本書においては主にヨーロッパ人権条約など）も、「確立された国際法規」として捉えられる可能性がでてくる[29]。ただし仮にこのように理解した際には、その国内的効力が問題となる。つまり、「国際法規範のうちでも憲法第98条2項がいう『確立された国際法規』の国内法上の効力については、憲法との効力関係について、『確立された国際法規』を含まない条約の場合とちがう考え方が成り立つか」が問題となる。そして、仮に国際的義務のない国際法規範を「確立された国際法規」に含むと理解した場合、「誠実に遵守すること」がどのような意味を持つかが問題となる[30]。

2　「確立された国際法規」の国内的効力

「確立された国際法規」を「誠実に遵守する」という意義、特に「確立され

---

26)　佐藤幸治『憲法〔第3版〕』（青林書院、1995年）643頁などを参照。
27)　「確立された国際法規」には成文化された「条約」も含まれ、それらは「日本国が締結した条約」とは区別される。樋口・前掲注5）411頁。
28)　成嶋隆「確立された国際法規」大石眞・石川健治編『憲法の争点』（有斐閣、2008年）336-337頁。
29)　ただし成嶋は主に、「わが国がいぜんとして批准せず、または批准に際しても重大な留保を付するもの」を対象としていることに留意が必要である。つまり、国際的義務のない国際法規範の中には、ヨーロッパ人権条約のように、わが国が批准できない国際法規範も含まれており、同氏がこうしたものまで「厳密には『日本国が締結した条約』以外の条約で国際社会において一般に承認・実行されているもの」に含んでいるかは明らかではない。同上、337頁。
30)　これらの2つの問題につき、樋口・前掲注5）411頁を参照。

た国際法規」の国内的効力については、憲法との関係を「日本国が締結した条約」の解釈と区別せずに論じる場合と、その解釈と区別して論じる場合がある。国際的義務のない国際法規範を「確立された国際法規」に含むとした場合に問題となるのは、前者については、条約優位説や折衷説で理解した場合、後者については、憲法と同等又はそれに優位すると理解した場合である。なぜなら、これらの場合、国際的義務のない国際法規範を憲法よりも上位の効力を有すると解することになるためであり、様々な矛盾が生じる。たとえば「日本国が締結した条約」と区別した上で、「確立された国際法規」について条約優位説をとってしまうと、「日本国が締結した条約」は憲法優位となり、国際的義務のない国際法規範は憲法より優位となってしまう。そのため、後述するように、「確立された国際法規」を「誠実に遵守する」という点に関しては、複合的ではあるが、政府見解のように、国際法規範の内容に応じてその効力を考える必要があるように思われる。なお、仮に憲法が優位とする場合には、なぜ下位法に適合的な解釈が求められるかという点が問題となる。

この国内的効力の問題については、「遵守されるべき『確立された国際法規』」に「国際的には発効しているが、日本について条約として形式的には発

---

31) ここでは主に憲法との関係について触れたが、この点については、法律との関係も問題となりうる。この点で、特に「日本国が締結した条約」については、「法律との関係性こそ、詳細な点に立ち入って検討すべき」として、「国際法規範は法律と同位と考え」、憲法第98条2項は「国際法親和的解釈を基礎づける意味をもつ」とされる。山田・前掲注18) 446、459頁。

32) それぞれの学説の整理については、成嶋・前掲注28) 336頁を参照。

33) 法学協会編『註解日本国憲法（下）』（1954年) 1982頁〔宮沢俊義執筆〕。

34) 小林直樹『憲法講義（下）〔新版〕』（1981年) 527頁。

35) 橋本公亘『日本国憲法』（有斐閣、1980年) 668頁。

36) 区別しない場合も、国際的義務のない国際法規範が憲法より優位となる。もっとも、そもそも「確立した国際法規について憲法にも勝る効力を有すると解釈する場合」、「国際法平面においては、特別法は一般法を破るという原則に即して、特別国際法である条約は、一般法である慣習国際法を排除することにな」り、「国内法平面においては慣習法が優位し、国際法平面においては条約が優位する」という問題がある。山田・前掲注18) 457頁。また条約と法律の関係につき、齊藤・前掲注18)「憲法と国際規律」57-65頁。

37) 山内・前掲注25) 247-248頁。

効しておらず、しかし、何らかの論理を背景に日本に拘束力があったり、実効的なコミットメントがある」国際法規範を「含めることができる」とする見解もある[40]。後述するように、本書もこの理解に近いが、この見解によれば、「発効している条約であり、また日本が締約国となっているもの」について、「間接適用できることは問題ない[41]」としつつ、それ以外の条約および解釈文書他の「参照」については、「①国際規範の妥当性を中心にしつつ、②規範の重要性、③解釈による明確化にとっての有用性の３つの連関において把握できる」とする[42]。もっとも、この見解が国際的義務のない国際法規範について、憲法第98条２項から国際的な「義務がないとしても、遵守することは十分にありうる」と指摘するように[43]、一般論として、憲法第98条２項から国際的な義務のない国際法規範の「参照」を裁判官に拘束する義務まで導くことには疑問がある[44]。それ

---

38) この点で、「憲法98条２項に規定された『確立された国際法規』のうちの一部は日本国憲法に優位しうるということが、政府見解として示されており、学界においても一定の支持を得ている」とされる。植木俊哉「日米『密約』問題をめぐる国際法規範と憲法規範」ジュリスト1418号（2011年）70頁。また同「憲法と条約」ジュリスト1378号（2009年）89-90頁を参照。

39) 山田・前掲注18）243-247頁、高橋・前掲注９）54頁、寺谷、前掲注７）181頁、内野正幸『人権のオモテとウラ』（明石書店、1992年）38頁などを参照。後述するように、本書では、こうした要請を憲法第98条２項から導くことが可能であると考えている。

40) 寺谷・前掲注７）200頁。なお、「解釈文書や判決例に内在する法律については、それ自体が独立で『確立された国際法規』とはいえない。しかし、無縁ということではなく、まさに『確立された国際法規』を適用する過程で問題にすることになる」とも指摘している。

41) 同上、173頁。

42) 同上、196頁。

43) 同上。

44) ここでは主に解釈指針としての「参照」を想定している。それは、結論の補強や区別としての「参照」は、裁判官自身が結論に到達するために意図的に「参照」するものであって、裁判官を拘束する「参照」とは必ずしもいえないからである。そのため結論の補強や区別としての「参照」については、その義務ではなく、むしろそれらの「参照」がなぜ正当化されるかが問題となる。もっとも、これらの「参照」を義務として位置付けることも不可能ではない。ただし現実的には、そうした「参照」は裁判官の選り好みで行われていることが多い。

は、憲法解釈の場面で「参照」が行われる際に、たとえば仮に批准していない条約などを裁判所が「参照」しなければならないと憲法が求めているとすれば、国際的義務のない国際法規範に常に拘束される可能性が発生してしまうと考えられるためである[45]。したがって、そうした国際法規範の内容に着目しつつ、「参照」手法ごとに裁判官に対して一定の法的要請を導くことを正当化することはできても、一般論として、憲法第98条2項から裁判官に、国際的義務のない国際法規範の（特に解釈指針としての）「参照」をするよう拘束的な「義務」を導くことは困難であろう。

3 「誠実に遵守する」の意義

以上のことを前提とすると、憲法第98条2項における「確立された国際法規」を「誠実に遵守する」という意義については、どのように解釈するべきであろうか。前述したように、国際的義務のない国際法規範の場合、それを憲法との効力関係で捉えることはあまり有意義ではない[46]。

憲法第98条2項の憲法起草時の議論では、「主たる意味は政治的であることは」「言う迄も」なく、「『遵守する』と云う言葉自身が法律的な的確さを十分には備えて」いないとされる[47]。またその起草過程からすると、同項は「政治

---

45) この点については、「考慮義務があるとなれば大激震がはしる」とされるように、民主的正統性の観点から大きな問題がある。宍戸他・前掲注14、379頁〔曽我部真裕発言〕。そうであるからこそ、本書では未批准や未締結の国際法規範という用語を避け、あえて「国際的義務のない国際法規範」という用語を用い、一見して国内的効力を有さないと捉えられる国際法規範について、国内的効力のあり方やその「参照」を論じてきた。

46) 「遵守する」ことについては、国内的効力の根拠として説明するのが一般的であるとされるが、国際的義務のない国際法規範が「確立された国際法規」であるとして国内的効力が認められるとすれば、「日本国が締結した条約」と区別しない限り、国際法規範の国際的義務の有無ですら、無関係な議論となってしまう。

47) 清水伸編『逐条日本国憲法審議録第三巻』（日本世論調査研究所PRセンター、1976年）781頁。

48) 憲法第98条2項がわが国の自主的・主体的な判断において立案された事実を踏まえ、その立案過程を検討したものとして、新正幸「憲法98条2項立案過程の分析(1)(2)」行政社会論集1巻3・4号（1989年）370-396頁、同2巻2号（1989年）77-142頁を参照。

的・道徳的意味あいの濃いもの」であるが、「確立された国際法規」を「誠実に遵守する」ことが規定されている以上、それに当てはまる国際法規範について、「国際法上遵守すべき法的義務を負う」(傍点原文)とされる[49]。またそれだけではなく、「国内法上遵守する義務を負うことを定めたという法的に意味をもつ」との指摘がある[50]。

 もっとも前述したように、一般論として、憲法第98条2項から国際的義務のない国際法規範の(特に解釈指針としての)「参照」を裁判官に対する拘束的な「義務」として導くことは、困難であるように思われる。ただしこの点で、起草時の議論では、「誠実に遵守する」という文言の「包含して居る内容は、有らゆる角度に於て誠実に遵守すると云うことをはっきり言切って居る」ことを前提としつつ、たしかに「的確を欠く虞」はあるが、そうした「広い言葉を以て遵守することを必要とすると云うことを書き」、それ以降は「解釈に依って判断に依ってさせると云う方法に出た」とされていたこと[51]、さらに「条約の性質に照らして如何に扱うかを慎重に考えなければなら」ないとされていたこと[52]からすれば、「誠実に遵守する」べき対象としての国際法規範については、その内容や「内在する要求を可能な限り顧慮する」必要があるように思われる[53]。そのため仮に、「確立された国際法規」に国際的義務のない国際法規範が含まれるとするならば、その内容や内在する要求を精査した上で、「誠実に遵守する」ための一定の要請が、憲法第98条2項から導かれるのではないだろうか。つまり、国際法規範の内容や要求に応じて、「誠実に遵守する」べき要請が異なることになる。またそれは「参照」の手法にも当てはまり、「参照」類型によってもその要請がそれぞれ異なると考えられる[54]。

---

49) 佐藤幸治『日本国憲法論』(成文堂、2012年) 85-86頁。
50) 成嶋・前掲注28) 336頁。
51) 清水・前掲注47) 779頁。
52) 同上、783頁。
53) 齊藤・前掲注12) 429頁。
54) 本書では主に、「参照」類型のうち、解釈指針や結論の補強、区別としての「参照」を対象としてきたが、指針と補強ではその意味が異なるように、それぞれ「遵守」の内容や要請が異なる。

このように、一般論として、憲法第98条２項から国際的義務のない国際法規範の「参照」を裁判官に対する拘束的な「義務」として導くことは困難ではあるが、「確立された国際法規」にその一部であれ、その内容や要求に応じて国際的義務のない国際法規範が含まれると解する余地があるとすれば、若干複合的にはなるが、そこに一定の要請を含めて考えることは可能であろう。そして、「誠実に遵守すること」が憲法の条文において規定されていることから、一部の国際的義務のない国際法規範の「参照」について、裁判官に対する要請を一切含んでいないということにはならないし、それが正当化されないとまではいえないであろう。そのため、憲法第98条２項から法的義務や考慮義務を導くことが困難であったとしても、国際的義務のない国際法規範について、前述の指摘にもあるように、同項が「通路」または「入れ物」であるとし、一定の要請を行っているものと理解すれば、そこに何らかの意義付けを行うことは可能であろう。そこで問題となるのは、どういった要請が同項から導けるかということであるが、この点で有益な示唆を与えてくれるのが、カナダで議論されてきた「生ける樹」理論や、正当化議論としての「関連性または説得性」による理解である。[55]

5　裁判所による国際的義務のない国際法規範の「参照」の正当化可能性とその限界

憲法第98条２項が国際的義務のない国際法規範の憲法解釈における「参照」について、同項を「通路」または「入れ物」とし、また一定の要請を求めるものと理解した場合、本書では、「生ける樹」理論が提起するような、憲法解釈

---

[55]　もっともこれらの議論は、「参照」の分類、対象、素材に応じた分析を前提として、「国際的義務のない国際法規範の憲法解釈における『参照』」について正当化し得る議論や解釈理論であり、第２部で紹介したそれ以外の議論についても、国際法規範の内容や「参照」手法に応じて、それぞれ日本国憲法の解釈に有用な議論はあり得ると考えている。そのため、憲法第98条２項が求める要請として、本書が主に対象とした以外の国際法規範の「参照」場面においても、「生ける樹」理論を用いることは可能であると考えている。

における進歩的解釈や目的的解釈を求めていると理解することが有益であると考えている。それは、国際法規範の憲法解釈における「参照」が、「国際人権を憲法上の権利の中に引き込んで処理するもので、あくまでも憲法の枠内の議論にしかならない」[56]との理解とも整合しうる。それは、まさに「枝葉」を伸ばす憲法解釈を憲法第98条2項が求めており、そうした進歩的解釈や目的的解釈によって国際的義務のない国際法規範の「参照」は正当化されると理解することによってである。

　しかしこの要請が法的な拘束力までをも持つものではなく、「枝葉」を伸ばす解釈を憲法第98条2項が正当化し得るとしても、その民主的正統性が問題となり、また一方で、裁判官の選り好み（チェリーピッキング）による「参照」をも正当化してしまうことになる。いずれにしても、この点について「生ける樹」理論による理解を前提とするならば、その限界でもある「本質的範囲内」としての「根」にかかわる問題がある。

　この問題については、憲法第98条2項を「通路」や「入れ物」と理解した場合、特に「確立された国際法規」の内容にかかわる。つまり「確立された国際法規」の中には、どのような国際法規範が含まれるかという問題である。この点で、日本国憲法の個別の条文や事例に「関連性または説得性」を有する国際法規範がその対象となると考えられる。たとえば、個別の憲法条文について、憲法起草時における議論や「関連性または説得性」、さらには「適切な言語的、哲学的、そして歴史的文脈」を有する国際法規範であれば、その国際的義務がなかった場合であっても、憲法第98条2項の「確立された国際法規」の一部としてその「参照」を正当化しうると考えられる。前述したように、国際法規範の内容や要求に応じて、「確立された国際法規」の内容や「誠実に遵守する」べき要請が異なることになるが、これを「関連性または説得性」の観点から判断することにより、日本国憲法の原意とも調和することになり、民主的正統性の問題に対応することができる。つまり、憲法起草者の意図によって関連付けられる国際的義務のない国際法規範については、憲法第98条2項に基づく進歩

---

56) 松本和彦「憲法上の権利と国際人権」国際人権22号（2011年）58頁。

的解釈や目的的解釈の要請によって「参照」を行うことが正当化される[57]。また序章でも触れたように、人権保障を主張する場面やその検討場面において、より多くの実践や議論を「参照」できる機会が正当化されることによって、憲法解釈が「根」や「幹」を破壊せずに、「枝葉」のように分化し、進歩しうる道筋を予測することが可能となるであろう。

---

57) もっとも国際的義務のある国際法規範について、憲法第98条2項からその正当性を検討する際にも、「生ける樹」理論は説得的であると思われる。

あ と が き

　本書は筆者にとって初めて世に問う研究書であり、これまでに公表してきた諸論文に大幅な加筆・修正を施し、まとめたものである。筆者なりに一貫したテーマを検討してきたつもりではあるが、論点の散逸や検討が不十分な点など、率直なご意見ご批判をいただければ幸いである。本書の刊行には、大学院入学から10数年を要してしまったが、国際法規範と憲法にかかわる問題意識は、私がこれまでご指導いただいた諸先生方との貴重な出会いが深く関連している。

　そもそも私が憲法学の研究を志すきっかけになったのは、大学2年次まで在学していた専修大学法学部で基礎演習を担当してくださった、内藤光博先生との出会いである。内藤先生には、憲法学のおもしろさと難しさを教えていただき、私がこの道を進むきっかけをいただいた。研究室に幾度となくご質問にうかがわせていただいた際にも、嫌な顔ひとつせず、親身にご教授いただいたことは私にとっての財産となっている。またその経験により他大学への編入を志したが、問題意識のきっかけとなる国際法ゼミを勧めてくださったのも内藤先生であり、推薦状までご執筆いただいた。この場を借りて深く御礼を申し上げたい。

　立命館大学法学部編入後のゼミでお世話になった薬師寺公夫先生には、大学院進学のための個別指導だけでなく、研究者としてのあり方もご教授いただいた。「人権は語るものではなく、守るものである」とのご教示は、今でも心に深く残っている。ただ大学院進学後、研究が形になった際にご報告する予定であることをお伝えしておきながら、そのご報告が先生のご退職後となってしまったことを深くお詫びするとともに、いつも温かく見守っていただいたことに感謝を申し上げたい。

　その後、国際法規範の国内適用の問題（当時は国際人権法上のデロゲーション条項に興味を持っていたが）に関心を持ち、それを憲法学において研究するべく慶應義塾大学大学院に進学した。その大学院試験の面接時に、薬師寺先生と同様

に「人権は語るものではなく、守るものである」とのご教示を明確に述べられているお姿を見て、小林節先生からのご指導をいただくことを最終的に決心した。小林先生には、研究者としてだけではなく、一人の人間としての振る舞いに至るまで、根気強く一から教えていただいた。また、当時あまり比較対象とされていなかったカナダを研究対象とすることについても後押しをしていただき、そして温かく見守っていただいたこと、深く感謝申し上げたい。本書の構成を見ると、結局のところ、未だ人権を語ってしまっているのではないかという不安は拭えないが、小林先生からいただいた貴重なご指導を糧に、これまでの研究を振り返りつつ、今後も努力を積み重ねていきたいと考えている。

　慶應義塾大学大学院に進学後は、浅学菲才の私には余りある、多くの先生方とのご縁と温かなご指導をいただいた。指導教授である小林節先生をはじめ、大沢秀介先生、駒村圭吾先生、小山剛先生、山元一先生、川﨑政司先生には、時には厳しく、時には温かく、また辛抱強いご指導を賜り、この場を借りて深く御礼を申し上げたい。また大学院の研究環境においては、大変優秀な諸先輩方に励まされ、数えきれないほどのご指導とご恩をいただいた。お名前を列挙するだけの形となり大変恐縮ではあるが、小谷順子先生（静岡大学）、新井誠先生（広島大学）、岡田順太先生（白鷗大学）、山本龍彦先生（慶應義塾大学）、葛西まゆこ先生、柳瀬昇先生（日本大学）、岩切大地先生（立正大学）、大林啓吾先生（千葉大学）、横大道聡先生（慶應義塾大学）、上代庸平先生（武蔵野大学）の諸先輩方にも、厚く御礼を申し上げる。さらに、すべての方を挙げることはかなわないが、大変優秀な後輩にも恵まれたおかげで、本書を曲がりなりにも書き上げる動機をいただいた。皆様からのご指導がなければ、元から小心者でもあり、またうつろいやすい性格の私にとっては、研究活動を続けることすらもままならなかったであろうし、拙いものではあるがひとつの研究成果としてまとめることができた背景には、慶應義塾大学大学院ご出身の皆様のお力があった。心より御礼を申し上げるとともに、今後ともご指導をいただければ幸いである。また、大学院時代から参加させていただいている憲法知能研究会でも様々なご指導をいただいた。同研究会に参加させていただく機会がなければ今

あとがき

　の私はなかったであろうし、また、そのため深く思い入れもあり同研究会にご参加の先生方には心から御礼を申し上げたい。

　カナダ研究にあたっても、大学院時代から研究会などでお世話になった富井幸雄先生（首都大学東京）、高木康一先生（中央学院大学）、菊池洋先生（岩手大学）、守谷賢輔先生（福岡大学）、栗田佳泰先生（新潟大学）、河北洋介先生（名城大学）、白水隆先生（千葉大学）、山本健人先生（大阪経済法科大学）をはじめ、諸先生方にご教授をいただいた。この場を借りて御礼を申し上げるとともに、これからも忌憚のないご指導をいただければ幸いである。

　なお本書の刊行にあたっては、法律文化社の小西英央様には大変親身になってご相談をさせていただき、小心者の私にも温かいお言葉をかけていただいた。また、この出会いのきっかけをくださった横大道聡先生には、重ねて御礼を申し上げたい。

　本書の一部は、科学研究費補助金・基盤研究(C)「時代状況に合わせた憲法判例の展開とその理論的根拠についての研究」（課題番号16K03300）によるものである。また中京大学からの2017年度出版助成（学術図書）をいただいている。記して感謝申し上げたい。

　最後に私事ではあるが、椙山女学園大学で教員としてのあり方やご助言をいただいた今は亡き吉田良生先生にも、直接お伝えすることはかなわないが、一言御礼を申し上げたい。また家を空けることも多く、ろくに相手もできなかったにもかかわらず、陰ながら理解し支えてくれた妻（美奈子）、娘（真咲）、そして、これまで不肖の私に応援と援助を続けてくれた父（忠憲）、母（恵美子）と今は亡き祖父（武夫）には、ひとつの区切りをつけることができ、少なからず恩返しができたのではないかと考えている。

　2018年4月

豊田キャンパス研究室にて

手　塚　崇　聡

初出一覧

本書は、新たに書き下ろしたものの他に、次の文献に大幅な加筆および修正を施したもので構成している。下記文献は本書の各部に分散しているものもあるが、大まかな該当箇所は次のとおりである。

・「カナダ憲法上の条約の適用——カナダ人権憲章と条約適合的解釈」法学政治学論究76号（2008年）449-480頁⇒第1部第1章
・「憲法解釈における未締結条約参照の可能性——カナダ最高裁判所判所におけるDickson Doctrineの意義」法学政治学論究84号（2010年）103-133頁⇒第1部第1章
・「カナダ憲法解釈における未締結条約の参照——1990年 Keegstra 事件最高裁判所判決以降の展開(1)」社会とマネジメント8巻1号（2010年）55-76頁。⇒第1部第2章
・「カナダ憲法解釈における未締結条約の参照——1990年 Keegstra 事件最高裁判所判決以降の展開(2)」社会とマネジメント9巻1号（2011年）19-36頁。⇒第1部第2章
・「カナダ憲法解釈における未締結条約の参照——1990年 Keegstra 事件最高裁判所判決以降の展開(3)」社会とマネジメント10巻1号（2013年）41-56頁。⇒第1部第2章
・「カナダ憲法解釈における「生ける樹」理論の意義——その判例上の起源と展開」法学研究（慶應義塾大学）87巻2号（2014年）475-504頁⇒第2部第1章第2節
・「国内裁判所における外国法・外国判例の参照とその意義——カナダ最高裁判所における実践を参考に」国際人権26号（2015年）78-83頁⇒補論
・「カナダにおける違憲審査制度の特徴と司法積極主義」比較憲法学研究28巻（2016年）77-101頁⇒第2部第1章第1節
・「カナダ憲法解釈における「生ける樹」理論の限界——原意主義的理解の可能性」立命館法學2015年5・6月号（2015年）1656-1682頁⇒第2部第1章第3節
・「憲法解釈における国際的法規範の「参照」の正当性——カナダ最高裁における国際的法規範の「参照」と正当化議論」社会科学研究37巻2号（2016年）74-118頁⇒第2部第2章
・「裁判所における国際法規範の『参照』」憲法理論研究会編『展開する立憲主義』（敬文堂、2017年）75-88頁⇒序章

■著者紹介

手塚 崇聡(てづか・たかとし)

1981年(昭和56年) 長野県生まれ
2004年(平成16年) 立命館大学法学部卒業
2010年(平成22年) 慶應義塾大学大学院法学研究科後期博士課程単位取得退学
             椙山女学園大学現代マネジメント学部講師を経て
現　在   中京大学国際教養学部准教授

主 著

『トピックス憲法』(共著)(三省堂、2014年)/『新要点演習　行政法』(共著)(公職研、2016年)/『性風俗と法秩序』(共著)(尚学社、2017年)/『変容するテロリズムと法』(共著)(弘文堂、2017年)/『プレステップ憲法〔第2版〕』(共著)(弘文堂、2018年)

Horitsu Bunka Sha

司法権の国際化と憲法解釈
──「参照」を支える理論とその限界

2018年4月30日　初版第1刷発行

著　者　　手 塚 崇 聡
発行者　　田 靡 純 子
発行所　　株式会社 法律文化社

〒603-8053
京都市北区上賀茂岩ヶ垣内町71
電話 075(791)7131　FAX 075(721)8400
http://www.hou-bun.com/

＊乱丁など不良本がありましたら、ご連絡ください。
　送料小社負担にてお取り替えいたします。

印刷：共同印刷工業㈱／製本：㈱藤沢製本
装幀：前田俊平

ISBN 978-4-589-03931-6

Ⓒ2018 Takatoshi Tezuka Printed in Japan

JCOPY　〈(社)出版者著作権管理機構　委託出版物〉

本書の無断複写は著作権法上での例外を除き禁じられています。複写される場合は、そのつど事前に、(社)出版者著作権管理機構(電話 03-3513-6969、FAX 03-3513-6979, e-mail: info@jcopy.or.jp)の許諾を得てください。

君塚正臣著	戦後日本の司法権における法理・法解釈の主要論点のすべてを考察。憲法訴訟論と区別されるべき司法権論につき、定義・司法による救済、統治行為論、司法権の射程など、司法権論の全体像を解明し、司法の在り方への理論的・実務的な要請に応える。
司法権・憲法訴訟論 上巻 A5判・626頁・10000円	
君塚正臣著	戦後日本の憲法訴訟論における法理・法解釈の主要論点のすべてを考察。憲法裁判所を有さず、付随的違憲審査制を採る下での「憲法裁判」「憲法判断」の全体像を解明し、憲法訴訟の在り方への理論的・実務的な要請に応える。
司法権・憲法訴訟論 下巻 A5判・772頁・11000円	
桧垣伸次著	ヘイト・スピーチ規制をめぐる憲法上の議論を根源的に考察。アメリカにおける判例・理論をヘイト・クライム規制も含めその展開を概観するとともに、「批判的人種理論」や「表現の自由の原理論」の近年の動向を検討し、日本への示唆を明示する。
ヘイト・スピーチ規制の憲法学的考察 —表現の自由のジレンマ— A5判・242頁・4800円	
高橋雅人著	多元化する行政組織と作用について、ドイツの「民主的正当化論」を整理のうえ、多元的行政に対応する民主主義モデルを検討する。民主的正当化による憲法理論の可能性と限界の考察を踏まえ、その再編成を試みる。
多元的行政の憲法理論 —ドイツにおける行政の民主的正当化論— A5判・276頁・6000円	
阪口正二郎・毛利 透・愛敬浩二編	表現の自由は、なぜ・どのように保障されるべきなのかについて憲法学の成果をふまえ考察し、理論的視座と課題を明示する。ヘイトスピーチ・報道・性表現への規制や「忘れられる権利」などの新たな課題も含め、表現の自由を取り巻く現況を考察する。
な ぜ 表 現 の 自 由 か —理論的視座と現況への問い— A5判・266頁・3000円	

―法律文化社―

表示価格は本体(税別)価格です